全国导游资格考试系列丛书

U0652590

四川导游基础知识

主　编　朱　华　侯　璐

副主编　戴　骞　裴梦蕾　宋　帆

　　　　莫　凡　马　舒

北京理工大学出版社

BEIJING INSTITUTE OF TECHNOLOGY PRESS

内容简介

本书是《全国导游资格考试系列》丛书之一，紧扣国家旅游局颁布的《全国导游人员资格考试大纲》，主要内容有考试津要、习题攻略、近年真题分值比例、真题解析、模拟考题等。全书附参考答案和样题，内容全面，题量丰富，涵盖各层次考点，帮助学生巩固知识要点、大大提高了导游资格考试的针对性。

本书作者既有高校旅游专业一线优秀教师，也有国内资深导游和导游资格考试考官，他们多年从事导游资格考试教学和培训经验，具有丰富的经验，保证了书的专业性、实用性。本书是考生考取导游证的攻略，也是各院校旅游专业、导游专业配套教辅，也是旅游从业人员提高业务水平的自学用书。

版权专有　侵权必究

图书在版编目（CIP）数据

四川导游基础知识/朱华，侯璐主编.—北京：北京理工大学出版社，2016.9
ISBN 978-7-5682-3146-6

Ⅰ.①四…　Ⅱ.①朱…　②侯…　Ⅲ.①导游-资格考试-自学参考资料
Ⅳ.①F590.63

中国版本图书馆CIP数据核字（2016）第230727号

出版发行 / 北京理工大学出版社有限责任公司
社　　址 / 北京市海淀区中关村南大街5号
邮　　编 / 100081
电　　话 / (010) 68914775（总编室）
　　　　　 (010) 82562903（教材售后服务热线）
　　　　　 (010) 68948351（其他图书服务热线）
网　　址 / http：//www.bitpress.com.cn
经　　销 / 全国各地新华书店
印　　刷 / 北京通县华龙印刷厂
开　　本 / 787毫米×1092毫米　1/16
印　　张 / 12.5　　　　　　　　　　　　　　责任编辑 / 申玉琴
字　　数 / 290千字　　　　　　　　　　　　文案编辑 / 申玉琴
版　　次 / 2016年9月第1版　2016年9月第1次印刷　责任校对 / 王素新
定　　价 / 29.00元　　　　　　　　　　　　责任印制 / 边心超

图书出现印装质量问题，请拨打售后服务热线，本社负责调换

　　《四川导游基础知识》是北京理工大学出版推出的《全国导游资格考试系列》丛书之一。攻略紧扣国家旅游局颁布的《全国导游人员资格考试大纲》，以主题内容分章，知识要点分节，精心编写，力求最大限度地贴近国家旅游局导游人员资格统考要求，帮助广大考生顺利通过考试。本书有以下特色：

　　特色1：紧扣大纲。本科目所有知识要点严格按照大纲要求，考点完全覆盖大纲要求。

　　特色2：形式多样。每章分为七个部分：学习目标、考试津要、习题攻略、近三年真题分值比例、真题解析、模拟考题、参考答案。

　　特色3：经验助力。在考试津要中，为考生分析考试大纲各知识点掌握要求，并精心编写应考经验，帮助考生充分应对考试。

　　特色4：考点全面。习题攻略内容全面，题量丰富，涵盖各层次考点，帮助学生巩固知识要点、提高复习针对性。

　　特色5：真题分析。精选并解析近三年全国各省市历年真题，帮助考生了解命题人思路、把握考试动态。

　　特色6：模拟测试。每章模拟题检查考生对该章节的学习情况，做到随学随查，帮助考生步步通关。

　　特色7：解析详尽。所有的题目均有准确、详尽的解析。同时囊括关联知识，帮助学生理清思路、突破考点、举一反三、提升应试能力。

本套系列丛书的作者均为行业精英，既有高校旅游专业一线优秀教师，也有国内资深导游和导游资格考试考官，他们具有丰富的导游资格考试教学和培训经验，确保了书的专业性、实用性，为考生顺利考取导游证、实现自己的人生提供了助力。

目录

第1章

四川地理概况

学习目标

　　根据国家旅游局颁布的《全国导游人员资格考试大纲》，本章设计了相关的操练和攻略，目的是加强与巩固考生对四川基本省情和地理环境等知识的掌握，尤其是对四川的地形地貌、河流水系、气候气象、特色动植物等相关知识的了解，提高考生对四川自然地理环境的了解和认识水平，为今后运用相关知识，客观、系统、全面、科学地讲解四川自然风貌打下坚实基础。

第一部分　考试津要

一、考试大纲

章节	考试要点
基本省情	1. 四川的地理坐标和四至；四川耕地、园林、林地和牧地的分布情况；四川自然资源的储量情况（了解） 2. 四川的重要机场与主要航线、主要铁路干线、高速公路、成都轨道交通和主要旅游公路干线的情况（熟悉） 3. 四川的人口与面积等方面的具体数据；四川的行政区划分的历史演变和现状；四川旅游交通的基本情况（掌握）
地势与主要山地	1. 四川的主要地貌类型及其分布；四川东部、西部划分的地理分界线；四川"关内""关外"划分的地理分界线（了解） 2. 盆周山地的分布情况及景观特色；川西高原山地的分布及景观特点（熟悉） 3. 四川地势的特点；四川盆地的概念及其地貌分区；成都平原的概念及自然文化特色；贡嘎山、雪宝顶等四川著名山峰的位置、海拔及景观特点（掌握）

章节	考试要点
主要水系及水自然景观	1. 四川"千水之省"得名的原因；四川河流的水系归属情况；四川河流的特征及表现；四川主要沼泽与湿地景观的分布地及风景特色；四川著名水库的所在地及其特色；四川冰川的分布情况及主要冰川目录(了解) 2. 四川主要湖泊类型及著名湖泊的所在地、成因和风景文化特色；海螺沟冰川的景观特色及"三大奇观"；四川主要涌泉景观与瀑布景观的所在地及风景特色(熟悉) 3. 四川四大水系的发源地、长度、河段划分及主要风景文化特色(掌握)
气候与天气景观	1. "西蜀漏天""华西雨屏""巴山夜雨"等典故所形容的气候特色及形成原因；四川典型天气景观的名称及观赏地(熟悉) 2. 四川的三大气候类型及其分布与特点(掌握)
动植物景观	1. 四川植物资源的基本情况；四川动物资源的基本情况(了解) 2. 四川主要珍稀植物名称及其分布地；四川主要珍稀动物名称及其分布地(熟悉) 3. 四川典型植物景观的特色及观赏地；四川典型动物景观的特色及观赏地(掌握)

二、应考经验

1. 四川的基本省情要准确掌握，易在单选题中出现。四川的交通情况也要熟悉，易在多选题中出现。

2. 要掌握四川的地形地貌。四川盆地和川西高原的分布及特点，主要山地的位置、海拔和景观特点等为本章重点之一，易出现在多选题中。

3. 四川的主要水系、气候特征及珍稀动植物资源分布知识，考生要尤为注意。要了解"蜀犬吠日""西蜀漏天"等典故的气候特点及成因，这些知识点很可能出现在多选题中，考生务必要注意。

4. 凡是教材中出现的时间、数量、方位等内容都要熟记，因为这些内容是经常考查的知识点。如本章四川省的辖区面积、贡嘎山海拔、峨眉山佛光出现时间等。

5. 本章内容与"科目五　四川导游服务能力"中的综合知识部分相关联，考生复习时应注意相关内容的掌握和积累。

6. 目前国家旅游局颁布的考试大纲中没有判断题，但这种题型有助于更好地学习四川导游基础知识。根据以往多年的考评经验，这种题型将来有可能纳入全国导游资格考试的题型，故本攻略中有判断题的练习。

第二部分　习题攻略

一、基本省情

(一)单项选择题

1. 四川省的地理位置为东经(　　　)、北纬(　　　)。

A. 97°51′～106°18′　21°13′～29°25′　　B. 103°36′～109°35′　24°37′～29°13′

C. 105°17′～110°11′　28°10′～32°13′　　D. 92°21′～108°12′　26°03′～34°19′

2. 四川省为全国第（　　）大林区、第（　　）大牧区，耕地面积位居全国第（　　）位。

　　A. 三　五　七　　　B. 三　六　七　　　C. 二　五　七　　　D. 二　六　七

3. 四川盆地有"红色盆地"之称，其中土壤类型主要为（　　）。

　　A. 红壤　　　　　　B. 紫色土　　　　　C. 暗棕壤　　　　　D. 水稻土

4. 四川水能资源十分丰富，居全国第（　　）位。

　　A. 一　　　　　　　B. 二　　　　　　　C. 三　　　　　　　D. 四

5. 四川的生物资源种类繁多，其中国家重点保护野生植物占全国的 30%，珍稀动物保护资源居全国第（　　）位。

　　A. 一　　　　　　　B. 二　　　　　　　C. 三　　　　　　　D. 四

6. 四川的植物品种多、分布广、储量大，其中药用植物有（　　）余种，是全国三大中药材生产基地之一。

　　A. 200　　　　　　　B. 500　　　　　　C. 1 000　　　　　　D. 3 000

7. 将川陕路分设益、梓、利、夔四路，总称四川路，始有四川之名是在（　　）时。

　　A. 秦代　　　　　　B. 汉代　　　　　　C. 宋代　　　　　　D. 元代

8. 四川建制始于（　　）。

　　A. 唐代　　　　　　B. 宋代　　　　　　C. 元代　　　　　　D. 明代

9. 四川现有（　　）个地级行政单位。

　　A. 18　　　　　　　B. 19　　　　　　　C. 20　　　　　　　D. 21

10. 四川省现有（　　）个自治州。

　　A. 2　　　　　　　　B. 3　　　　　　　　C. 4　　　　　　　　D. 5

11. 四川现有（　　）个世居的少数民族。

　　A. 10　　　　　　　B. 12　　　　　　　C. 14　　　　　　　D. 16

12. 在四川的少数民族中，人口数量最多的是（　　）。

　　A. 彝族　　　　　　B. 藏族　　　　　　C. 羌族　　　　　　D. 回族

13. 以下有关四川的说法不正确的是（　　）。

　　A. 少数民族人口总量在全国位居第六位

　　B. 是全国第二大藏族聚居区

　　C. 是全国最大的苗族聚居区

　　D. 是全国唯一的羌族聚居区

14. 四川交通曾主要通过三条古道来实现，不包括（　　）。

　　A. 剑门蜀道　　　　B. 唐蕃古道　　　　C. 茶马古道　　　　D. 南方丝绸之路

15. （　　）铁路是中国第一条电气化铁路。

　　A. 宝成　　　　　　B. 成昆　　　　　　C. 成渝　　　　　　D. 达成

16. （　　）铁路称中国第一路，是新中国自行修筑的第一条铁路。

　　A. 宝成　　　　　　B. 成昆　　　　　　C. 成渝　　　　　　D. 达成

17. 四川最早的公路修建于（　　）年。

　　A. 1923　　　　　　B. 1931　　　　　　C. 1941　　　　　　D. 1949

18. 成都天府国际机场建成后，成都将成为国内第（　　）个拥有双机场的城市。
    A. 一 B. 二 C. 三 D. 四

19. 成都双流国际机场作为中国第（　　）大国际航空港和中国西部最繁忙的枢纽机场，2014年，成都双流国际机场实现旅客吞吐量3 750.76万人次，位居全国第（　　）。
    A. 三　四 B. 四　三 C. 三　三 D. 四　四

20. 四川省成都市的轨道交通系统不包括（　　）。
    A. 成都地铁 B. 成都有轨电车 C. 成都市域铁路 D. 成都公交

（二）多项选择题

1. 以下与四川省相邻的省份为（　　）。
   A. 云南 B. 贵州 C. 湖南 D. 重庆
   E. 甘肃

2. 下列有关四川地形特征叙述正确的是（　　）。
   A. 西高东低
   B. 多山多高原
   C. 西部多高原、山地，东部多盆地、丘陵
   D. 平均海拔250米到750米

3. 四川草场的特产品种有（　　）。
   A. 内江猪、成华猪 B. 德昌水牛、荥经黄牛
   C. 若尔盖绵羊、建昌马 D. 建昌鸭、峨眉黑鸡

4. 四川是中国矿产资源最丰富的省份之一，其中（　　）的储量居全国首位。
   A. 钒 B. 钛 C. 钙 D. 铝
   E. 芒硝

5. 四川简称蜀的原因有（　　）。
   A. 古代四川地区最早建立的奴隶制国家叫作蜀国
   B. 公元前316年，秦国一举灭掉蜀、巴两国，古蜀国自此灭亡，从此"蜀"就成了四川地区的地域名称
   C. 东汉末年，刘备占据四川称帝，史称蜀汉
   D. 五代时，王建和孟知祥先后在成都称帝，史称前蜀和后蜀，以后，四川就简称"蜀"

6. 四川省现有自治州为（　　）。
   A. 甘孜藏族自治州 B. 北川羌族自治州
   C. 阿坝藏族羌族自治州 D. 凉山彝族自治州

7. 四川省现今大力发展的四大城市群有（　　）。
   A. 成都平原城市群 B. 川西城市群
   C. 川南城市群 D. 攀西城市群
   E. 川东北城市群

8. 在四川的少数民族中，人口数量位居前四位的是（　　）。
   A. 彝族 B. 藏族 C. 羌族 D. 回族
   E. 苗族

9.2014 年,在省委省政府的坚强领导下,全省交通运输系统紧紧围绕构建畅通安全高效的现代综合交通运输体系总体目标,取得了"五个全国第一、六个重大突破",以下说法正确的是(　　)。

    A. 全省公路水路交通建设完成投资超过 1 300 亿元,连续四年稳居全国第一

    B. 全省公路总里程达到 31 万千米,居全国第一

    C. 全省规划的 6 个重点港口已建成 5 个,港口集装箱年吞吐能力突破 200 万标箱,实际运量达到 44 万标箱,同比增长 69%

    D. 完成国家公路网四川境线位规划和全省高速公路、省道网布局规划,实现了国省道对全省所有县级政府所在地的全覆盖

(三)判断题

1. 四川地形复杂多样,位于我国大陆地势三大阶梯中的第二级和第三级。 (　　)

2. 四川建制始于元朝。 (　　)

3. 四川是全国最大的彝族聚居区。 (　　)

4. 宝成铁路是新中国自行修筑的第一条铁路。 (　　)

5. 成都双流国际机场是中国第三大国际航空港和中国西部最繁忙的枢纽机场。 (　　)

二、地势与主要山地

(一)单项选择题

1. 四川地形复杂多样,地跨(　　)大地貌单元。

    A. 三　　　　　　　　B. 四　　　　　　　　C. 五　　　　　　　　D. 六

2. (　　)是秦岭的东南分支,是四川盆地和汉中盆地的界山,也是嘉陵江和汉水的分水岭。

    A. 横断山脉　　　　　B. 大巴山脉　　　　　C. 巫山山脉　　　　　D. 邛崃山脉

3. 四川西部所谓的"关内"与"关外",其分界线是(　　)。

    A. 大、小凉山　　　　B. 沙鲁里山　　　　　C. 大雪山　　　　　　D. 岷山

4. (　　)是四川盆地与川西高原的界山。

    A. 邛崃山　　　　　　B. 大、小凉山　　　　C. 沙鲁里山　　　　　D. 龙门山

5. 四川西部被称为川西高原,下列有关其说法不正确的是(　　)。

    A. 海拔 3 800~4 500 米

    B. 由北向南倾斜

    C. 大体上分为川西北高原与川西南山地

    D. 有九寨沟、黄龙等自然美景

6. 四川盆地东缘山脉为(　　)。

    A. 龙门山　　　　　　B. 巫山　　　　　　　C. 大娄山　　　　　　D. 米仓山

7. 被称为中国的山水画卷和历史文化长廊的长江三峡,位于四川盆地(　　)。

    A. 东缘山脉　　　　　B. 南缘山脉　　　　　C. 西缘山脉　　　　　D. 北缘山脉

8. 龙门山最高峰为（　　　）。

    A. 华蓥山   B. 九顶山   C. 天台山   D. 邛崃山

9. （　　　）是四川各时代地层发育最全的山脉。

    A. 九顶山   B. 华蓥山   C. 窦圌山   D. 天台山

10. （　　　）的佛光在中国乃至世界上类似的自然景观中当数"魁首"，堪称"世界之最"。

    A. 峨眉山   B. 青城山   C. 瓦屋山   D. 泰山

11. 邛崃山最高峰四姑娘山海拔（　　　）米。

    A. 5 250   B. 5 450   C. 6 250   D. 6 450

12. 卧龙、蜂桶寨自然保护区位于（　　　）。

    A. 巫山   B. 龙门山   C. 邛崃山   D. 大巴山

13. 大巴山东西绵延（　　　）多千米，故有"千里巴山"之称。

    A. 500   B. 800   C. 1 000   D. 1 200

14. 四川的风景区中，被称为"中国百慕大"的黑竹沟风景区位于（　　　）地区。

    A. 大、小凉山   B. 沙鲁里山   C. 大雪山   D. 岷山

15. 四川最长、最宽的山系是（　　　）。

    A. 大、小凉山   B. 沙鲁里山   C. 大雪山   D. 岷山

16. 四川最高的山峰，有"蜀山之王"美誉的是（　　　）。

    A. 贡嘎山   B. 沙鲁里山   C. 大娄山   D. 岷山

17. 毛主席《长征》中"更喜岷山千里雪，三军过后尽开颜"中的岷山的主要山脉不包括（　　　）。

    A. 红岗山   B. 华蓥山   C. 羊拱山   D. 鹧鸪山

18. 岷山位于四川西北部川甘两省边境，四川境内是岷山的（　　　）段。

    A. 东   B. 中   C. 南   D. 中南

19. 岷山山脉的最高峰是（　　　）。

    A. 贡嘎山   B. 雪宝顶   C. 太平山   D. 龙门山

20. 岷山是红军长征走过的最后一道险关，现红军长征纪念碑园就建在松潘县的（　　　）山下。

    A. 雪宝顶   B. 红岗山   C. 海子山   D. 天台山

（二）多项选择题

1. 下列有关四川地势地貌说法正确的是（　　　）。

    A. 地势西高东低，西部为盆地，东部为高原山地

    B. 以多山和高原为特色

    C. 60％以上的地区海拔都超过1 000米

    D. 平原、丘陵、山地和高原4种地貌类型齐全

2. 四川地跨下列（　　　）地貌单元。

    A. 青藏高原   B. 云贵高原   C. 四川盆地   D. 横断山区

    E. 秦巴山地

3. 有关成都平原说法正确的是（　　　）。

    A. 位于四川盆地西部

B. 亦称作"川西平原""川西坝子"

C. 是我国西部最大的平原

D. 是我国重要的粮油基地

4. 下列关于四川盆地南缘山脉的说法正确的是(　　)。

    A. 指宜宾到奉节的长江以南山地

    B. 主要山脉有大娄山、七曜山、青城山等

    C. 境内有峰林、溶洞、暗河等典型岩溶地貌

    D. 区域内有金佛山、四面山、蜀南竹海等景观

5. 有关龙门山的说法正确的是(　　)。

    A. 是四川盆地西缘山脉

    B. 是川西高原与四川盆地的天然界限

    C. 最高峰九顶山主峰海拔 3 984 米

    D. 有西岭雪山、都江堰、青城山等风景区

6. 下列关于邛崃山的说法正确的是(　　)。

    A. 主要山脉有巴郎山、夹金山和二郎山

    B. 最高山峰四姑娘山海拔 5 250 米

    C. 已建有卧龙、蜂桶寨等著名的自然保护区

    D. 山以东属汉族聚居区,以西则属藏族聚居区

7 以下有关四川盆地北缘山脉表述不正确的是(　　)。

    A. 是都江堰市到天全县一线岷江以西山地的总称,又称峡山

    B. 是四川盆地和汉中平原的界山,也是嘉陵江和汉水的分水岭

    C. 是四川盆地北部的天然屏障,对四川盆地冬暖春早气候的形成起了重要作用

    D. 区域内有诺水河风景区和光雾山风景名胜区

8. 川西高原山地主要包括(　　)。

    A. 大、小凉山　　　　B. 沙鲁里山　　　　C. 大雪山　　　　D. 岷山

9. 红军长征纪念碑园的"八景"包括(　　)。

    A. 黎明火种　　　B. 三军铜像　　　C. 英雄群雕　　　D. 翠湖红柳

    E. 金碑夕照

10. "峨眉十景"包括(　　)。

    A. 圣积晚钟　　　B. 白水秋风　　　C. 金顶祥光　　　D. 象池夜月

    E. 灵隐禅踪

(三)判断题

1. 四川的地势大致沿东经130°分为两个截然不同的世界。　　　　　　　　　(　　)

2. 四川盆地中部为川中方山丘陵,是中国最典型的方山丘陵分布区。　　　　(　　)

3. 大巴山是四川各时代地层发育最全的山脉。　　　　　　　　　　　　　　(　　)

4. 巫山山脉是四川最长、最宽的山系。　　　　　　　　　　　　　　　　　(　　)

5. 贡嘎山主峰海拔 7 556 米,是四川最高的山峰,有"蜀山之王"的美誉。　(　　)

(一)单项选择题

1. 境内河流众多，有大小河流近千条，号称"千水之省"的是（　　）。
   A. 湖北　　　　　B. 湖南　　　　　C. 四川　　　　　D. 青海

2. 四川省的江河，除了（　　）等7条支流属黄河水系外，其余均属长江水系。
   A. 渠江　青衣江　　　　　　　　　B. 白河　渠江
   C. 黑河　青衣江　　　　　　　　　D. 白河　黑河

3. （　　）流经中国唯一的羌族聚居区。
   A. 岷江　　　　　B. 金沙江　　　　C. 沱江　　　　　D. 嘉陵江

4. 岷江发源于岷山的（　　）。
   A. 摩天岭　弓杠岭　　　　　　　　B. 九顶山　郎架岭
   C. 摩天岭　九顶山　　　　　　　　D. 郎架岭　弓杠岭

5. 岷江的河段划分为（　　）。
   A. 都江堰以上为上游，都江堰至眉山为中游，眉山至宜宾为下游
   B. 茂县以上为上游，茂县至乐山为中游，乐山至宜宾为下游
   C. 都江堰以上为上游，都江堰至乐山为中游，乐山至宜宾为下游
   D. 茂县以上为上游，茂县至眉山为中游，眉山至宜宾为下游

6. 岷江最大的支流是（　　）。
   A. 雅砻江　　　　B. 大渡河　　　　C. 涪江　　　　　D. 渠江

7. （　　）是四川漂流旅游的主要河流。
   A. 大渡河　　　　B. 雅砻江　　　　C. 沱江　　　　　D. 嘉陵江

8. 岷江干流最大的蓄水工程是（　　）。
   A. 毛坝水库　　　B. 紫坪铺水库　　C. 黑龙滩水库　　D. 长滩水库

9. 碧峰峡、中岩风景区等景观位于（　　）。
   A. 岷江水系　　　B. 金沙江水系　　C. 沱江水系　　　D. 嘉陵江水系

10. （　　）为四川省与青海省、四川省与西藏自治区、四川省与云南省的界河。
    A. 岷江　　　　　B. 金沙江　　　　C. 沱江　　　　　D. 嘉陵江

11. 金沙江流域内的（　　）是20世纪中国最大的水力发电站。
    A. 二滩水电站　　　　　　　　　　B. 三峡水电站
    C. 溪洛渡水电站　　　　　　　　　D. 向家坝水电站

12. 金沙江最大的支流是（　　）。
    A. 大渡河　　　　B. 雅砻江　　　　C. 涪江　　　　　D. 通天河

13. 沱江上游有（　　）个源头。
    A. 1　　　　　　B. 2　　　　　　C. 3　　　　　　D. 4

14. 沱江的河段划分正确的是（　　）。
    A. 金堂以上为上游，资中以下为下游
    B. 金堂以上为上游，自贡以下为下游

C. 广汉以上为上游,资中以下为下游

D. 广汉以上为上游,自贡以下为下游

15. (　　)是沱江流域最大的支流。

A. 大渡河　　　　B. 釜溪河　　　　C. 雅砻江　　　　D. 涪江

16. (　　)流域人文景观丰富,有被誉为"恐龙之乡"和"盐都"的自贡市。

A. 岷江　　　　B. 金沙江　　　　C. 沱江　　　　D. 嘉陵江

17. 在长江水系中,长度仅次于汉江,流量仅次于岷江,但流域面积最大的是(　　)。

A. 沱江　　　　B. 嘉陵江　　　　C. 金沙江　　　　D. 川江

18. 传统上,嘉陵江有东西两源,2011 年 10 月长江水利委员会确认东源(　　)为正源。

A. 陕西省凤县秦岭代王山的东峪河

B. 甘肃省齐寿乡齐寿山的西汉水

C. 四川省若尔盖县郎木寺的白龙江

D. 陕西省凤县东北的嘉陵谷

19. 嘉陵江的河段划分是(　　)。

A. 昭化以上为上游,昭化至合川为中游,下游自合川流入朝天门码头汇入长江

B. 昭化以上为上游,昭化至广安为中游,下游自广安流入朝天门码头汇入长江

C. 阆中以上为上游,阆中至合川为中游,下游自合川流入朝天门码头汇入长江

D. 阆中以上为上游,阆中至广安为中游,下游自广安流入朝天门码头汇入长江

20. 嘉陵江最大的两条支流是(　　)。

A. 涪江 青衣江　　B. 涪江 渠江　　C. 青衣江 渠江　　D. 青衣江 白龙江

21. (　　)流域是四川古蜀道遗址和三国蜀汉遗迹分布最集中的区域。

A. 岷江　　　　B. 金沙江　　　　C. 沱江　　　　D. 嘉陵江

22. (　　)是四川省和云南省的界湖。

A. 泸沽湖　　　　B. 邛海　　　　C. 马湖　　　　D. 叠溪海子

23. (　　)湖区生活着世界珍禽东方白鹳和国家一级保护鸟类黑颈鹤、黑鹤、白尾海雕以及鸳鸯、白天鹅等。

A. 泸沽湖　　　　B. 邛海　　　　C. 马湖　　　　D. 叠溪海子

24. (　　)将自然景观和人文景观融为一体,传说中的"女儿国"就在这里的摩梭族中。

A. 泸沽湖　　　　B. 邛海　　　　C. 马湖　　　　D. 叠溪海子

25. (　　)是四川省第二大淡水湖。

A. 泸沽湖　　　　B. 邛海　　　　C. 龙池　　　　D. 彝海

26. 海龙寺内孟获殿是全国唯一一座供奉有彝族首领神像的庙宇,其位于(　　)中的金龟岛上。

A. 泸沽湖　　　　B. 邛海　　　　C. 马湖　　　　D. 叠溪海子

27. 叠溪海子是九寨沟—黄龙旅游线上的重要景点,其湖泊成因属于(　　)。

A. 构造湖　　　　B. 堰塞湖　　　　C. 冰川湖　　　　D. 河迹湖

28. （　　）是四川堰塞湖中最年轻的湖泊。
    A. 泸沽湖　　　　B. 邛海　　　　C. 马湖　　　　D. 叠溪海子

29. 除了天然湖泊，四川还有许多人造的湖泊水库，其中最大的水库是（　　）。
    A. 升钟水库　　B. 黑龙滩水库　　C. 长滩水库　　D. 毛坝水库

30. 泸沽湖、邛海、马湖和叠溪海子四个湖泊中，面积最大的是（　　）。
    A. 泸沽湖　　　　B. 邛海　　　　C. 马湖　　　　D. 叠溪海子

31. （　　）是我国重要的珍稀植物基因库，"活化石"珙桐在此生机勃勃，大熊猫、金丝猴、扭角羚等国家重点保护动物间或可见，被国外科学家誉为"自然博物馆""天然动物乐园"。
    A. 泸沽湖　　　　B. 龙池　　　　C. 马湖　　　　D. 叠溪海子

32. （　　）是地球上最大的淡水资源，也是地球继海洋后最大的天然水库。
    A. 冰川　　　　B. 湖泊　　　　C. 森林　　　　D. 湿地

33. （　　）是四川最大的冰川群，也是横断山系和青藏高原东部最大的冰川群。
    A. 螺髻山冰川　　B. 贡嘎山冰川　　C. 海螺沟冰川　　D. 达古冰川

34. （　　）是贡嘎山冰川中长度最大、下限海拔最低的冰川。
    A. 雪宝顶冰川　　B. 螺髻山冰川　　C. 海螺沟冰川　　D. 达古冰川

35. （　　）是我国境内距大城市最近、最易进入的冰川。
    A. 雪宝顶冰川　　B. 螺髻山冰川　　C. 海螺沟冰川　　D. 达古冰川

36. （　　）有我国迄今发现的最大、最高的冰瀑布。
    A. 贡嘎山冰川　　B. 海螺沟冰川　　C. 达古冰川　　D. 螺髻山冰川

37. （　　）景区是继九寨沟、黄龙后，阿坝藏族羌族自治州推出的第三大旅游精品区，将成为阿坝旅游"大九寨、大熊猫、大草原、大冰川"四大品牌之一。
    A. 贡嘎山冰川　　B. 海螺沟冰川　　C. 达古冰川　　D. 螺髻山冰川

38. 四川山地瀑布众多，其中瀑宽140米、堪称我国最秀丽的阔瀑的是（　　）。
    A. 九寨沟诺日朗瀑布　　　　　　B. 牟尼沟扎嘎瀑布
    C. 西岭雪山大飞水瀑布　　　　　D. 银厂沟百丈瀑布

39. 九寨沟瀑布群中，最大的瀑布是（　　）。
    A. 树正瀑布　　B. 诺日朗瀑布　　C. 珍珠滩瀑布　　D. 熊猫海

40. 目前我国发现的落差最大的钙化瀑布、被誉为"中国第一钙化瀑布"的是（　　）。
    A. 九寨沟诺日朗瀑布　　　　　　B. 牟尼沟扎嘎瀑布
    C. 西岭雪山大飞水瀑布　　　　　D. 银厂沟百丈瀑布

41. "孔雀开屏，天女散花，悬崖银屏，玉龙跃空"形容的是（　　）。
    A. 九寨沟诺日朗瀑布　　　　　　B. 牟尼沟扎嘎瀑布
    C. 蜀中天台山瀑布　　　　　　　D. 银厂沟百丈瀑布

42. 据唐代文献记载，宫廷饮酒"剑南春"取自（　　）泉水酿造而成。
    A. 绵竹玉妃泉　　B. 泸定药王泉　　C. 松潘翡翠泉　　D. 达古冰川泉

43. （　　）是目前我国水龄最长、天然分子团最小、含氘量最低、富氧、弱碱性、人体所需微量元素均衡丰富的冰川泉水。
    A. 镇江中泠泉　　B. 北京玉泉　　C. 达古冰川泉　　D. 江西庐山谷帘泉

44. （　　）被誉为"地球之肾"。
    A. 冰川　　　　　B. 湖泊　　　　　C. 森林　　　　　D. 湿地

45. 四川最具代表性的湿地自然保护区是（　　）自然保护区。
    A. 九寨沟　　　　B. 若尔盖　　　　C. 黄龙　　　　　D. 察青松多

46. 截至2005年年底，四川省共建立（　　）个湿地自然保护区。
    A. 30　　　　　　B. 32　　　　　　C. 33　　　　　　D. 35

47. 我国最大的高原沼泽植被集中分布区、高原珍禽黑颈鹤的繁殖栖息地、我国最大的高原泥炭沼泽地是（　　）自然保护区。
    A. 九寨沟　　　　B. 若尔盖　　　　C. 黄龙　　　　　D. 察青松多

（二）多项选择题

1. 关于四川，以下说法正确的是（　　）。
    A. 河流众多，被称为"千水之省"
    B. 水资源总量丰富，人均水资源量高于全国
    C. 河道迂回曲折，有利于农业灌溉
    D. 水资源时空分布不均，洪旱灾害时有发生

2. 岷江水系流域内人文景观丰富，有（　　）。
    A. 青城山　　　　B. 乐山大佛　　　C. 乌龙寺　　　　D. 三苏祠
    E. 郭沫若故居

3. 以下有关金沙江水系说法正确的是（　　）。
    A. 古称绳水、丽水
    B. 流域面积有3万平方千米，是一条峡谷型河流
    C. 流经省内自然生态保存完好、藏彝风情独特的地区
    D. 流域内的稻城亚丁，被誉为"最后的香格里拉"

4. 下列属于沱江流域的人文景观有（　　）。
    A. 广汉三星堆遗迹　　　　　　　　B. 洛带古镇
    C. 四川古蜀道遗迹　　　　　　　　D. 沱江小三峡
    E. 白云山景区

5. 下列属于沱江流域的自然景观有（　　）。
    A. 沱江小三峡　　B. 白云山景区　　C. 龙门山风景区　　D. 洛带古镇
    E. 新都宝光寺

6. 下列属于嘉陵江流域的自然和人文景观的是（　　）。
    A. 九寨沟风景区　B. 黄龙风景区　　C. 碧口水库风光　　D. 安岳卧佛
    E. 阆中古城

7. 黄龙"四绝"包括（　　）。
    A. 彩池　　　　　B. 雪山　　　　　C. 涌泉　　　　　D. 峡谷
    E. 森林

8. 有关马湖的说法正确的是（　　）。
    A. 为地震堰塞湖，汉朝已存在
    B. 面积只有7平方千米

C. 不但水美，还生产茶叶

D. 湖中有众多四面环水的小岛，金龟岛是其中之一

9. 海螺沟以"五绝"闻名于世，包括（　　）。

  A. 日照金山　　　　B. 冰川　　　　　　C. 原始森林　　　　D. 康巴风情

  E. 冰川温泉

10. 海螺沟冰川"三大奇观"有（　　）。

  A. 冰川弧拱　　　B. 冰川石蘑菇　　　C. 冰塔　　　　　　D. 冰瀑布

  E. 冰川城门

11. 海螺沟冰川的主要特点有（　　）。

  A. 海拔低　　　　　　　　　　　B. 冰川与森林共处

  C. 冰川与温泉共处　　　　　　　D. 冰瀑布宽达 1 100 米，高达 1 080 米

  E. 有我国迄今发现的最大、最高的冰川瀑布

12. 有关达古冰川景区说法正确的是（　　）。

  A. 景区内有原始山地冰川 13 条，冰川面积 6.04 平方千米

  B. 冰川区内"5"型围谷、冰斗、冰碛湖、冰瀑布等冰蚀地貌异彩纷呈

  C. 最大的冰碛湖是冬措日月海

  D. 最大的凌云瀑布宽 30 米，落差 700 米

  E. 景区内一经典景点为上千亩的高山杜鹃林

13. 牟尼沟扎嘎瀑布被冠名为（　　）。

  A. 孔雀开屏　　　B. 天女散花　　　C. 悬崖银屏　　　　D. 玉龙跃空

14 我国第一部《中国名泉》画册将四川的（　　）列为中国名泉。

  A. 绵竹玉妃泉　　B. 泸定药王泉　　C. 松潘翡翠泉　　　D. 花水湾温泉

15. 有关药王泉说法正确的是（　　）。

  A. 处于贡嘎山主峰东麓山下

  B. 泉水呈串珠状，以泉群的形式涌出

  C. 泉水温度稳定，水温在 30.1 ℃～30.8 ℃，属中温温泉

  D. 泉水清澈透明，饱含碳酸气体，为优质饮用天然矿泉水

16. 四川的国家级湿地自然保护区有（　　）自然保护区。

  A. 九寨沟　　　B. 若尔盖　　　C. 黄龙　　　　D. 察青松多

17. 若尔盖湿地自然保护区是我国最大的高原泥炭沼泽地，其成因有（　　）。

  A. 地处青藏高原东缘，纬度高，气候寒冷湿润，蒸发量少

  B. 为平坦状高原，地势低平，排水不畅

  C. 河流众多，水源充足

  D. 地表植被丰富，具有涵养水源的作用

18. 以下有关若尔盖湿地自然保护区说法正确的有（　　）。

  A. 是我国最大的高原沼泽植被集中分布区

  B. 是高原珍禽黑颈鹤的繁殖栖息地

  C. 是我国最大的高原泥炭沼泽地

  D. 是我国重要的水源涵养区

（三）判断题

1. 四川水资源总量丰富，但时空分布不均。　　　　　　　　　（　　）

2. 岷江流域是四川古蜀道遗址和三国蜀汉遗迹分布最集中的区域。（　　）

3. 左所海是四川省和云南省的界湖。　　　　　　　　　　　　（　　）

4. 达古冰川是亚洲海拔最低、规模最大的海洋性现代冰川。　　（　　）

5. 西岭雪山大飞水瀑布堪称四川瀑布落差之最。　　　　　　　（　　）

四、气候与天气景观

（一）单项选择题

1. 四川气候复杂多样，大致可以概括为三大类型，不属于这三大类型的是（　　）。
   A. 湿润型中亚热带气候　　　　　　　　B. 半湿润型亚热带气候
   C. 半湿润型温带季风气候　　　　　　　D. 高山高原高寒气候

2. 某地年平均气温，即全年日均气温的总平均。四川省年均气温分布的总趋势是（　　）。
   A. 由东南向西北递减　　　　　　　　　B. 由东南向西北递增
   C. 由东向西递减　　　　　　　　　　　D. 由东向西递增

3. 自古有"西蜀漏天"和"雨城"之称的是（　　）。
   A. 成都　　　　　　B. 乐山　　　　　　C. 都江堰　　　　　　D. 雅安

4. 晚唐诗人李商隐的诗句"巴山夜雨涨秋池"揭示的是四川盆地（　　）的现象。
   A. 气温高　　　　　B. 无霜期长　　　　C. 湿度大　　　　　　D. 多夜雨

5. "华西雨屏"生动地反映了四川（　　）多降雨的气候特点。
   A. 川西平原　　　　B. 东部盆地　　　　C. 川西南山地　　　　D. 川西北高原

6. 川西北高原所属的气候类型为（　　）。
   A. 湿润型中亚热带气候　　　　　　　　B. 湿润型亚热带气候
   C. 半湿润型亚热带气候　　　　　　　　D. 高山高原高寒气候

7. 川西北高原是典型的高原气候，大部分地区长冬无夏，春秋相连，对此理解错误的是（　　）。
   A. 夏季短暂，不到 2 个月　　　　　　　B. 冬季可长达半年以上
   C. 春秋两季不足 3 个月　　　　　　　　D. 有的地方几乎全年皆冬

8. 四川境内日照最多的地方，有"小太阳城"之称的是（　　）。
   A. 甘孜　　　　　　B. 攀枝花　　　　　C. 西昌　　　　　　　D. 石渠

9. 川西南山地所属的气候类型为（　　）。
   A. 半湿润型中亚热带气候　　　　　　　B. 湿润型中亚热带气候
   C. 半湿润型亚热带气候　　　　　　　　D. 湿润型亚热带气候

10. 在（　　）气候区，河谷地带由于"焚风"效应而产生典型的干热河谷气候，山地形成显著的立体气候。
    A. 四川盆地湿润型中亚热带气候　　　　B. 川西南山地半湿润型亚热带气候
    C. 盆地平原亚热带季风气候　　　　　　D. 川西北高山高原高寒气候

11. 攀枝花金沙江河谷地带属于典型的(　　)。
　　A. 亚热带气候　　B. 南亚热带气候　　C. 热带气候　　　D. 冬干夏雨气候
12. 下列景区中，在(　　)可以观赏到日出、云海、佛光、圣灯四大自然景观。
　　A. 青城山　　　　B. 瓦屋山　　　　　C. 西岭雪山　　　D. 峨眉山
13. 峨眉山四大奇观之一的佛光，一般出现在(　　)时间段内。
　　A. 上午 6：00～8：00　　　　　　　B. 上午 9：00～11：00
　　C. 下午 2：00～5：00　　　　　　　D. 下午 6：00～8：00
14. "象池夜月"是(　　)十景之一。
　　A. 青城山　　　　B. 瓦屋山　　　　　C. 螺髻山　　　　D. 峨眉山
15. 峨眉山景点众多，其中尤为适合赏月的地方是(　　)。
　　A. 圣积寺　　　　B. 洗象池　　　　　C. 万年寺　　　　D. 清音阁

(二)多项选择题

1. 四川盆地属于湿润的中亚热带季风气候，具有(　　)的特点。
　　A. 冬暖　　　　　B. 春雨　　　　　　C. 夏热　　　　　D. 秋旱

2. 关于四川盆地中亚热带湿润气候区，说法正确的是(　　)。
　　A. 此气候类型包括盆西平原、盆地丘陵和盆周山地
　　B. 该区全年温暖，气温日较差大，年较差小，冬暖夏热
　　C. 该区雨量充沛，但地区分布和季节分配不均，旱涝频繁
　　D. 该区云雾多，晴天少，日照时间短
　　E. 该区盆地地区春夏和夏秋之交冰雹较多，并伴有短时阵性大风

3. 川西北高原气候类型的特点有(　　)。
　　A. 雨量少　　　　B. 霜雪多　　　　　C. 日照充足　　　D. 昼夜温差大
　　E. 大风天数多

4. 川西南山地地区的气候特征有(　　)。
　　A. 气温年较差小，日较差大　　　　　B. 降水量较少，干湿季明显
　　C. 云量多，晴天少，日照时间短　　　D. 有完整的垂直气候划分带

5. 除峨眉山金顶外，以下(　　)也可观日出、看云海。
　　A. 青城山上清宫　B. 瓦屋山光相寺　　C. 蒙顶山上清峰　D. 凉山州螺髻山

6. 玩雪赏雪如今深受旅游者喜爱，以下适合人们玩雪赏雪的去处有(　　)。
　　A. 峨眉山　　　　B. 西岭雪山　　　　C. 海螺沟　　　　D. 都江堰龙池

(三)判断题

1. "蜀犬吠日"形象地道出了四川盆地阴雨多、少见太阳的气候特点。　　　(　　)
2. 乐山市是中国的多雨区，自古有"西蜀漏天"和"雨城"之称。　　　　　(　　)
3. 甘孜是四川境内日照最多的地方，有"小太阳城"之称。　　　　　　　(　　)
4. 晚唐诗人李商隐的"巴山夜雨涨秋池"的诗句，揭示了山地多夜雨的现象。(　　)
5. 峨眉山的佛光一般出现在下午 2：00 至 5：00。　　　　　　　　　　(　　)

五、动植物景观

(一)单项选择题

1. 四川省植物资源非常丰富,全省有高等植物近万种,约占全国种类的( ),仅次于云南,居全国第二位。

    A. 13%   B. 23%   C. 33%   D. 43%

2. 四川省野生果类植物种类丰富,其中( )资源最为丰富,居全国首位。

    A. 柑橘   B. 猕猴桃   C. 樱桃   D. 脐橙

3. 成都望江公园是一个以竹为主题的公园,被誉为"竹中皇后"的是( )。

    A. 鸡爪竹   B. 佛肚竹   C. 琴丝竹   D. 人面竹

4. 位于长宁、江安交界处的蜀南竹海以( )为主。

    A. 楠竹   B. 人面竹   C. 花竹   D. 慈竹

5. ( )盛产牡丹已有 1 000 多年历史,早在唐代,其所产牡丹已与东京洛阳的齐名。

    A. 成都   B. 彭州   C. 峨眉山   D. 都江堰

6. 四川彭州市是我国观赏牡丹的三大胜地之一,其境内牡丹观赏佳地位于( )。

    A. 白水河   B. 回龙沟   C. 龙门山   D. 丹景山

7. 峨眉山雷洞坪的杜鹃花中,有"杜鹃王"之称的是( )。

    A. 无腺波叶杜鹃   B. 波叶杜娟   C. 银叶杜娟   D. 亮鳞杜鹃

8. 红叶观赏,为历代文人青睐,最早见于司马相如的( )。

    A.《大人赋》   B.《子虚赋》   C.《长扬赋》   D.《上林赋》

9. 四川省有( )种国家重点保护的水生动物。

    A. 5   B. 6   C. 7   D. 8

10. 四川的珍稀保护动物 70% 分布在( )地区。

    A. 川东、川东北   B. 川西、川西北   C. 川东、川东南   D. 川西、川西南

11. 西方世界对大熊猫的认识开始于四川( )。

    A. 芦山县   B. 宝兴县   C. 天全县   D. 大邑县

12. 四川大熊猫栖息地由四川省境内的( )处自然保护区和( )处风景名胜区组成。

    A. 4　6   B. 5　7   C. 6　8   D. 7　9

13. ( )有全国最大的自然生态猴区。

    A. 青城山   B. 瓦屋山   C. 螺髻山   D. 峨眉山

14. ( )国家级自然保护区羚牛数量最多,约 1 200 只,羚牛的遇见率几乎为 100%。

    A. 王朗   B. 卧龙   C. 白水河   D. 唐家河

15. 1963 年批准建立的四川( )自然保护区,是我国目前最具代表性的川金丝猴保护区。

    A. 白河   B. 唐家河   C. 诺水河   D. 神农架

(二)多项选择题

1. 对四川而言,正确的说法有( )。

A. 国家一级保护植物有5种　　　　B. 全国最大的中药材基地

C. 全国最大的芳香油产地　　　　D. 猕猴桃资源最为丰富、居全国之首

2. 四川省的国家一级保护植物有(　　)。

A. 水杉　　　　B. 银杉　　　　C. 秃杉　　　　D. 珙桐

E. 桫椤

3. 我国赏牡丹的三大胜地是(　　)。

A. 河南洛阳　　　B. 山东菏泽　　　C. 四川彭州　　　D. 杭州孤山

4. 彭州现已成为我国西部最大的牡丹种植中心，培育了众多牡丹品种，其中本地的珍贵品种有(　　)。

A. 彭州紫　　　　B. 玉重楼　　　　C. 丹景红　　　　D. 姚黄、魏紫

E. 刘师哥

5. 四川省观赏杜鹃的最佳场所是(　　)。

A. 峨眉山　　　　B. 青城山　　　　C. 瓦屋山　　　　D. 西岭雪山

E. 四姑娘山

6. 四川省野生动物资源极其丰富，有国家重点保护的野生动物155种，其中属于国家一级保护动物的是(　　)。

A. 大熊猫　　　　B. 小熊猫　　　　C. 川金丝猴　　　　D. 羚牛

E. 华南虎

7. 四川省内最具有观赏价值的两大珍稀动物是(　　)。

A. 大熊猫　　　B. 金丝猴　　　C. 峨眉山短尾猴　　D. 羚牛

8. 四川的珍稀保护动物有(　　)。

A. 大熊猫　　　B. 金丝猴　　　C. 峨眉山短尾猴　　D. 羚牛

9. "天下四川，熊猫故乡"，游客可以到自然保护区与大熊猫零距离接触，其中包括(　　)。

A. 卧龙自然保护区　　　　　　　B. 平武王朗自然保护区

C. 蜂桶寨自然保护区　　　　　　D. 大风顶自然保护区

10. 以下有关四川大熊猫栖息地说法正确的是(　　)。

A. 四川大熊猫栖息地是全球最大、最完整的大熊猫栖息地

B. 亦是小熊猫、雪豹及云豹等濒危物种栖息的地方

C. 由四川省境内的7处自然保护区和9处风景名胜区组成

D. 于2006年7月12日成为世界自然遗产

(三)判断题

1. 四川生物资源丰富，是全国乃至世界范围内极其珍贵的生物基因库之一。　　(　　)

2. 四川是全国最大的中药材基地，被喻为我国的"中药之库"。　　　　　　(　　)

3. 四川彭州牡丹是我国观赏牡丹的三大胜地之一。　　　　　　　　　　(　　)

4. 西方世界对大熊猫的认识开始于四川宝兴。　　　　　　　　　　　(　　)

5. 四川大熊猫栖息地是全球最大、最完整的大熊猫栖息地，全球70%以上的野生大熊猫栖息于此。　　　　　　　　　　　　　　　　　　　　(　　)

第三部分 近三年真题分值比例(以四川省为例)

考试内容	分值分布											
	单项选择题			多项选择题			判断题			合计		
四川地理概况	2012 年	2013 年	2014 年	2012 年	2013 年	2014 年	2012 年	2013 年	2014 年	2012 年	2013 年	2014 年
	3	3	2	4	2	2	4	4	4	11	9	8

第四部分 真题解析

一、单项选择题

1. 四川最长、最宽的山系是( )。(2012 年)

   A. 大、小凉山　　B. 沙鲁里山　　C. 大雪山　　D. 岷山

   答案: B

   解析: 沙鲁里山位于甘孜、凉山州西部,是金沙江和雅砻江的天然分水岭。主要山脉有雀儿山、素龙山、海子山、木拉山等,南北绵亘 500～600 千米,向南伸入云南境内,东西宽 200 多千米,是四川最长、最宽的山系。

2. 四川境内被称为"双生"河流的是( )。(2012 年)

   A. 岷江与金沙江　　　　　　　　B. 岷江与嘉陵江

   C. 沱江与嘉陵江　　　　　　　　D. 沱江与岷江

   答案: D

   解析: 沱江进入成都平原后,由岷江水系分出的柏条河、青白江于金堂汇入沱江,所以沱江与岷江被称为"双生"河流,《史记》有"岷江导江,东别为沱"的记述。

3. 对联"松涛声、海涛声,声声相应;天上月、水中月,月月齐明"赞颂的天气景观是( )。(2012 年)

   A. 峨眉山象池夜月　　　　　　　B. 西昌月

   C. 桂林象山夜月　　　　　　　　D. 卢沟晓月

   答案: B

   解析: 西昌月是四川著名的天气景观。每当农历十五之夜,皎洁的圆月映照着明镜般的邛海,海月交辉,被人赞道"松涛声、海涛声,声声相应;天上月、水中月,月月齐明"。

4. 自古有"西蜀漏天"之说的城市是( )。(2013 年)

   A. 成都　　　　B. 雅安　　　　C. 绵阳　　　　D. 泸州

答案：B

解析：雅安市年平均降水量达 1 700 多毫米，最高年份达 2 300 多毫米，是中国乃至世界范围内的多雨区，自古有"西蜀漏天"和"雨城"之称。

5. 我国最高的钙化瀑布是（　　）。（2013 年）

  A. 黄河壶口瀑布   B. 牟尼沟扎嘎瀑布

  C. 九寨沟诺日朗瀑布   D. 贵州黄果树瀑布

答案：B

解析：牟尼沟扎嘎瀑布位于松潘县西南牟尼乡境内的牟尼沟，是中国最高的钙化瀑布。瀑布每落一台坎，则弹射一团晶亮的水花，人称"孔雀开屏，天女散花，悬崖银屏，玉龙跃空"。

6. 下列选项中不属于四川省国家级湿地保护区的是（　　）。（2013 年）

  A. 若尔盖   B. 九寨沟   C. 卡莎湖   D. 察青松多

答案：C

解析：四川省从 20 世纪 70 年代末开始建立专门的湿地自然保护区。四川省第一个湿地类型自然保护区是建于 1979 年的九寨沟湿地自然保护区。截至 2008 年，四川省已建立湿地类型自然保护区 46 个，保护管理面积 31 324 平方千米。其中国家级自然保护区有 5 个，分别为若尔盖湿地保护区、九寨沟保护区、长江上游珍稀鱼类保护区、察青松多保护区、海子山保护区；省级自然保护区有 12 个，分别为卡莎湖保护区、新路海保护区、诺水河保护区、长沙贡马保护区、黄龙保护区、曼则塘湿地保护区、南莫且湿地保护区、百草坡自然保护区、二滩鸟类自然保护区、四川鸭嘴自然保护区、天全河自然保护区、周公河自然保护区。国际重要湿地有 1 个，为若尔盖湿地。中国重要湿地有 3 个，分别为九寨沟沼泽湿地、若尔盖高原沼泽区、泸沽湖湿地。2005 年四川省若尔盖、海子山、日干乔、曼则塘、卡莎湖、泸沽湖、亿比措等湿地保护项目被纳入《全国湿地保护工程"十一五"实施规划》。

7. 四川省的最高峰是（　　）。（2014 年）

  A. 雪宝顶   B. 贡嘎山   C. 巴郎山   D. 四姑娘山

答案：B

解析：贡嘎山主峰海拔 7 556 米，是四川最高的山峰，有"蜀山之王"之誉，也是古冰川发育最完整的山地。

8. 广汉三星堆遗址位于（　　）水系的鸭子河畔。（2014 年）

  A. 嘉陵江   B. 岷江   C. 沱江   D. 雅砻江

答案：C

解析：沱江主要流经盆地丘陵地区，是古蜀文化最集中的地域之一，主要有广汉三星堆遗迹，还有成都附近的三国蜀汉遗迹、资中古城、自贡恐龙、盐都遗迹等。

二、多项选择题

1. 下列关于泸沽湖特点的表述，正确的选项是（　　）。（2012 年）

  A. 是堰塞湖   B. 位于四川省和云南省之间

  C. 是四川省内最深的湖泊   D. 湖区生活着世界珍禽东方白鹳

答案：BD

解析：泸沽湖是四川和云南的界湖，位于四川盐源县的左所和云南宁蒗县永宁之间；是高原断陷湖盆；湖水清澈，水质优良，是国内为数不多的未被污染的高原淡水湖，湖区生活着世界珍禽东方白鹳和国家一级保护鸟类黑颈鹤、黑鹳等。

2. 下列景区中，位于四川盆地北缘米仓山和大巴山区域内的是(　　)。(2012年)

A. 龙池国家森林公园　　　　　　B. 诺水河风景区

C. 光雾山风景区　　　　　　　　D. 明月峡栈道

E. 卧龙自然保护区

答案：BC

解析：四川盆地北缘米仓山和大巴山区域内有以溶洞景观为主的诺水河风景区和以奇峰峡谷为主要景观的光雾山风景名胜区。

3. 海螺沟冰川的"三大奇观"是指(　　)。(2013年)

A. 冰碛湖　　　B. 冰斗　　　C. 冰川弧　　　D. 冰瀑布

E. 冰川城门

答案：CDE

解析：由于冰川运动，海螺沟冰川形成了冰川弧、冰川断层和冰塔、冰桥、冰川石蘑菇、冰城门等诸多奇异的冰川景观，其中，冰瀑布、冰川弧和冰川城门号称海螺沟冰川"三大奇观"。

4. 四川盆地西缘山脉包括(　　)。(2014年)

A. 巫山　　　　B. 龙门山　　　　C. 邛崃山　　　　D. 大巴山

E. 大娄山

答案：BC

解析：四川盆地西缘山脉包括龙门山、邛崃山。巫山属盆地东缘山脉；大巴山属盆地北缘山脉；大娄山属盆地南缘山脉。

三、判断题

1. 四川盆地也称为"红色盆地"，面积达16.2万平方千米。(2012年)　　　　　(　　)

答案：√

2. 成都是西南地区最大的铁路枢纽，成昆铁路是我国第一条电气化铁路。(2012年)(　　)

答案：×

解析：宝成铁路是我国第一条电气化铁路。

3. 攀枝花是四川境内日照最多的地方，有"小太阳城"之称。(2013年)(　　)

答案：×

解析：甘孜是四川境内日照最多的地方，有"小太阳城"之称。

4. 世界上最大的大熊猫人工繁育机构设在中国(卧龙)大熊猫研究中心。(2013年)(　　)

答案：×

解析： 世界上最大的大熊猫人工繁育机构为成都大熊猫繁育研究基地（成都熊猫生态公园）。

5. 岷江最大的支流大渡河比岷江正流还长。（2014 年）   （   ）

答案： ✓

6. 海螺沟冰川是一年四季均可身临其境的低海拔冰川，也是海洋性现代冰川。（2014 年）（   ）

答案： ✓

第五部分　模拟考试

提示：以下单项选择题 40 题，多项选择题 10 题，共计 50 题，每题 2 分，总分 100 分。

(一)单项选择题

1. 四川省地域辽阔，总面积位居全国第(   )位。

　　A. 三　　　　　　B. 四　　　　　　C. 五　　　　　　D. 六

2. 四川省土地利用以(   )为主，土地利用地域差异十分明显。

　　A. 耕地　　　　　B. 林牧业　　　　C. 畜牧业　　　　D. 渔业

3. 四川土壤类型丰富多样，其中(   )占全省总面积的 19.2%，为第一大土类，是四川省重要的农耕土壤。

　　A. 水稻土　　　　B. 紫色土　　　　C. 红壤　　　　　D. 黄棕壤

4. 四川是全国森林资源最富集的地区之一，为中国第(   )大林区。

　　A. 二　　　　　　B. 三　　　　　　C. 四　　　　　　D. 五

5. 四川省内已被联合国教科文组织列入《世界文化遗产名录》的有(   )。

　　A. 三星堆　　　　B. 峨眉山　　　　C. 都江堰　　　　D. 乐山大佛

6. 川渝分治始于(   )年。

　　A. 1996　　　　　B. 1997　　　　　C. 1998　　　　　D. 2000

7. 在四川的少数民族中，人口数量最少的是(   )。

　　A. 傣族　　　　　B. 壮族　　　　　C. 白族　　　　　D. 回族

8. (   )铁路跨越长江重要支流嘉陵江、渠江、涪江、沱江。

　　A. 成渝　　　　　B. 宝成　　　　　C. 达成　　　　　D. 遂渝

9. 四川的地势，大致沿东经(   )度分为两个截然不同的世界。

　　A. 110　　　　　　B. 120　　　　　　C. 130　　　　　　D. 140

10. 以下有关四川地势地貌的叙述正确的是(   )。

　　A. 地势西高东低，由西南向东北倾斜

　　B. 地貌类型复杂多样，多山地和丘陵

　　C. 西边为高原山地，地势高亢，东边为盆地，地势低陷

　　D. 长江自西向东横贯而过，黄河在川东北挂角而去

11. 四川盆地的最高点是（　　）。
    A. 华蓥山　　　　B. 大巴山　　　　C. 邛崃山　　　　D. 龙门山

12. 属于四川盆地南缘山脉的是（　　）。
    A. 龙门山　　　　B. 华蓥山　　　　C. 窦圌山　　　　D. 七曜山

13. 四川盆地和青藏高原的地理分界线是（　　）。
    A. 龙门山　　　　B. 邛崃山　　　　C. 大巴山　　　　D. 贡嘎山

14. （　　）是我国东部湿润亚热带气候和西部干湿交替亚热带气候的分界线。
    A. 大巴山　　　　B. 大雪山　　　　C. 大、小凉山　　　　D. 龙门山

15. 四川最高的山峰海拔为（　　）米。
    A. 5 576　　　　B. 5 775　　　　C. 7 556　　　　D. 7 655

16. 四川的风景区中，有"东方阿尔卑斯山"之称的风景区是（　　）。
    A. 牟尼沟景区　　　　　　　　B. 瓦屋山景区
    C. 泸州九狮山景区　　　　　　D. 四姑娘山景区

17. 四川河流众多，其中流域面积 1 000 平方千米以上的有约（　　）条。
    A. 22　　　　B. 146　　　　C. 345　　　　D. 1 229

18. 下列河流中，长度最长的是（　　）。
    A. 岷江　　　　B. 金沙江　　　　C. 沱江　　　　D. 嘉陵江

19. （　　）是古代四川最早开发通航的大江，经隋、唐、宋、明、清历代开发整治，成为"蜀麻吴盐自古通"的重要水道。
    A. 岷江　　　　B. 金沙江　　　　C. 沱江　　　　D. 嘉陵江

20. 四川省境内遍布湖泊、冰川，多分布于（　　）地区。
    A. 川西北和川东北　　　　　　B. 川西南和川东南
    C. 川西北和川西南　　　　　　D. 川东北和川东南

21. 《峨眉山月歌》中"峨眉山月半轮秋，影入平羌江水流"描绘的景色属于（　　）。
    A. 金沙江水系　　B. 岷江水系　　C. 沱江水系　　　　D. 嘉陵江水系

22. 四川境内被称为"双生"河流的是（　　）。
    A. 岷江和嘉陵江　　　　　　　B. 岷江和沱江
    C. 金沙江和沱江　　　　　　　D. 沱江和嘉陵江

23. 四川有名的天然渔场和旅游胜地是（　　）。
    A. 泸沽湖　　　　B. 邛海　　　　C. 马湖　　　　D. 叠溪海子

24. 四川境内最年轻的堰塞湖是（　　）。
    A. 泸沽湖　　　　B. 邛海　　　　C. 马湖　　　　D. 叠溪海子

25. 泸沽湖、邛海、马湖和叠溪海子四个湖泊中，面积最小的是（　　）。
    A. 泸沽湖　　　　B. 邛海　　　　C. 马湖　　　　D. 叠溪海子

26. （　　）是亚洲海拔最低、规模最大的海洋性现代冰川。
    A. 雪宝顶冰川　　B. 螺髻山冰川　　C. 海螺沟冰川　　D. 达古冰川

27. （　　）存在着温泉与冰川共存的奇特景象，世界罕见。
    A. 雪宝顶冰川　　B. 螺髻山冰川　　C. 海螺沟冰川　　D. 达古冰川

28. 自四川众多的山地瀑布中，瀑高 304 米，堪称四川瀑布落差之最的是（　　）。

    A. 九寨沟诺日朗瀑布　　　　　　　　　B. 牟尼沟扎嘎瀑布

    C. 西岭雪山大飞水瀑布　　　　　　　　D. 银厂沟百丈瀑布

29. 位于松潘县，处于雪宝顶山麓东南牟尼沟内的钙化堆积层上的是（　　）泉。

    A. 玉妃泉　　　　　B. 药王泉　　　　　C. 翡翠泉　　　　　D. 中泠泉

30. 最早被四川列为湿地自然保护区的是（　　）自然保护区。

    A. 九寨沟　　　　　B. 若尔盖　　　　　C. 黄龙　　　　　D. 察青松多

31. 以下与四川省年均气温分布总趋势不相似的是（　　）。

    A. 积温　　　　　B. 降水量　　　　　C. 日照时数　　　　　D. 无霜期

32. 四川盆地所属的气候类型为（　　）。

    A. 湿润型热带气候　　　　　　　　　　B. 湿润型中亚热带气候

    C. 半湿润型温带季风气候　　　　　　　D. 半湿润型中亚热带气候

33. 唐代散文家柳宗元曾写道"仆往闻庸、蜀之南，恒雨少日，日出则犬吠"。其中"蜀犬吠日"形象地道出了四川盆地（　　）的气候特点。

    A. 夏热、秋雨　　　　　　　　　　　　B. 云雾多、晴天少

    C. 阴雨多、且分配不均　　　　　　　　D. 阴雨多，日照少

34. 被称为四川"极寒"的是（　　）。

    A. 甘孜　　　　　B. 攀枝花　　　　　C. 西昌　　　　　D. 石渠

35. 川西南山地南部具有南亚热带气候特征，其中（　　）的气候最为典型，春秋长，冬夏短，且夏温不高，冬温不低，有"小春城"之美誉。

    A. 雅安　　　　　B. 乐山　　　　　C. 西昌　　　　　D. 成都

36. 峨眉山四大奇观中，（　　）在中国乃至世界范围内的类似自然奇观中当属"魁首"，堪称"世界之最"。

    A. 日出　　　　　B. 云海　　　　　C. 佛光　　　　　D. 圣灯

37. 古代南丝绸之路的四川段有"清风""雅雨""建昌月"的说法，其中"建昌月"指的是（　　）的月色。

    A. 宜昌　　　　　B. 西昌　　　　　C. 南昌　　　　　D. 隆昌

38. 四川省有国家一级保护植物（　　）种。

    A. 5　　　　　B. 8　　　　　C. 12　　　　　D. 16

39. 四川素有"熊猫故乡"之称，世界上（　　）的野生大熊猫栖息在四川西北的崇山峻岭之中。

    A. 55%　　　　　B. 65%　　　　　C. 75%　　　　　D. 85%

40. （　　）为中国特有的珍贵动物，国家一级保护动物，被誉为"第二国宝"。

    A. 牛羚　　　　　B. 峨眉山短尾猴　　　　　C. 川金丝猴　　　　　D. 中华鲟

（二）多项选择题

1. 四川自古被称为"天府之国"得益于（　　）。

    A. 古代四川地区气候温和、水源丰富，灌溉便利，自然条件得天独厚

    B. 古代四川地区主要指成都平原这一区域，地势平坦，土壤肥沃，利于农业生产

    C. 历代四川劳动人民辛勤耕耘，物产丰富，生活富足

    D. 四川地区崇山环绕，易守难攻，避免了许多次战争的破坏，社会环境安定

2. 四川省地方城市各具特色，以下说法正确的是（　　）。

　　A. 绵阳为西部科技城　　　　　　　　B. 南充是丝绸之府

　　C. 西昌是科学卫星城　　　　　　　　D. 德阳是制造业重镇

3. 以下有关四川盆地说法正确的是（　　）。

　　A. 是中国四大盆地之一

　　B. 其轮廓像菱形

　　C. 因为地表面沉积层以紫红色的砂岩、页岩为主，通常也称为"红色盆地"

　　D. 盆地西部是川西平原，是我国西南最大的平原

4. 九寨沟景观的"五绝"有（　　）。

　　A. 翠海　　　　　　B. 叠瀑　　　　　　C. 彩林　　　　　　D. 雪峰

　　E. 羌情

5. 四川主要河流水系有（　　）。

　　A. 岷江水系　　　B. 金沙江水系　　　C. 怒江水系　　　D. 沱江水系

　　E. 嘉陵江水系

6. 岷江水系流域内自然景观丰富，有（　　）。

　　A. 天台山森林公园　　　　　　　　B. 叠溪海子风景区

　　C. 卧龙大熊猫自然保护区　　　　　D. 西岭国家森林公园

　　E. 都江堰国家森林公园

7. 以下有关泸沽湖的说法正确的是（　　）。

　　A. 海拔 2 660 米，面积 51.8 平方千米，平均水深 44 米

　　B. 是高原断陷湖

　　C. 是高原淡水湖

　　D. 湖中有 5 个全岛、3 个半岛和 1 个海堤连岛

8. 关于海螺沟冰川，以下说法正确的是（　　）。

　　A. 是贡嘎山冰川中长度最大、下限海拔最低的冰川

　　B. 是一年四季均可身临其境的低纬度、低海拔海洋性冰川之一

　　C. 是我国境内距大城市最近、最易进入的冰川

　　D. 有我国迄今发现的最大、最高的冰川瀑布

9. 与中国同纬度的长江中下游地区相比，四川盆地的特点是（　　）。

　　A. 年均气温偏高　　　　　　　　　　B. 降水较多

　　C. 日照较少　　　　　　　　　　　　D. 无霜期偏长

10. 关于大熊猫，说法正确的有（　　）。

　　A. 是中国特产的野生动物

　　B. 四川素有"熊猫故乡"之称

　　C. 西方世界对大熊猫的认识开始于四川宝兴

　　D. 世界最大的大熊猫保护机构在四川

　　E. 世界最大的大熊猫人工繁育机构在四川

第六部分　参考答案

习题攻略解析及答案

一、基本省情

(一)单项选择题

1. 答案：D

解析： 四川省位于中国西南部，为东经 $92°21'\sim108°12'$、北纬 $26°03'\sim34°19'$，东西长 1 075 余千米，南北宽 921 余千米。

2. 答案：A

解析： 四川省林地总面积为 28 685.01 万亩，占全省幅员的 39.1%。林地总面积位居全国第 3 位，仅次于内蒙古和云南，为全国三大林区之一。四川省牧草地总面积为 22 823.8 万亩，占全省幅员的 31.1%。牧草地总面积位居全国第 5 位，次于内蒙古、西藏、新疆和青海，为全国第五大牧区。四川省耕地总面积为 8 982.46 万亩，占全省幅员的 12.2%。耕地总面积位居全国第 7 位，次于黑龙江、河南、山东、内蒙古、河北和云南。四川省园地集中分布在盆地丘陵和西南山地，占全省园地的 70% 以上；交通用地、居民点及工矿用地集中分布于经济较发达的平原区和丘陵区。

3. 答案：B

解析： 四川盆地由盆周山地和盆地底部的丘陵、平原组成。盆地在构造上以相对稳定的地台区为主，地表组成物质比较单一，主要由紫红色的岩石组成，其次才是石灰岩(主要是川东南部分山区和丘陵区)。这些岩石风化后形成的富含矿物质的紫色土，主要是中生代的红土层。因此，除成都平原因岷江冲积扇形成的部分表层土质外，盆地内的其余土层都以红色为基调，所以四川盆地又被称为"红色盆地"或"紫色盆地"。

4. 答案：B

解析： 四川的水能资源十分丰富，在全国占有举足轻重的地位。据勘察，省内河流年径流量约 3 000 亿立方米，居全国之首；水能蕴藏量达 1.5 亿千瓦，仅次于西藏，居中国第二位；可开发的水能资源超过 1.1 亿千瓦，占中国总量的 24%，居中国首位，是中国最大的水电开发和西电东送基地。

5. 答案：B

解析： 四川省生物资源非常丰富，保存了许多珍稀的动植物种类，是一座宝贵的基因库。全省有高等植物 1 万多种，占全国种类的 33%，分属 230 余科、1 600 余属，仅次于云南，居全国第二位。四川省陆生野生动物有 34 目、122 科、466 属、959 种，其中兽类 213 种，鸟类 607 种，爬行类 63 种，两栖类 76 种。属国家级重点保护的野生动物有 146 种，四川省重点保护的 77 种，四川的野生动物种类占全国的 46.4%，仅次于云南，居全国第二位。大熊猫、金丝猴、羚牛、四川山鹧鸪、绿尾虹雉等都闻名于世，其中"国宝"大熊猫85%以上分布在四川。

6. **答案**：D

解析：四川的植物具有品种多、分布广、储量大的特点，全省各类资源的品种在4 000种以上。其中，柑橘、苹果、茶叶、桑、生漆、花椒、五倍子等有较大的生产基地，在全国占有重要地位。四川的药用植物有3 000余种，是全国三大中药材生产基地之一。其中，虫草、川贝母、川芎、川天麻、川黄连、杜仲、黄芪等产量大、品质优，闻名海内外。

7. **答案**：C

解析：北宋真宗咸平年间，政府将地处今四川盆地一带的川陕路分为益州（今四川、贵州、云南部分地方及陕西汉中盆地一带）、梓州（今四川绵阳、德阳一带）、利州（今四川广元一带）、夔州（今川东北及湖南部分地区）四路，合称"川陕四路"，简称四川路，至此始有四川之名。

8. **答案**：C

解析：元设四川行中书省，简称四川行省；明置四川布政使司，辖区还包括今贵州遵义、贵州西北部及云南东北部地区；清为四川省，并对川、滇、黔3省省界进行了较大调整，基本确定了现在四川的南部省界。

9. **答案**：D

解析：四川省目前下辖：21个地级行政单位，包括18个地级市、3个自治州；有181个县级行政单位，包括43个市辖区、14个县级市、120个县、4个自治县。省会成都市。

10. **答案**：B

解析：现在的四川省行政区划，包括1个副省级城市，为成都市；17个地级市，分别为德阳、绵阳、广元、巴中、达州、南充、广安、遂宁、资阳、内江、自贡、泸州、宜宾、乐山、眉山、雅安及攀枝花；3个自治州，分别为甘孜藏族自治州、阿坝藏族羌族自治州、凉山彝族自治州；下设181个县（区、市），包括43个市辖区，14个县级市，120个县及4个自治县。

11. **答案**：C

解析：四川省是多民族聚居地，全省55个少数民族成分齐全，其中世居少数民族有彝族、藏族、羌族、苗族、回族、土家族、傈僳族、纳西族、蒙古族、满族、布依族、白族、傣族、壮族14个。

12. **答案**：A

解析：彝族是四川境内人数最多的少数民族，主要聚居在大、小凉山与安宁河流域；藏族居住在甘孜、阿坝州和凉山州的木里藏族自治县等高原地区。

13. **答案**：C

解析：四川省是多民族聚居地，有55个少数民族，少数民族人口490.8万人，少数民族人口总量在全国各省区市中位居第六位。四川居民主体，是由古代多民族融合而成的汉族，此外，还有彝族、藏族、羌族、苗族、回族、蒙古族、土家族、傈僳族、满族、纳西族、布依族、白族、壮族、傣族14个世居少数民族，是全国第二大藏族聚居区、最大的彝族聚居区和唯一的羌族聚居区。

14. **答案**：B

解析：四川自古便是"四塞之国"，耸峙的峻岭，起伏的地形使古蜀与外界之间的交通

十分艰难。李白"蜀道之难，难于上青天"的诗句常被用来形容出入四川的不易。但古代四川人民付出了极大的努力开辟四川对外交通，改变"蜀道难"的面貌。四川交通曾主要通过三条古道来实现，即剑门蜀道、茶马古道、南方丝绸之路。古蜀道有三千多年的历史，比罗马大道更为悠久。

剑门蜀道又称金牛古道，是狭义上的蜀道，连接巴蜀与秦陇。它南起成都，过广汉、德阳、绵阳，越大小剑山经广元出川，在陕西过石门，穿秦岭，出斜谷，直达八百里秦川。途经七盘关、朝天关、昭化古城、剑门关等处，全长 1 000 千米，是古代蜀国通向中原的重要道路。

茶马古道源于西南边疆的茶马互市，兴于唐宋，盛于明清和"二战"中后期。藏族人有"宁可三日无食，不可一日无茶"之说，茶叶需求量相当大，只能依赖四川和云南输入，藏汉之间以茶易马的古老交易便悄然形成。茶马古道：一条从云南普洱县出发，沿大理、丽江、德钦经西藏昌都抵达拉萨；另一条由四川雅安出发，经天全、泸定、康定、雅江、理塘、巴塘、昌都到拉萨，再向西藏腹地辐射，路线长达 3 100 多千米。茶马古道恰经世界上地形起伏最大、地貌最复杂的横断山地区，沿途分布着高大山体，草原和岷江、大渡河、雅砻江、金沙江、澜沧江、怒江等切割出的深大峡谷。茶马古道因而成为最长、最艰难、风光最壮阔的古老商路。

南方丝绸之路又称"蜀身毒道"，它是古代西南地区连接印度、阿富汗的"蜀布之路"。这条古道直至 20 世纪 80 年代才掀起研究热潮，被认为早于北方丝绸之路。三星堆等遗址的海贝、象牙和琉璃珠都来自印度洋北部，证明巴蜀先民与南方各国存在交流。汉武帝时，张骞在大夏发现邛竹杖和蜀布也验证巴蜀到印度(古身毒国)再到西亚早就存在一条通道。这条通道，就是如今的"南方丝绸之路"。南方丝绸之路一条为西道(旄牛道)，从成都出发，经邛州、名山、荥经、汉源、西昌、大理到保山，再进入缅甸和东南亚，最远可达"滇越"、印度和孟加拉。另一条东道(五尺道)，从成都出发，经宜宾、高县、昭通、曲靖、昆明，然后进入越南，另一支经大理与旄牛道重合。南方丝绸之路在四川境内长 1 000 多千米，经过的主要是山地，形成特色的马帮文化。它也是一条民族走廊，藏、彝、汉、傣等多民族以及印度人、缅甸人等融合，巴蜀、中原、佛教、印缅等多种文化相互交流，形成了独特的古道文化。

15. 答案：A

解析：宝成铁路是中国第一条电气化铁路。它北起陕西宝鸡，跨越渭水、秦岭，沿嘉陵江南下，经广元、江油、绵阳、德阳到成都，基本上与川陕公路平行，全长 608 千米，是四川通往西北、华中、华北的交通枢纽。

16. 答案：C

解析：成渝铁路沟通重庆和四川，是新中国自行修筑的第一条铁路，同时也是四川通往贵州及华南的重要通道。

17. 答案：A

解析：四川最早的公路是 1923 年修建的成都至灌县(现都江堰市)的成灌公路，全长 55 千米。

18. 答案：C

解析：成都天府国际机场位于成都简阳市芦葭镇附近，距成都市中心 51 千米，是"十三五"规划建设的我国最大民用运输枢纽机场项目，定位为中国第四个国家级国际航空枢纽，丝绸之路经济带最大的航空港，将负责成都出港的全部国际航线。2016 年 5 月 27 日，机场全面开工建设，一期工程计划 2019 年基本建成，2020 年投入使用。建成后，成都将成为中西部唯一一个、中国第三个拥有双机场的城市；成为中国第四个国家级国际航空枢纽；成为中国面向欧洲、南亚、中东和中亚的国际空中门户；成为国际客货西进东出、东进西出、西进西出我国大陆的重要中转站。

19. 答案：B

解析：成都双流国际机场简称双流机场，位于距离中国四川省成都市西南方向约 16 千米的双流区北部，是中国第四大航空港，中国中西部地区最繁忙的国际机场，中国内陆地区的航空枢纽和最重要的客货集散地。

20. 答案：D

解析：四川省成都市的轨道交通系统，包括成都地铁、成都有轨电车、成都市域铁路三个系统，分别由成都地铁有限责任公司、成都现代有轨电车有限责任公司(隶属于成都地铁有限责任公司)、成都市域铁路有限责任公司(成都铁路局与成都地铁有限责任公司合资)负责管理。其中成都地铁、成都有轨电车属于城市轨道交通，成都市域铁路属于市域轨道交通。

(二)多项选择题

1. 答案：ABDE

解析：四川省东连重庆市，南邻云南、贵州两省，西接西藏自治区，北界青海、甘肃、陕西三省，是连接中国西南、西北和华中三大地区的天然纽带

2. 答案：ABCD

解析：四川省地貌东西差异大，地形复杂多样。四川位于中国大陆地势三大阶梯中的第一级和第二级，即处于第一级青藏高原和第二级长江中下游平原的过渡带，高差悬殊，西高东低的特点十分明显。西部为高原、山地，海拔多在 4 000 米以上；东部为盆地、丘陵，海拔多为 1 000～3 000 米。

3. 答案：ABCD

解析：四川约有草场资源 2 400 万公顷，草原、草地主要集中在西部高原，以红原、若尔盖草原为代表，是中国五大牧区之一；草场植物种类约有 400 种，其中具有饲料价值的有 100 余种。四川草场的特产品种有内江猪、成华猪、德昌水牛，宣汉、荥经的黄牛，若尔盖绵羊、建昌马，以及建昌鸭、峨眉黑鸡等。

4. 答案：ABCE

解析：四川的矿产资源品种齐全、储量丰富，是中国矿产资源最丰富的省份之一，有着"世界地质博物馆"的雅称。目前已发现的有用矿产有 132 种，已探明工业储量的有 94 种。在众多的矿产资源中，有 20 余种矿产的储量居全国前三位。其中，钒、钛、钙、芒硝、萤石、天然气、硫铁矿的储量居全国首位。

5. 答案：ABCD

解析：四川简称"蜀"是因为古代四川地区最早建立的奴隶制国家叫作蜀国。"蜀"的名称最早见于商代的甲骨文，是远古时代生活在岷江流域的一个部族的名称，后逐步南移进入成都平原，在这里建立了四川地区最早的奴隶制国家——古蜀国。史书记载中还有蜀族

为炎帝后裔的传说。《华阳国志》记载："蜀之为国，肇于人皇，至黄帝，为其子昌意娶蜀山氏之女，生子帝喾，封其支庶于蜀，世为侯伯，历夏、商、周武王伐纣，蜀与焉。"这一记载说明，早在远古时期，蜀人就与中原文化有着密切的联系。传说中的古蜀王有蚕丛、鱼凫、柏灌等，到了杜宇王朝和开明王朝，已经是中原的春秋战国时期了。公元前316年，秦国趁蜀国战乱之机，派大将司马错率军南下一举灭掉蜀、巴两国，古蜀国自此灭亡。从此，"蜀"就成了四川地区的地域名称。东汉末年，刘备占据四川称帝，史称蜀汉；五代时，王建和孟知祥先后在成都称帝，史称前蜀(公元891—925年)和后蜀(公元926—965年)。以后，四川就简称"蜀"。

6. **答案：ACD**

解析：现在的四川省行政区划，包括1个副省级城市，为成都市；17个地级市，分别为德阳、绵阳、广元、巴中、达州、南充、广安、遂宁、资阳、内江、自贡、泸州、宜宾、乐山、眉山、雅安及攀枝花；3个自治州，分别为甘孜藏族自治州、阿坝藏族羌族自治州、凉山彝族自治州；下设181个县(区、市)，包括43个市辖区、14个县级市、120个县及4个自治县(木里藏族自治县、马边彝族自治县、峨边彝族自治县、北川羌族自治县)。

7. **答案：ACDE**

解析：2007年12月，省委九届四次全会做出统筹规划和协调推进新型工业化与新型城镇化互动发展的决策部署，并提出"推进新型城镇化，要重点打造成都平原城市群、川南城市群、攀西城市群和川东北城市群'四大城市群'，加快建立以成都特大城市为核心，区域大城市为骨干，中小城市和小城镇为基础的城镇体系，培育新的经济增长极"。四川省城镇化建设全面启动，以城市群发展带动城镇化进程驶入发展的快车道。

8. **答案：ABCE**

解析：四川有55个少数民族，其居民主体，是由古代多民族融合而成的汉族。此外，还有多个少数民族，其中5 000人以上的少数民族由多到少依次为彝族、藏族、羌族、苗族、回族、蒙古族、土家族、傈僳族、满族、纳西族、布依族、白族、壮族、傣族。

9. **答案：ABCD**

解析：2014年，在省委省政府的坚强领导下，全省交通运输系统紧紧围绕构建畅通安全高效的现代综合交通运输体系总体目标，坚持科学发展、加快发展，深化改革创新，系统推进、重点突破，奋力实现交通运输发展新跨越，取得了"五个全国第一、六个重大突破"。

五个全国第一：一是全省公路、水路交通建设完成投资超过1 300亿元，连续四年稳居全国第一。二是全省公路总里程达到31万千米，居全国第一。三是全年新改建农村公路2.2万千米，农村公路总里程达到29万千米，均居全国第一。四是公路安保工程完成1.4万千米，居全国第一。五是争取落实交通运输部补助资金200亿元，居全国第一。

六个重大突破：一是雅康、汶马两个藏区高速公路项目开工建设，实现了全省所有市州高速公路全覆盖的历史性突破。二是高速公路通车里程超过5 500千米，位居全国前五、西部第一，全省高速公路骨架路网基本形成。三是全省规划的6个重点港口已建成5个，港口集装箱年吞吐能力突破200万标箱，实际运量达到44万标箱，同比增长69%。四是高速公路因货车超限造成的较大以上行车事故"零发生"，水上交通安全实现"零事故、零死亡"，创造了历史最好纪录。五是完成国家公路网四川境线位规划和全省高速公路、省道网布局规划，实现了国省道对全省所有县级政府所在地的全覆盖。六是全省高速公路不停车收费系统开通运行，提升交通运输管理服务和智能交通建设取得重大进展。

(三)判断题

1. **答案：** ×

解析： 四川位于我国大陆地势三大阶梯中的第一级和第二级，即处于第一级青藏高原和第二级长江中下游平原的过渡带，高差悬殊，西高东低的特点十分明显。

2. **答案：** √

解析： 元设四川行中书省，简称四川行省；明置四川布政使司，辖区还包括今贵州遵义、贵州西北部及云南东北部地区；清为四川省，并对川、滇、黔3省省界进行了较大调整，基本确定了现在四川的南部省界。

3. **答案：** √

解析： 四川省是多民族聚居地，是全国第二大藏族聚居区、最大的彝族聚居区和唯一的羌族聚居区。

4. **答案：** ×

解析： 成渝铁路沟通重庆和四川，是新中国自行修筑的第一条铁路，同时也是四川通往贵州及华南的重要通道。

5. **答案：** ×

解析： 成都双流国际机场简称双流机场，是中国第四大航空港，中国中西部地区最繁忙的国际机场，中国内陆地区的航空枢纽和最重要的客货集散地。

二、地势与主要山地

(一)单项选择题

1. **答案：** C

解析： 四川省位于中国西部，地跨青藏高原、横断山区、云贵高原、秦巴山地和四川盆地五大地貌单元。

2. **答案：** B

解析： 盆地北缘山脉——米仓山和大巴山，总称大巴山脉，是秦岭的东南分支，是四川盆地和汉中盆地的界山，也是嘉陵江和汉水的分水岭。

3. **答案：** C

解析： 大雪山位于甘孜州东部，是四川境内重要的地理分界线，东西部的地貌、气候、农业和民族都有很大差别，四川西部所谓的"关内"与"关外"，就是以此山为界。

4. **答案：** D

解析： 龙门山是川西高原和四川盆地的界山，东北端连秦岭，西南端接横断山脉。

5. **答案：** A

解析： 四川西部被称为川西高原，是青藏高原的边缘部分，海拔4 000~4 900米，由北向南倾斜，大体上分为两部分——川西北高原与川西南山地。漫长的地质演变，凝练出九寨沟、黄龙、海螺沟等举世无双的自然美景；社会历史沧桑，造就了神秘古朴的藏、羌、彝风情。川西北高原地势由西向东倾斜，分为丘状高原和高平原。丘谷相间，谷宽丘

圆，排列稀疏，广布沼泽。川西南山地西北高、东南低。根据切割深浅可分为高山原和高山峡谷区。

6. 答案：B

解析： 四川盆地东缘山脉为巫山山脉，是四川盆地东部界山，现属于重庆市地域。

7. 答案：A

解析： 四川盆地东缘山脉为巫山山脉。中国最大的河流长江自西向东横切巫山，形成了举世闻名的长江三峡，壮丽多姿，被誉为"中国的山水画卷和历史文化长廊"。

8. 答案：B

解析： 龙门山为四川盆地西缘山脉，其最高峰九顶山主峰海拔4 984米。

9. 答案：A

解析： 龙门山为四川盆地西缘山脉，其最高峰九顶山是一条褶皱断块山脉，也是四川各时代地层发育最全的山脉。

10. 答案：A

解析： 峨眉山之巅有三个主峰：金顶、千佛顶、万佛顶。千佛顶和万佛顶因无寺庙，游人罕至。金顶海拔3 060米，是游人拜佛观光的主要目的地。历史上金顶以日出、佛光、云海、圣灯四大自然奇观享誉海内外。其中以佛光最为神奇，被称为"金顶祥光"，列为"峨眉十景"之一。

11. 答案：C

解析： 邛崃山主要山脉有巴朗山、夹金山和二郎山，山峰海拔多在5 000米以上，最高山峰四姑娘山海拔6 250米。

12. 答案：C

解析： 邛崃山山势近南北走向，东陡西缓，当河流横切山脊时，往往形成许多深邃的峡谷。邛崃山森林茂密，鸟语花香，风光秀丽，林中有大熊猫、金丝猴等珍稀动物，已建有卧龙、蜂桶寨等著名的自然保护区。

13. 答案：A

解析： 四川盆地北缘山脉——米仓山和大巴山，总称大巴山脉，东西绵延500多千米，故有"千里巴山"之称。

14. 答案：A

解析： 大、小凉山山峰雄奇，涧谷深幽，飞瀑垂挂，高山云雾瞬息万变，景色秀丽。有被称为"中国百慕大"的黑竹沟风景区和螺髻山、泸山等风景名胜区。

15. 答案：B

解析： 沙鲁里山位于甘孜、凉山州西部，是金沙江和雅砻江的天然分水岭。主要山脉有雀儿山、海子山、木拉山等，南北绵亘500～600千米，东西宽200多千米，是四川最长、最宽的山系。这里是冰川、湖群最集中的地区，仅理塘至稻城间就有400多个，被誉为"最后的香格里拉"的亚丁自然保护区就在稻城县境内。

16. 答案：A

解析： 位于四川西部甘孜藏族自治州境内的大雪山，是一条南北走向的山系，是横断山区的主要山脉之一。它由北向南由党岭山、折多山、贡嘎山和紫眉山等组成，南北绵延有400多千米。最高峰贡嘎山海拔7 556米，也是四川的最高峰，被称为"蜀山之王"。

17. 答案：B

解析：岷山主要山脉有红岗山、羊拱山、鹧鸪山等，最高山峰雪宝顶海拔5 588米。

18. 答案：D

解析：岷山位于四川西北部川甘两省边境，走向近南北，总长500多千米。四川境内是岷山的中南段，长180千米，宽20～30千米。

19. 答案：B

解析：岷山主要山脉有红岗山、羊拱山、鹧鸪山等，最高山峰雪宝顶海拔5 588米。

20. 答案：A

解析：红军长征纪念碑园就建在雪宝顶山下的松潘川主寺。

(二)多项选择题

1. 答案：BCD

解析：四川地形复杂多样，地势西高东低，多山多高原，以龙门山—大凉山一线为界，东部为四川盆地及盆缘山地，西部为川西高山、高原及川西南山地。

2. 答案：ABCDE

解析：四川省位于中国西部，地跨青藏高原、横断山区、云贵高原、秦巴山地和四川盆地五大地貌单元。

3. 答案：ABD

解析：四川盆地西部是"沃野千里，土壤膏腴"的成都平原，习惯上亦称"川西平原"，俗称"川西坝子"，面积达6 000平方千米，是我国西南最大的平原。平原地势平缓，河渠纵横，土地肥沃，利于发展自流灌溉，垦殖历史悠久，素有"天府"之称，是中国重要的粮油基地和源远流长的古文化区。

4. 答案：ACD

解析：四川盆地南缘山脉指宜宾到奉节的长江以南山地，主要山脉有大娄山、七曜山、武陵山等。境内峰林、溶洞、槽谷、落水洞、暗河等岩溶地貌发育典型。区域内有金佛山、四面山、蜀南竹海、兴文石海洞乡、筠连溶洞、万盛石林、武隆溶洞等岩溶地貌景观。

5. 答案：ABD

解析：龙门山是四川盆地西缘山脉，是川西高原与四川盆地的天然界限，东北端连秦岭，西南端接横断山脉，最高峰九顶山主峰海拔4 984米，是一条褶皱断块山脉，也是四川各时代地层发育最全的山脉。全山分为前山和后山(西部)。后山有华蓥山、九峰山、银厂沟、西岭雪山等风景区，前山有窦山、葛仙山、丹景山、都江堰、青城山、九龙沟、天台山、蒙顶山等风景区，还有龙池国家森林公园和唐家河自然保护区。

6. 答案：ACD

解析：邛崃山是都江堰市到天全县一线岷江以西山地的总称，又称崃山。主要山脉有巴郎山、夹金山和二郎山，山峰海拔多在5 000米以上，最高山峰四姑娘山海拔6 250米。山势近南北走向，东陡西缓，当河流横切山脊时，往往形成许多深邃的峡谷。山脉东坡属岷江和青衣江水系，西坡属大渡河水系。邛崃山以东属汉族聚居区，以西则属藏族聚居区。邛崃山上森林茂密，鸟语花香，风光秀丽，林中有大熊猫、金丝猴等珍稀动物，已建有卧龙、蜂桶寨等著名的自然保护区。

7. 答案：AB

解析：四川盆地北缘山脉——米仓山和大巴山，总称大巴山脉，是秦岭的东南分支，是四川盆地和汉中盆地的界山，也是嘉陵江和汉水的分水岭。大巴山东西绵延500多千米，故有"千里巴山"之称，是四川盆地北部的天然屏障，阻止了北方冷空气的南侵，对四川盆地冬暖春早气候的形成起了重要作用。区域内有以溶洞景观为主的诺水河风景区和以奇峰峡谷为主要景观的光雾山风景名胜区。大巴山还是古代四川通往中原的陆路交通要道，保留至今的还有金牛道、五丁峡、明月峡栈道，以及米仓道、陈仓道等古战场遗迹。

8. **答案**：ABCD

解析：川西高原山地主要包括大、小凉山，沙鲁里山，大雪山和岷山。

9. **答案**：ABCDE

解析：红军长征纪念碑园除陈列馆外，主要采用雕塑艺术形象地再现红军长征的伟大历程。另配以主纪念碑、湖泊等景观，使碑园成为一座内容丰富多彩的旅游新景点。其景观归纳为"八景"：黎明火种、断壁浮雕、三军铜像、英雄群雕、翠湖红柳、金秋兰亭、金碑夕照、火炬碑文。

10. **答案**：ABCD

解析：峨眉山全山有各种景点100多处，其中经文人墨客点化成金的是所谓的"峨眉十景"，包括圣积晚钟、萝峰晴云、白水秋风、双桥清音、洪椿晓雨、九老仙府、大坪霁雪、灵岩叠翠、象池夜月、金顶祥光。灵隐禅踪是"西湖十景"之一。

(三)判断题

1. **答案**：√

解析：四川的地势大致沿东经130°分为两个截然不同的世界，东边是著名的四川盆地，西边则是高原、山脉的世界。

2. **答案**：√

解析：四川盆地中部为川中方山丘陵，占盆地总面的62%，是中国最典型的方山丘陵分布区。

3. **答案**：×

解析：龙门山为四川盆地西缘山脉，其最高峰九顶山是一条褶皱断块山脉，也是四川各时代地层发育最全的山脉。

4. **答案**：×

解析：沙鲁里山位于甘孜、凉山州西部，南北绵亘500～600千米，东西宽200多千米，是四川最长、最宽的山系。

5. **答案**：√

解析：贡嘎山主峰海拔7 556米，是四川最高的山峰。

三、主要水系及水自然景观

(一)单项选择题

1. **答案**：C

解析：四川河流众多，源远流长。全省有大小河流1 400余条，故有"千水之省"(或"千河之省")的称号。

2. 答案：D

解析： 四川省的江河，除了白河、黑河等7条支流属黄河水系外，其余均属长江水系。境内共有流域面积100平方千米以上的黄河一级支流7条，其中，500平方千米以上的支流共4条，自上游而下，依次为贾容曲、贾曲、白河、黑河。

3. 答案：A

解析： 都江堰以上为岷江上游，流经的茂县、汶川一带为中国唯一的羌族聚居区。

4. 答案：D

解析： 岷江发源于四川省阿坝藏族羌族自治州松潘县岷山山脉，西源出自郎架岭，东源出自弓杠岭，两源于川主寺镇汇合后始称岷江。

5. 答案：C

解析： 岷江经松潘县、茂县、汶川县至都江堰市，被都江堰引水枢纽鱼嘴分为内江及外江，上游即止于此，水力资源丰富；都江堰至乐山为中游，是成都平原的主要灌溉水系；乐山至宜宾为下游，以航运为主。

6. 答案：B

解析： 岷江最大的支流大渡河全长1 150千米，比岷江正流还长415千米，水力资源十分丰富。

7. 答案：A

解析： 岷江最大的支流大渡河全长1 150千米，水力资源十分丰富，是四川漂流旅游的主要河流。

8. 答案：B

解析： 都江堰市上游6 000米处，建有紫坪铺水库，是岷江干流最大的蓄水工程，具有供水、灌溉、发电、防洪、旅游等综合功能。

9. 答案：A

解析： 岷江支流青衣江，沿途多风景名胜，著名的有碧峰峡、中岩风景区及平羌江小三峡等景观。

10. 答案：B

解析： 金沙江为四川省与青海省、四川省与西藏自治区、四川省与云南省的界河，流域范围涉及青海省、西藏自治区、四川省与云南省。

11. 答案：A

解析： 二滩工程是20世纪建成的中国最大的水电站。总装机容量330万千瓦，单机容量55万千瓦，这在21世纪初三峡电站建成之前，均列全国第一，单机容量排世界前10位。

12. 答案：B

解析： 雅砻江是金沙江最大的支流，全长1 500千米，水力资源十分丰富。

13. 答案：C

解析： 沱江上游分三源头，东源绵远河，中源石亭江，西源前江，均发源于九顶山。

14. 答案：A

解析： 金堂以上为上游，资中以下为下游，最后在泸州注入长江。

15. 答案：B

解析： 釜溪河是沱江流域最大的支流，古称荣水、荣溪，又称清水溪。

16. 答案：C

解析：沱江流域人文景观资源丰富，其中的国家级历史文化名城自贡市，以盛产食盐闻名于世，号称"盐都"；因出土大量恐龙化石，又被誉为"恐龙之乡"。

17. 答案：B

解析：嘉陵江是长江上游左岸一级支流，古称西汉水、阆水、渝水。全长1 120千米，流域面积16万平方千米，在长江水系中，其长度仅次于汉江，流量仅次于岷江，但流域面积最大。

18. 答案：A

解析：传统上，嘉陵江有两源：东源陕西省凤县代王山的东峪河和发源于甘肃省天水市秦州区齐寿乡齐寿山的西汉水。还有专家认为发源于甘南碌曲县郎木寺镇若尔盖草原的白龙江，2011年10月长江水利委员会确认东源陕西省凤县秦岭代王山的东峪河为正源。

19. 答案：A

解析：河源至四川省广元市昭化镇为嘉陵江上游，昭化至重庆市合川区为中游，下游河段自合川流入朝天门码头汇入长江。

20. 答案：B

解析：嘉陵江支流众多，最大的两条是涪江和渠江。涪江发源于岷山雪宝顶，全长700千米；渠江发源于大巴山，又称潜江，全长720千米；两江均于合川与嘉陵江汇合。

21. 答案：D

解析：嘉陵江流域是四川古蜀道遗址和三国蜀汉遗迹分布最集中的区域，是四川北部和东部的一条重要旅游线路。

22. 答案：A

解析：泸沽湖，亦称左所海、勒得海，位于四川省凉山彝族自治州盐源县的左所和云南省丽江市宁蒗彝族自治县的永宁之间，是四川省和云南省的界湖。

23. 答案：A

解析：泸沽湖水清澈透亮，水质优良，生态环境良好，是国内不多见的未被污染的高原淡水湖，湖区生活着世界珍禽东方白鹳和国家一级保护鸟类黑颈鹤、黑鹤、白尾海雕以及鸳鸯、白天鹅等。

24. 答案：A

解析：泸沽湖是中国摩梭族人的核心聚集地，湖边的摩梭人至今仍然保留着母系氏族婚姻制度，其典型民俗为走婚。

25. 答案：B

解析：邛海位于四川省凉山彝族自治州西昌市，是四川省第二大淡水湖。

26. 答案：C

解析：马湖金龟岛上有海龙寺，寺内孟获殿供奉的是三国时期彝族首领孟获的神像，是全国唯一一座供奉有彝族首领神像的庙宇。

27. 答案：B

解析：叠溪海子是1933年岷江上游地震山崩而形成的堰塞湖，因位于古城叠溪而得名。

28. 答案：D

解析：叠溪海子位于茂县城北50余千米处，是岷江上游地震山崩而形成的堰塞湖，是四川堰塞湖中最年轻的湖泊。

29. 答案：A

解析： 升钟湖建于 1976 年，总容量 13.39 亿立方米，最大坝高为 79 米，最大坝底宽 528.15 米，坝顶宽 9.8 米，坝顶长 420 米。升钟水库大坝巍峨雄伟，拦腰横断西河，有如长虹饮涧，又似巨蟒卧波，大坝结构坚固，形式优美。1997 年 6 月被授予四川省级风景名胜区，同年被世界旅游组织确定为中国西部最大的人造淡水湖。

30. 答案：A

解析： 泸沽湖面积为 51.8 平方千米，邛海面积为 31 平方千米，马湖面积为 7 平方千米，叠溪海子面积为 3.89 平方千米。

31. 答案：B

解析： 龙池地处都江堰市龙池国家森林公园，是巴古内海的遗存物，是一个高山湖泊。它是我国重要的珍稀植物基因库，有多达 3 000 余种植物，"活化石"珙桐、莲香树、银鹊、圆叶玉兰等濒危树种在此生机勃勃；区内大熊猫、金丝猴、扭角羚等国家重点保护动物间或可见，被国外科学家誉为"自然博物馆"、"天然动物乐园"。

32. 答案：A

解析： 冰川是指大量冰块堆积形成如同河川般的地理景观。它是水的另一种存在形式，是地球上最大的淡水资源，也是地球继海洋后最大的天然水库。

33. 答案：B

解析： 贡嘎山冰川是四川最大的冰川群，也是横断山系和青藏高原东部最大的冰川群，其中以海螺沟冰川和达古冰川最具代表性。

34. 答案：C

解析： 海螺沟冰川是亚洲海拔最低、规模最大的海洋性现代冰川，也是贡嘎山冰川中长度最大、下限海拔最低的冰川。

35. 答案：C

解析： 海螺沟冰川位于四川甘孜藏族自治州东南部，距离省会成都 319 千米，是我国境内距大城市最近、最易进入的冰川。

36. 答案：B

解析： 海螺沟冰川有我国迄今发现的最大、最高的冰川瀑布，冰瀑布宽达 1 100 米，高达 1 080 米，举世无双。

37. 答案：C

解析： 达古冰川位于阿坝藏族羌族自治州黑水县境内，景区保护面积 632 平方千米，游览面积 210 平方千米，是镶嵌在四川大九寨国际旅游区的一颗明珠，是继九寨沟、黄龙后，阿坝藏族羌族自治州推出的第三大旅游精品区。

38. 答案：A

解析： 九寨沟诺日朗瀑布，落差约 30～40 米，并不是很大，但瀑面却宽达 140 余米，无数股细流织成一道白绢似的水帘，堪称我国最秀丽的阔瀑。

39. 答案：B

解析： 九寨沟瀑布群主要有诺日朗瀑布、树正瀑布、珍珠滩瀑布和熊猫海，其中最大的瀑布是诺日朗瀑布。"诺日朗"在藏语中的意思就是雄伟壮观。

40. 答案: B

解析: 牟尼沟扎嘎瀑布位于松潘县西南牟尼乡境内的牟尼沟,位于海拔3 270米处,瀑布高93.2米,宽35米,是中国最高的钙化瀑布,有"中国第一钙化瀑布"之称。

41. 答案: B

解析: "中国第一钙化瀑布"牟尼沟扎嘎瀑布为岩溶台阶式瀑布,瀑布每落一台坎,则弹射一团晶亮的水花,人称"孔雀开屏,天女散花,悬崖银屏,玉龙跃空"。

42. 答案: A

解析: 玉妃泉位于绵竹市,相传这里是古蜀国王妃——玉妃的出生地,泉由此得名。玉妃泉冬不竭,夏不盈,清冽甘醇。据唐代文史记载,宫廷饮酒"剑南春"即取此泉水酿造而成。

43. 答案: C

解析: 达古冰川泉是来自远古稀缺的原生态水资源,是目前我国水龄最长、天然分子团最小、含氚量最低、富氧、弱碱性、人体所需微量元素均衡丰富的冰川泉水。

44. 答案: D

解析: 湿地是指天然或人工,常年或季节性,蓄有静止或流动的淡水、半咸水或咸水的沼泽地、泥炭地或水域,被誉为"地球之肾"。

45. 答案: B

解析: 四川地处青藏高原向平原、丘陵过渡的地带,其湿地资源不仅丰富而且独具特色,其自然保护区资源面积高居全国第四位。截至2005年年底,全省共建立33个湿地自然保护区,其中最具代表性的是著名的若尔盖湿地国家级自然保护区。

46. 答案: C

解析: 四川省从20世纪80年代开始建立专门的湿地自然保护区。截至2005年年底,全省共建立33个湿地自然保护区,如若尔盖湿地国家级自然保护区、九寨沟国家级自然保护区、察青松多国家级自然保护区等。

47. 答案: B

解析: 若尔盖湿地自然保护区平均海拔3 500米,是我国最大的高原沼泽植被集中分布区,是高原珍禽黑颈鹤的繁殖栖息地,同时还是我国最大的高原泥炭沼泽地。

(二)多项选择题

1. 答案: ABCD

解析: 四川省水资源丰富,居全国前列,人均水资源量高于全国。境内河流众多,有大小河流1 400余条,被称为"千水之省"。河道迂回曲折,有利于农业灌溉,但降水时空分布不均,洪旱灾害时有发生。

2. 答案: ABCDE

解析: 岷江流域内有国家级历史文化名城都江堰市、乐山市;青城山号称"青城天下幽",是道教圣地;乐山大佛通高71米,是中国最大的一尊摩崖石刻造像;乌龙山与凌云山隔溪相望,有唐代所建的乌龙寺;眉山市是苏洵、苏轼、苏辙父子三人的故里,建有三苏祠;乐山市沙湾区有郭沫若故居。

3. 答案: ACD

解析: 金沙江是长江上游河段,古称绳水、丽水,是四川同西藏的界河,四川境内的流域面积有 20 万平方千米，是一条峡谷型河流。流域内的森林蓄积量占四川的 48%，是省内自然生态保存完好、藏彝风情独特的地区；流经稻城亚丁，那里风光秀丽，被誉为"最后的香格里拉"。

4. **答案**：AB

解析：沱江流域人文景观资源丰富。国家级历史文化名城有自贡市、泸州市；国家级历史文化名镇有洛带镇；广汉市有三星堆古文化遗址；新都区有宝光寺；内江市有张大千故居。沱江小三峡和白云山景区属于自然景观。

5. **答案**：ABC

解析：沱江流域自然景观资源丰富。上游有位于彭州市境内的国家级龙门山风景区；中游有位于资中县境内的白云山景区；下游有荣县境内的高石梯森林公园；沱江干流流经金堂的金堂峡、资中县的月亮峡、富顺县的石灰峡，合称沱江小三峡。洛带古镇和新都宝光寺属于人文景观。

6. **答案**：ABCDE

解析：嘉陵江流域内自然景观主要有白龙江上游的九寨沟风景区和涪江源头黄龙风景区；流域内有 4 大水库，即碧口水库、宝珠寺水库、升钟水库、东西关水库，湖库风光宜人。流域内人文景观主要有广元市城西的武则天祀庙——皇泽寺、城北的千佛崖石窟；国家级历史文化名城阆中市；仅次于乐山大佛的中国第二大佛安岳卧佛。

7. **答案**：ABDE

解析：黄龙风景区由黄龙景区和牟尼沟景区两部分组成。黄龙本部主要有黄龙沟、丹云峡、雪宝顶等景区；牟尼沟主要是扎嘎瀑布和二道海两个景区。黄龙以彩池、雪山、峡谷、森林"四绝"著称于世。

8. **答案**：ABC

解析：马湖位于雷波县境内，为地震堰塞湖，汉朝已存在；水域面积只有 7 平方千米；马湖不但水美，还生产茶叶，明代时候马湖春茶已名声大噪；金龟岛是马湖中唯一一个四面环水的小岛，是欣赏风景的必去之处。

9. **答案**：ABCDE

解析：海螺沟身处山脚，周围有 45 座海拔 6 000 米以上的卫士峰，峰上千年积雪。天气晴朗时，太阳升起，霞光直射卫士峰，光芒万丈，这就是著名的"日照金山"；海螺沟冰川是亚洲海拔最低、规模最大的海洋性现代冰川，这里还有我国迄今发现的最大、最高的冰川瀑布；其尾端伸入原始林区达 5 千米，这种冰川与森林共有的景观世界罕见；这里浓郁的康巴风情让人沉醉；冰川峡谷中有 3 处温泉，这种冰川与温泉共存的奇特现象也是世界少见。

10. **答案**：ADE

解析：海螺沟冰川景观有冰川弧、冰川断层和冰塔、冰桥、冰川石蘑菇、冰城门等，其中冰川弧拱、冰瀑布和冰川城门号称海螺沟冰川"三大奇观"。

11. **答案**：ABCDE

解析：海螺沟冰川是亚洲海拔最低、规模最大的海洋性现代冰川；其尾端伸入原始林区达 5 千米，这种冰川与森林共有的景观世界罕见；冰川峡谷中有 3 处温泉，这种冰川与温泉共存的奇特现象世界少见；这里还有我国迄今发现的最大、最高的冰川瀑布，冰瀑布

宽达 1 100 米，高达 1 080 米。

12. 答案：BCDE

解析： 达古冰川景区位于阿坝藏族羌族自治州黑水县境内，景区内有现代山地冰川 13 条，冰川面积 6.04 平方千米；在 210 平方千米的冰川区内，"5"型围谷、冰斗、冰碛湖、冰瀑布等冰蚀地貌异彩纷呈；其中，最大的冰碛湖冬措日月海东西长 1 800 米，南北宽 300 米；最大的凌云瀑布宽 30 米，落差 700 米；景区内一经典景点为上千亩的高山杜鹃林；每年 5～6 月，杜鹃花竞相开放，争奇斗艳。

13. 答案：ABCD

解析： "中国第一钙化瀑布"牟尼沟扎嘎瀑布为岩溶台阶式瀑布，瀑布每落一台坎，则弹射一团晶亮的水花，人称"孔雀开屏，天女散花，悬崖银屏，玉龙跃空"。

14 答案：ABC

解析： 四川涌泉景观呈星散状广布于 48.5 万平方千米的土地上。我国第一部《中国名泉》画册将四川省绵竹玉妃泉、泸定药王泉和松潘翡翠泉列为"中国名泉"。

15. 答案：ABCD

解析： 药王泉位于泸定县新兴乡，处于贡嘎山主峰东麓山下燕子沟内；泉水呈串珠状，以泉群的形式涌出，十分壮观；相传，古代一长者日饮此泉，夜浴此水，得以长生，被后人尊为"药王"，此泉由此得名；泉水温度稳定，水温在 30.1 ℃～30.8 ℃，属中温温泉；清澈透明，饱含碳酸气体，为优质饮用天然矿泉水。

16. 答案：ABD

解析： 四川省湿地资源十分丰富，省内大部分重要的自然湿地被纳入保护范围，截至 2008 年，四川省已建立湿地类型自然保护区 46 个，保护管理面积 31 324 平方千米。其中国家级自然保护区有 5 个，分别为若尔盖湿地保护区、九寨沟保护区、长江上游珍稀鱼类保护区、察青松多保护区、海子山保护区。

17. 答案：ABCD

解析： 若尔盖湿地自然保护区地处青藏高原东缘，位于若尔盖沼泽的腹心地带，是青藏高原高寒湿地生态系统的典型代表。本区纬度高，气温低，蒸发量少；区内为平坦状高原，地势低平，排水不畅；河流众多，水源充足；地表植被丰富，发育良好，具有涵养水源的作用。

18. 答案：ABCD

解析： 若尔盖湿地自然保护区是我国生物多样性的关键地区之一，也是世界高山带物种最丰富的地区之一；除了是我国最大的高原沼泽植被集中分布区、高原珍禽黑颈鹤的繁殖栖息地、我国最大的高原泥炭沼泽地外，还是我国重要的水源涵养区，黑河和白河两条黄河上游的支流纵贯全区，但该区生态系统脆弱，一旦破坏很难恢复。

(三)判断题

1. 答案：√

解析： 四川水资源总量丰富，人均水资源量高于全国；但水资源时空分布不均，洪旱灾害时有发生。

2. 答案：×

解析： 嘉陵江流域是四川古蜀道遗址和三国蜀汉遗迹分布最集中的区域，是四川北部和东部的一条重要旅游线路。

3. **答案：** √

解析： 泸沽湖，亦称左所海、勒得海，位于四川省凉山彝族自治州盐源县的左所和云南省丽江市宁蒗彝族自治县的永宁之间，是四川省和云南省的界湖。

4. **答案：** ×

解析： 海螺沟冰川是亚洲海拔最低、规模最大的海洋性现代冰川；也是贡嘎山冰川中长度最大、下限海拔最低的冰川。

5. **答案：** √

解析： 西岭雪山大飞水瀑布由两条巨大的富水断裂带的地下水汇聚而成，瀑布高挂304 米，悬流奔泻，惊涛万状，堪称四川瀑布落差之最。

四、气候与天气景观

(一)单项选择题

1. **答案：** C

解析： 四川地处亚热带，由于复杂的地形和不同季风环流的交替影响，气候复杂多样。按气候特点，大致可以分为三大类型：东部盆地湿润型中亚热带气候、西南部半湿润型亚热带气候和川西北高山高原高寒气候。

2. **答案：** A

解析： 四川省年均气温分布的总趋势是由东南向西北递减。最高气温出现在川西南山地金沙江及安宁河干热河谷地区，年均温超过 20 ℃；最低气温出现在川西北高山高原区的石渠和色达，年均温小于等于 0 ℃。

3. **答案：** D

解析： 四川盆地雨量充沛，其中雅安和乐山两地的年总降雨量多达 1 400～1 600 毫米，是盆地多雨区。其中雅安市年平均降雨量达 1 700 多毫米，最高年份达 2 300 多毫米，是中国乃至世界范围内的多雨区，自古有"西蜀漏天"和"雨城"之称。

4. **答案：** D

解析： 四川盆地降雨充沛，诗句"巴山夜雨涨秋池"揭示了盆地多夜雨的现象，这里的年平均夜雨率高达 60%。

5. **答案：** B

解析： 四川盆地雨量充沛，龙门山—夹金山迎风的东坡，年降水量 1 300～1 800 毫米，是我国多雨区，传说中的女娲补天之地，素有"华西雨屏"之说。

6. **答案：** D

解析： 川西北高原的气候类型为高山高原高寒气候，气候特征表现为：气温低，雨量少，霜雪多，日照长。

7. **答案：** A

解析： 川西北高原属于高山高原高寒气候，基本没有气候上的夏季，冬季可长达半年以上，春秋两季不足 3 个月，有的地方春秋两季仅 1 个多月，几乎全年皆冬。

8. **答案：** A

解析： 甘孜是四川境内日照最多的地方，有"小太阳城"之称。

9. **答案：** C

解析： 川西南山地属于半湿润型亚热带气候，地形垂直高差大，立体气候明显。

10. **答案：** B

解析： 在川西南山地半湿润型亚热带气候区，其河谷地带受"焚风"影响形成典型的干热河谷气候，山地形成显著的立体气候，这也是本区的气候特点。

11. **答案：** B

解析： 川西南地区地处我国亚热带西部，该区主要包括凉山州和攀枝花市所属地区。攀枝花市的金沙江河谷是典型的南亚热带气候。

12. **答案：** D

解析： 峨眉山金顶的日出、云海、佛光、圣灯是四大奇观。

13. **答案：** C

解析： 峨眉山的四大奇观尤以佛光最为神奇，一般出现在下午2：00～5：00。每当雨过天晴之日，云海较为平稳时，阳光照射云层，光的折射形成一个七彩光环，阳光照过人的头顶，正好把人的头像阴影投在光环中间，被古人以为佛祖显灵，称之为"佛光"。

14. **答案：** D

解析： 峨眉山全山有各种景点100多处，其中经文人墨客点化成金的是所谓的"峨眉十景"，包括圣积晚钟、萝峰晴云、白水秋风、双桥清音、洪椿晓雨、九老仙府、大坪霁雪、灵岩叠翠、象池夜月、金顶祥光。

15. **答案：** B

解析： 峨眉山洗象池是赏月的好地方，有月之夜，月白风清，寒光泻玉，十分美丽，人称"象池夜月"，为峨眉十景之一；圣积寺的晚钟、万年寺的秋枫、清音阁双飞桥下的流水清音亦在峨眉十景之中。

(二)多项选择题

1. **答案：** AC

解析： 四川盆地属于湿润的中亚热带季风气候，具有春早、夏热、秋雨、冬暖的特点。

2. **答案：** ACDE

解析： 此气候类型包括盆西平原、盆地丘陵和盆周山地三大自然地理区；其共同特点是气温高，年均温16 ℃～18 ℃，气温日较差小，年较差大，冬暖夏热；雨量多，但地区分布和季节分配不均，集中在夏秋，旱涝频繁；云雾多，晴天少，日照少；无霜期长；盆地地区8级以上大风很少，春夏和夏秋之交冰雹较多，并伴有短时阵性大风。

3. **答案：** ABCDE

解析： 川西北高原主要是指四川西部的阿坝、甘孜两个自治州所属地区，其气候类型为高山高原高寒气候，气候特征表现为气温低，年均温度大多不足12 ℃，长冬无夏，春秋相连；降水少而集中，5～9月为雨季，其余为旱季；霜日多、无霜期短（不超过100天），积雪天数多；日照充足，年日照1 600～2 600小时，同盆地形成鲜明对比；昼夜温差大；风大、冰雹较多，当地有民谚"松潘的葱，茂汶的风(茂县、汶川)"。

4. **答案：** ABD

解析： 川西南山地属于半湿润亚热带气候。该区全年气温较高，气温年较差小，日较差大，早寒午暖，四季不明显；降水量较少，干湿季分明；云量少，晴天多，日照时间长；山地形成显著的立体气候，有完整的垂直气候划分带。

5. **答案**：AB

解析：青城山上清宫可赏神灯、观日出、看云海；瓦屋山光相寺睹光台亦是观日出、佛光、云海的理想场所；雅安蒙顶山上清峰有皇茶园、古蒙井、石牌坊等蒙山茶遗迹；凉山州螺髻山有"五绝"，即七十二峰、五彩海子、杜鹃花林、温泉瀑布和古冰川遗迹。

6. **答案**：ABCD

解析：峨眉山、西岭雪山、海螺沟、都江堰龙池和瓦屋山等地冬季遍地积雪，是人们玩雪赏雪的理想场所。

(三)判断题

1. **答案**：√

解析：四川盆地属于中亚热带湿润气候区，盆地气温高，雨量充沛，云量多，晴天少，全年日照时间较短。

2. **答案**：×

解析：雅安市是中国乃至世界范围内的多雨区，自古有"西蜀漏天"和"雨城"之称。

3. **答案**：√

解析：甘孜是四川境内日照最多的地方，有"小太阳城"之称。

4. **答案**：×

解析："巴山夜雨涨秋池"的诗句揭示了四川盆地多夜雨的现象。

5. **答案**：√

解析：峨眉山金顶的日出、云海、佛光、圣灯是四大奇观，尤以佛光最为神奇，一般出现在下午2：00～5：00。

五、动植物景观

(一)单项选择题

1. **答案**：C

解析：四川省植物资源非常丰富，保存了许多珍稀的植物种类。全省有高等植物1万多种，约占全国种类的1/3，分属230余科、1 600余属，仅次于云南，居全国第二位。

2. **答案**：B

解析：四川省野生果类植物种类丰富，多达100多种，其中猕猴桃资源最为丰富，居全国首位，并在国际上享有一定声誉。

3. **答案**：D

解析：成都望江公园又名"锦城竹园"，是一个以竹为主题的公园，园内有从世界各地引进的竹子品种100余种，其中包括被誉为"竹中皇后"的人面竹。

4. **答案**：A

解析：四川乃至全国蔚为壮观的以竹为主体的旅游胜地当属位于长宁、江安交界处的国家级风景名胜蜀南竹海，总面积达40多平方千米，以挺拔高大的楠竹为主，也有少量的人面竹、花竹、慈竹、绵竹等30多个品种。

5. **答案:** B

解析: 南宋诗人陆游有诗云:"牡丹在中州,洛阳为第一,在蜀,天彭为第一。"天彭即彭州,其盛产牡丹已有1 000多年历史,早在1 200多年前的唐代,其所产牡丹已与东京洛阳的齐名。

6. **答案:** D

解析: 彭州牡丹种植在丹景山风景区,是观赏牡丹的佳地;每年谷雨前后,山中牡丹红艳映面,花香怡人,在山顶的牡丹坪、牡丹台赏花,让人流连忘返。

7. **答案:** D

解析: 峨眉山有杜鹃约30种,峨眉银叶杜娟、无腺波叶杜鹃、峨眉光亮杜鹃、波叶杜娟为峨眉山特产,誉满全国;其中雷洞坪的亮鳞杜鹃品种优良,有"杜鹃王"之誉。

8. **答案:** D

解析: 红叶,是一类观赏树木,主要看叶,为历代文人青睐,最早见于司马相如《上林赋》。四川有名的红叶观赏地有米仓山、鎏华山、九寨沟、叠溪松坪沟等风景区。

9. **答案:** D

解析: 四川省有8种国家重点保护的水生动物,包括中华鲟、长江鲟、白鲟、胭脂鱼等。

10. **答案:** B

解析: 四川的珍稀保护动物70%分布在川西、川西北地区,最珍贵的有大熊猫、川金丝猴、羚牛。

11. **答案:** B

解析: 雅安市宝兴县蜂桶寨是全球首个发现大熊猫的地方,被誉为"大熊猫的故乡"。1869年,法国传教士兼生物学家阿尔芒·戴维在蜂桶寨邓池沟首次发现大熊猫,使动物"活化石"大熊猫享誉世界。

12. **答案:** D

解析: 四川大熊猫栖息地是全球最大最完整的大熊猫栖息地,由世界第一只大熊猫发现地宝兴县及中国四川省境内的卧龙自然保护区等7处自然保护区和青城山—都江堰风景名胜区等9处风景名胜区组成。

13. **答案:** D

解析: 峨眉山有全国最大的自然生态猴区,分布在中山区的一线天和洪椿坪一带。它们与人同乐,成为山中独具特色的"活景观"。

14. **答案:** D

解析: 羚牛又称牛羚、扭角羚。唐家河国家级自然保护区位于四川省青川县,是以大熊猫、金丝猴、扭角羚及其栖息地为主要保护对象的自然保护区。在保护区内,约有羚牛1 200只左右,数量最多;王朗国家级自然保护区位于四川省绵阳市平武县,主要保护对象是以大熊猫为主的森林生态系统;卧龙国家级自然保护区位于四川省阿坝藏族、羌族自治州汶川县西南部,主要保护大熊猫等珍稀动物,是我国大熊猫的主要分布区,大熊猫的数量约占全国总数的10%;白水河国家级自然保护区形成了较完整的大熊猫栖息地,对保护大熊猫等珍稀动植物发挥了积极作用。

15. **答案:** A

解析：川金丝猴目前主要栖息于我国四川、甘肃、陕西和湖北四省部分林区；湖北神农架自然保护区、陕西周至自然保护区、四川九寨沟县白河自然保护区是以保护川金丝猴为主建立的自然保护区；白河自然保护区于1963年经国务院批准建立，是目前所知的川金丝猴种群最大、密度最高、最具代表性的保护区。

(二)多项选择题

1. **答案：**ABCD

解析：四川省有国家一级保护植物银杉、桫椤、珙桐、水杉、秃杉共5种；有药用植物4 600多种，所产中药材占全国药材总产量的1/3，是全国最大的中药材基地，被喻为我国的"中药之库"；有芳香及芳香类植物300余种，是全国最大的芳香油产地；野生果类植物种类丰富，多达100多种，其中猕猴桃资源最为丰富，居全国首位，并在国际上享有一定声誉。

2. **答案：**ABCDE

解析：四川省有国家珍稀濒危保护植物82种，其中属于国家一级保护植物的有银杉、桫椤、珙桐、水杉、秃杉5种。

3. **答案：**ABC

解析：牡丹花被誉为"国色天香"。四川彭州、河南洛阳、山东菏泽，是我国观赏牡丹的三大胜地。

4. **答案：**ABCE

解析：彭州培育的牡丹品种有近200个，其中的珍贵品种有"彭州紫""玉重楼""丹景红""刘师哥"等，而"姚黄""魏紫"是洛阳两种名贵的牡丹品种。

5. **答案：**AC

解析：杜鹃是一种受人喜爱的观赏花木，被列入名花之列。四川省观赏杜鹃的最佳场所为峨眉山和瓦屋山。

6. **答案：**ACDE

解析：四川有国家一级保护动物大熊猫、川金丝猴、羚牛、华南虎、白唇鹿等33种；二级保护动物有小熊猫、猕猴、穿山甲、大灵猫等122种。

7. **答案：**AC

解析：四川最珍贵的保护动物有大熊猫、川金丝猴、羚牛；最具观赏价值的是大熊猫和峨眉山短尾猴。

8. **答案：**ABD

解析：四川的珍稀保护动物70％分布在川西、川西北地区，最珍贵的有大熊猫、川金丝猴、羚牛。

9. **答案：**ABCD

解析：在成都，有大熊猫繁育研究基地(成都熊猫生态公园)；从成都西行，有卧龙自然保护区；沿成锦高速北行，可到平武王朗自然保护区；往南，有蜂桶寨、大风顶国家级自然保护区。

10. **答案：**ABCD

解析：四川大熊猫栖息地是全球最大、最完整的大熊猫栖息地，全球30％以上的野生大熊猫栖息于此；另外，这里亦是小熊猫、雪豹及云豹等濒危物种栖息的地方；栖息地由世界

第一只大熊猫发现地宝兴县及中国四川省境内的卧龙自然保护区等 7 处自然保护区和青城山—都江堰风景名胜区等 9 处风景名胜区组成；于 2006 年 7 月 12 日成为世界自然遗产。

(三)判断题

1. 答案：√

解析：四川地处水热充沛的中亚热带季风气候区，复杂多样的自然环境，孕育了丰富的生物资源，有许多珍稀的动植物种类，是全国乃至世界范围内极其珍贵的生物基因库之一。

2. 答案：√

解析：四川省有药用植物 4 600 多种，所产中药材占全国药材总产量的 1/3，是全国最大的中药材基地，被喻为我国的"中药之库"。

3. 答案：√

解析：牡丹花被誉为"国色天香"。四川彭州、河南洛阳、山东菏泽，是我国观赏牡丹的三大胜地。

4. 答案：√

解析：西方世界对大熊猫的认识开始于四川宝兴县。

5. 答案：×

解析：四川大熊猫栖息地是全球最大、最完整的大熊猫栖息地，全球 30% 以上的野生大熊猫栖息于此。

模拟考试解析及答案

(一)单项选择题

1. 答案：C

解析：四川省地域辽阔，面积约 48.5 万平方千米，次于新疆、西藏、内蒙古和青海，居全国第五位。

2. 答案：B

解析：全省土地资源分为 8 个一级利用类型、45 个二级利用类型和 62 个三级利用类型。除橡胶园以外，其他省的一、二级土地利用类型四川都有，在全国极富代表性。根据土地的自然、社会经济利用现状及其他因素划分，四川省土地资源利用类型的一级分类为：农用地，包括耕地、园地、林地、牧草地和其他农用地；建设用地，包括居民点及工矿用地、交通用地、水利设施用地等；未利用地，包括水域、荒草地、沼泽地、沙地、裸岩石砾地、高寒荒漠等。四川省土地利用以林牧业为主，土地利用上地域差异十分明显。

3. 答案：B

解析：四川地貌类型复杂多样，以多山和高原为特色，具有山地、丘陵、平原和高原 4 种地貌类型，这种独特的自然地理条件，形成了丰富多样的土壤类型，全省土壤类型共有 25 个土类、66 个亚类、137 个土属、380 个土种，土类和亚类数分别占全国总数的 43.48% 和 32.60%。其中紫色土是紫色砂泥岩风化物在亚热带湿润气候条件下形成的土壤，具有土质疏松、矿质养分丰富、耕性好的优点，是四川省重要的农耕土壤。其分布总面积达 1.4 亿亩，占全省总面积的 19.2%，为第一大土类。主要分布于盆地丘陵区、盆周山地地区和川西南山地地区。

4. 答案：B

解析：四川是全国森林资源最富集的地区之一，全省森林蓄积量约13.9亿立方米，占全国的1/6，是中国第三大林区。自20世纪60年代以来，四川已建成森林和野生动物类型的自然保护区40多处，总面积达233多万公顷，约占全省土地面积的4.8%。21世纪初，四川已被列为长江上游防护林建设区，成为长江上游生态屏障。

5. 答案：C

解析：四川的旅游资源十分丰富，是中国的旅游资源大省，其中有些资源在全国具有垄断性地位。截至2012年年底，全省有国家重点风景名胜区15处，数量居全国第一位。其中，黄龙、九寨沟风景区已被联合国教科文组织列入《世界自然遗产名录》；峨眉山、乐山大佛被列入《世界自然文化遗产名录》；都江堰、青城山被列入《世界文化遗产名录》。此外，四川还有国家重点文物保护单位40处、国家历史文化名城8座，另有省级风景名胜区44处、省级文物保护单位300多处。

6. 答案：B

解析：中华人民共和国成立初期，四川省分为川东、川南、川西、川北四个行署区；1952年，中央人民政府撤销以上四个行署区，恢复四川省建制，省会为成都市；1954年，中央直辖市重庆重新并入四川省，改为省辖市；1955年，西康省划归四川；1997年，原重庆市、涪陵市、万县市、黔江地区从四川省划出，组建新的中央直辖市——重庆市，实行川渝分治。

7. 答案：A

解析：傣族主要分布在凉山州的会理县和攀枝花市。

8. 答案：C

解析：达成铁路为国家Ⅰ级干线，东起四川达州市，西至成都市，经营山、南充、蓬溪、遂宁、金堂等11个县市，跨越长江重要支流渠江、嘉陵江、涪江、沱江，起止线路全长403千米，共有车站46个。达成铁路1992年6月开工，1997年11月全线通车。

9. 答案：C

解析：四川的地势，大致沿东经130°分为两个截然不同的世界：东边是著名的四川盆地，地势低陷，丘陵山峦散布其间；西边则是高原、山脉的世界，地势高亢，天高云淡，崇峰深峡，层层叠叠，雪山、冰川、高原、沼泽、草原……多种多样的地势，在这里应有尽有，呈现出"西高东低"的地势大观。这样的地势地貌条件，造就了四川类型各异的自然环境，使四川开展旅游的空间环境十分优越。

10. 答案：C

解析：四川地势西高东低，由西北向东南倾斜。地形复杂多样，多山多高原，以龙门山—大凉山一线为界，东部为四川盆地及盆缘山地，西部为川西高山高原及川西南山地。长江自西向东横贯而过，黄河在川西北挂角而去。

11. 答案：A

解析：华蓥山主峰海拔1 704米，是四川盆地内最高峰。

12. 答案：D

解析：四川盆地南缘山脉指宜宾到奉节的长江以南山地，主要山脉有大娄山、七曜

山、武陵山等。

13. 答案：B

解析： 四川盆地西部边缘的邛崃山是四川盆地和青藏高原的地理分界线。邛崃山是都江堰市到天全县一线岷江以西山地的总称，又称崃山。

14. 答案：C

解析： 大、小凉山介于四川盆地与川西南山地之间，合称凉山，取山高气寒之意，是我国东部湿润亚热带气候和西部干湿交替亚热带气候的分界线。

15. 答案：C

解析： 贡嘎山海拔 7 556 米，是四川的最高峰，被称为"蜀山之王"。

16. 答案：D

解析： 四姑娘山风景名胜区位于四川阿坝藏族羌族自治州的小金县与汶川县交界处，景区由四姑娘山、巴郎山和双桥沟、长坪沟、海子沟等组成。四姑娘山景区的景观主要在双桥沟和长坪沟两条沟内，景观原始古朴，其特色类似于欧洲的阿尔卑斯山，所以到这里游览过的游客都称之为"东方的阿尔卑斯山"。

17. 答案：B

解析： 统计数据显示，四川全省流域面积在 100 平方千米以上的河流有 1 229 条，其中 500 平方千米以上的河流有 345 条，1 000 平方千米以上的河流有 146 条，10 000 平方千米以上的河流有 22 条。

18. 答案：B

解析： 岷江全长 735 千米，金沙江全长 2 316 千米，沱江全长 702 千米，嘉陵江全长 1 120 千米。

19. 答案：A

解析：《夔州歌·蜀麻吴盐自古通》为中国唐代著名诗人杜甫的一首七言绝句。"蜀麻吴盐自古通"是说四川和长江下游一带古已有物资交流。

20. 答案：C

解析： 四川省境内遍布湖泊冰川，有湖泊 1 000 多个，冰川 200 余条以及一定面积的沼泽，多分布于川西北和川西南。

21. 答案：B

解析： 岷江有一支流为青衣江，古称平羌江，诗人李白曾有"峨眉山月半轮秋，影入平羌江水流"的描绘，沿途多风景名胜，著名的有碧峰峡、中岩风景区和平羌江小三峡等。

22. 答案：B

解析： 沱江进入成都平原后，由岷江水系分出的柏条河、青白江于金堂汇入沱江，所以沱江与岷江被称为"双生"河流，《史记》有"岷江导江，东别为沱"的记述。

23. 答案：B

解析： 邛海又称邛池，位于西昌，面积 31 平方千米，平均水深 10.3 米，最深处 34 米，是四川有名的天然渔场和旅游胜地。

24. 答案：D

解析： 叠溪海子位于茂县城北 50 余千米处，是岷江上游地震山崩而形成的堰塞湖，是四川堰塞湖中最年轻的湖泊。

25. 答案：D

解析：泸沽湖面积为 51.8 平方千米，邛海面积为 31 平方千米，马湖面积为 7 平方千米，叠溪海子面积为 3.89 平方千米。

26. 答案：C

解析：海螺沟冰川是亚洲海拔最低、规模最大的海洋性现代冰川，也是贡嘎山冰川中长度最长、下限海拔最低的冰川。

27. 答案：C

解析：海螺沟冰川峡谷中有 3 处温泉出露，上游的热水沟温泉，中游的油坪温泉，下游的沙树坪温泉，水温在 50 ℃~80 ℃，是良好的浴疗温泉，这种温泉与冰川共存的奇特现象在世界上也属少见。

28. 答案：C

解析：西岭雪山大飞水瀑布，由两条巨大的富水断裂带的地下水汇聚而成，瀑布高挂 304 米，悬流奔泻、银珠四溅、声震山谷，惊涛万状，堪称四川瀑布落差之最。

29. 答案：C

解析：翡翠泉位于松潘县牟尼乡，处于雪宝顶山麓东南年尼沟内的钙化堆积层上。泉涌出呈沸状，水如碧玉，清澈晶莹，故得名翡翠泉，是优质饮用天然矿泉水。

30. 答案：A

解析：1978 年，中华人民共和国国务院(1978)256 号文件，将九寨沟划为国家级自然保护区。其主要保护对象是大熊猫、金丝猴等珍稀动物及其自然生态环境。区内有 74 种国家保护珍稀植物，有 18 种国家保护动物，还有丰富的古生物化石、古冰川地貌。

31. 答案：C

解析：四川省年均气温分布的总趋势是由东南向西北递减；四川省降水量分布和无霜期分布与平均温度分布相似，大致呈东南向西北递减的趋势；四川省日照时数大致呈西北向东南递减的趋势。

32. 答案：B

解析：四川盆地气候类型为湿润型中亚热带气候，具有气温高、雨量多、日照少、无霜期长的特点。

33. 答案：D

解析：四川盆地雨量充沛，年降水量达 1 000~1 200 毫米；盆地云雾多，晴天少，全年日照时间较短，约 1 000~1 400 小时，平均每天 3 小时左右。"蜀犬吠日"形象地道出了四川盆地阴雨多、日照少的气候特点。

34. 答案：D

解析：石渠年平均气温—1.6 ℃，1 月平均气温—12.5 ℃，极端最低气温—35.0 ℃，被称为四川的"极寒"。

35. 答案：C

解析：西昌以北的高山地区全年无夏，以南的平坝河谷地区长夏无冬；西昌市的气候最为典型，春秋长，冬夏短，且夏温不高，冬温不低，很难见雪，几乎四季如春，有"小春城"之美誉。

36. 答案：C

解析： 峨眉山的四大奇观尤以佛光最为神奇，在中国乃至世界范围内的类似自然奇观中当属"魁首"，堪称"世界之最"。

37. 答案：B

解析： "建昌月"指的是西昌的月色，故西昌又有"月城"的美名。每当农历十五之夜，圆月映照邛海，海月交辉，十分动人，是四川著名的天气景观。

38. 答案：A

解析： 四川省有国家珍稀濒危保护植物82种，其中属于国家一级保护植物的有银杉、桫椤、珙桐、水杉、秃杉5种。四川省野生果类植物种类丰富，多达100多种，其中猕猴桃资源最为丰富，居全国首位，并在国际上享有一定声誉。

39. 答案：D

解析： 大熊猫是中国特产的野生动物，世界上85%的野生大熊猫栖息在四川西北的崇山峻岭之中。

40. 答案：C

解析： 川金丝猴为中国特有的珍贵动物，群栖高山密林中，为国家一级保护动物，被誉为"第二国宝"，仅分布于中国四川、甘肃、陕西和湖北。

(二)多项选择题

1. 答案：ABCD

解析： 四川被称为"天府之国"的原因有二：一是古代的四川地区，主要是指四川盆地和汉中盆地这两个地区。这两大盆地气候温和、土壤肥沃，灌溉便利，物产丰饶，人民殷富。得天独厚的自然条件，加上历代劳动人民的辛勤耕耘，使四川盆地早在2 000多年前的秦汉时期就成了"水旱从人，不知饥馑"的"天府之土"。二是四川盆地的四周都是崇山峻岭，交通闭塞，古称"四塞之国"，造就了它易守难攻的特殊战略地位，这就避免了历史上许多次战争的破坏，得到一个相对安定的社会环境，从而促进了它社会经济的发展。

2. 答案：ABCD

解析： 四川省除了成都这一综合性特大城市之外，其他城市功能各有特点。绵阳为西部科技城；西昌是科学卫星城；自贡是盐都；攀枝花是钢城；南充是丝绸之府；德阳是制造业重镇；宜宾、泸州既是酒城也是水陆交通枢纽；乐山、都江堰、峨眉山、阆中等是闻名国内的旅游城市。

3. 答案：ABCD

解析： 四川盆地是我国四大盆地之一，面积约16.5万平方千米，海拔300～700米，四周为海拔1 000～4 000米的山地所环抱。其轮廓像菱形，因为地表面沉积层以紫红色的砂岩、页岩为主，通常也称为"红色盆地"。盆地西部是"沃野千里，土壤膏腴"的成都平原，习惯上亦称"川西平原"，俗称"川西坝子"，面积达6 000平方千米，是我国西南最大的平原。盆地东部为川东平行岭谷区，分别为华蓥山、铜锣山、明月山。盆地四周重峦叠嶂，北部为秦岭，东部为米仓山、大巴山，南部为大娄山，西北部为龙门山、邛崃山等山地环绕。盆地中部为丘陵区，海拔400～800米，地势微向南倾斜，岷江、沱江、涪江、嘉陵江从北部山地向南流入长江。四川的主要河流大都从这里经过流入长江，故历史上习惯于把四川的山水简称"巴山蜀水"。

4. **答案**：ABCD

解析：九寨沟的景观是丰富多彩的，人们以"五绝"来加以概括，为翠海、叠瀑、彩林、雪峰和藏情。

5. **答案**：ABDE

解析：四川省的江河，主要河流水系有岷江水系、金沙江水系、沱江水系、嘉陵江水系。

6. **答案**：ABCDE

解析：岷江流域内有干流上的叠溪海子；支流渔子溪上有卧龙国家大熊猫自然保护区；流域内还有青城山—都江堰国家级风景名胜区，都江堰市的都江堰国家森林公园，邛崃市的天台山森林公园，大邑县的西岭国家森林公园等。

7. **答案**：ABCD

解析：泸沽湖是高原断陷湖，湖周群山环抱，海拔2 660米，面积51.8平方千米，平均水深44米；湖中有5个全岛、3个半岛和1个海堤连岛；湖水清澈蔚蓝，最大可见度为12米，水质优良，是国内不多见的未被污染的高原淡水湖。

8. **答案**：ABCD

解析：海螺沟冰川是亚洲海拔最低、规模最大的海洋性现代冰川；也是贡嘎山冰川中长度最大、下限海拔最低的冰川；是目前世界上已发现的为数极少的一年四季均可身临其境的低纬度、低海拔海洋性冰川之一；并且还是我国境内距大城市最近、最易进入的冰川；这里还有我国迄今发现的最大、最高的冰川瀑布，冰瀑布宽达1 100米，高达1 080米。

9. **答案**：ACD

解析：与中国同纬度的长江中下游地区相比，四川盆地年均气温偏高，年均温16 ℃～18 ℃，如内江17.6 ℃，遂宁17.4 ℃，而武汉16.3 ℃、南京15.3 ℃，四川盆地约高2 ℃；四川盆地年降水量1 000~1 200毫米，而武汉1 205毫米左右、南京1 106毫米左右，降水与同纬度的长江中下游地区相差不大；四川盆地日照较少，全年约1 000~1 400小时，而武汉2 058小时/年、南京2 155小时/年；四川盆地无霜期偏长，约260~300天，而武汉为238.9天，南京为224.2天。

10. **答案**：ABCDE

解析：大熊猫是中国特产的野生动物，是我国的国宝；世界上85%的大熊猫都分布在四川境内，因此四川有"熊猫故乡"之称；西方世界对大熊猫的认识开始于四川宝兴蜂桶寨；四川有世界最大的大熊猫保护机构——中国(卧龙)保护大熊猫研究中心，还有世界最大的大熊猫人工繁育机构——成都大熊猫繁育研究基地(成都熊猫生态公园)。

📖 本章小结

四川地理概况是四川导游基础知识的第一章内容。根据国家旅游局颁布的《全国导游人员资格考试大纲》，考生应重点掌握四川基本省情和地理环境等知识，尤其是四川的地形地貌、河流水系、气候气象、特色动植物等相关知识，为今后运用相关知识客观、系统、全面、科学地介绍四川自然风貌打下坚实基础。

第2章

四川历史概况

根据国家旅游局颁布的《全国导游人员资格考试大纲》，本章设计了相关的操练和攻略，目的是强化考生对四川的历史发展、重大历史事件和重要历史人物的了解与掌握，为途中讲解和景点讲解积累更多、更准确的素材和史料，培养考生运用相关知识进行针对性讲解和服务的能力。

第一部分 考试津要

一、考试大纲

章节	考试要点
四川历史概要	1. 四川著名古人类遗址名录，巴、蜀的由来；四川行政区域的历史变化情况，"三代蜀王"及所处的历史背景；"扬一益二"所指的历史背景，前蜀与后蜀的建立时间、建立者及历史影响(了解) 2. "杜宇化鹃""鳖灵治水"等古蜀典故所指的人物及历史背景；文翁兴学的时代背景、办学经验及历史意义；"湖广填四川""保路风潮"等重大历史事件的背景及其影响(熟悉) 3. 都江堰渠首枢纽工程的原理及李冰治水的科学经验；"天府之国"的来历与"四川"得名的原因；诸葛亮治蜀的主要措施；四川省建制的由来(掌握)
四川的重大考古发现	1. 商业街船棺、汉说唱俑、川南悬棺的基本情况与历史价值(了解) 2. 汉画像砖的类型及历史价值(熟悉) 3. 三星堆遗址的历史意义、代表文物的基本情况及博物馆特色；金沙遗址的历史意义、代表文物的基本情况及博物馆特色(掌握)

二、应考经验

1. 四川主要考古发现和博物馆名字须熟记。金沙遗址、三星堆遗址是四川导游基础知识的重要景点。

2. 凡是教材中涉及的时间、数量、方位等内容都要熟记。因为这些内容是经常考查的知识点。

3. 本章内容与第三章四川文化与习俗的内容密切关联，考生复习时需前后联系，注意交叉记忆理解。

4. "天府"一词首次出现的时间、"天府之国"首次被用来形容四川，以及四川正式被称作"天府之国"载入史籍这三个知识点极其容易混淆，考生需注意理解。

5. 金沙遗址出土的太阳神鸟金饰反复出现在往年真题中，考生需重点复习。

6. 目前国家旅游局颁布的考试大纲中没有判断题，但这种题型有助于更好地学习四川导游基础知识。根据以往多年的考评经验，这种题型将来有可能纳入全国导游资格考试的题型，故本攻略中有判断题的练习。

第二部分　习题攻略

一、四川历史概要

(一)单项选择题

1. 蜀的名称最早出现于(　　)。
   A. 战国时期　　　　B. 东汉　　　　　　C. 商代　　　　　　D. 西周

2. 据考证，"天府"一词最早见于(　　)。
   A.《周礼》　　　　B.《战国策》　　　C.《隆中对》　　　D.《三国志》

3. 以下不属于"三代蜀王"之一的是(　　)。
   A. 蚕丛　　　　　　B. 杜宇　　　　　　C. 鱼凫　　　　　　D. 柏灌

4. (　　)年秦灭蜀。
   A. 公元前 316　　B. 公元前 285　　C. 公元前 206　　D. 公元前 106

5. (　　)年，秦改蜀国为蜀郡。
   A. 公元前 316　　B. 公元前 285　　C. 公元前 106　　D. 公元前 135

6. 巴国于(　　)年被秦国所灭。
   A. 公元前 316　　B. 公元前 285　　C. 公元前 277　　D. 公元前 206

7. 历史上最早称四川为"天府"的为(　　)。
   A.《周礼》　　　　B.《华阳国志》　　C.《隆中对》　　　D.《三国志》

8. 四川作为"天府"正式载入史籍，最早见于(　　)。
   A.《周礼》　　　　B.《华阳国志》　　C.《战国策》　　　D.《三国志》

9. 巴国不曾在(　　)建过都。
   A. 重庆　　　　　　B. 合川　　　　　　C. 丰都　　　　　　D. 绵阳

10. 以下对"扬一益二"的描述不正确的是(　　)。

    A. "扬一益二"是明代后期社会上对于扬、益二州繁荣的称道

    B. "扬一益二"指的是全国工商业经济最繁荣的是扬州,次为益州

    C. 长江航运可以直溯到益州治所的成都,扬、益二州互相交往呼应,相得益彰

    D. 便利的交通,丰富的物产,良好的国内外发展环境等对形成"扬一益二"的大好
       社会局面起到了积极作用

11. "十万人家如洞天"称赞的是(　　)。

    A. 扬州　　　　　　B. 益州　　　　　　C. 杭州　　　　　　D. 苏州

12. 中国历史上地方政府设立学校始于(　　)。

    A. 商朝　　　　　　B. 秦朝　　　　　　C. 西汉　　　　　　D. 东汉

13. 王建于(　　)年在成都称帝,国号蜀,史称前蜀。

    A. 公元907　　　　B. 公元925　　　　C. 公元934　　　　D. 公元964

14. 孟知祥于(　　)年割据四川称帝,是为后蜀。

    A. 公元907　　　　B. 公元925　　　　C. 公元934　　　　D. 公元964

15. 在成都遍植芙蓉花的是(　　)。

    A. 孟知祥　　　　　B. 王建　　　　　　C. 王衍　　　　　　D. 孟昶

16. 以下对文翁兴学的描述不正确的是(　　)。

    A. 东汉末年,蜀郡太守文翁在成都城南创立了蜀郡郡学

    B. "师资高"和"学风严"是文翁兴学的两条经验

    C. 文翁石室是第一所由省级地方政府兴建的官学,开中国地方官办学之先河

    D. 文翁兴学形成了丰富的教育理论,如"教以尚德为先"

17. 刘备于(　　)年在成都称帝,国号"汉",史称蜀汉。

    A. 公元214　　　　B. 公元221　　　　C. 公元228　　　　D. 公元263

18. 诸葛亮在中国军事技术方面的发明不包括(　　)。

    A. 火药箭法　　　　B. 八阵图　　　　　C. 新式连弩　　　　D. 木牛流马

19. 四大文明古国中目前现存最早的水位标尺"水则"位于中国的(　　)。

    A. 广西灵渠　　　　　　　　　　　　　B. 山西郑国渠

    C. 四川都江堰水利工程　　　　　　　　D. 新疆坎儿井

20. 1955年,(　　)被撤销,金沙江以东地区被划归四川省,金沙江以西的昌都地区
被划归西藏自治区。

    A. 川西行署　　　　B. 川东行署　　　　C. 西康省　　　　　D. 川北行署

21. 将川陕路分设益、梓、利、夔四路,总称四川路,始有四川之名是在(　　)时。

    A. 秦代　　　　　　B. 汉代　　　　　　C. 宋代　　　　　　D. 元代

22. 四川省建制始于(　　)。

    A. 唐代　　　　　　B. 宋代　　　　　　C. 元代　　　　　　D. 明代

23. (　　)年撤销四个行署,恢复四川省建制,重庆改为省辖市。

    A. 1939　　　　　　B. 1952　　　　　　C. 1955　　　　　　D. 1959

24. (　　)年,重庆市升为中央直辖市。

    A. 1992　　　　　　B. 1995　　　　　　C. 1997　　　　　　D. 1999

(二)多项选择题

1. 史称"三代蜀王"的是(　　)。

   A. 蚕丛　　　　　　B. 柏灌　　　　　　C. 鱼凫　　　　　　D. 杜宇

2. 四川原始人类遗址有(　　)。

   A. 资阳鲤鱼桥古人类遗址　　　　　　B. 汉源富林镇古人类遗址

   C. 成都塔子山遗址　　　　　　　　　D. 龙骨坡遗址

3. 四川历史上的独立王朝有(　　)。

   A. 蜀汉　　　　　　B. 前蜀　　　　　　C. 后蜀　　　　　　D. 大蜀

4. 战国时期,巴国曾在(　　)建过都。

   A. 江州　　　　　　B. 合川　　　　　　C. 丰都　　　　　　D. 阆中

5. 诸葛亮治蜀的主要措施有(　　)。

   A. 重农　　　　　　B. 明法　　　　　　C. 和夷　　　　　　D. 治军

   E. 和吴　　　　　　F. 正身

6. 明末清初来四川定居的移民中最多的来自(　　)。

   A. 贵州　　　　　　B. 云南　　　　　　C. 湖北　　　　　　D. 湖南

   E. 广东

7. 都江堰水利工程的三大主要组成部分包括(　　)。

   A. 都江鱼嘴　　　　B. 宝瓶口　　　　　C. 人字堤　　　　　D. 飞沙堰

8. 李冰的治蜀成就包括(　　)。

   A. 创建都江堰水利工程　　　　　　　B. 治水

   C. 完善成都城　　　　　　　　　　　D. 创挖广都井盐

9. 文翁兴学的主要经验是(　　)。

   A. 师资高　　　　　B. 学风严　　　　　C. 回归生活　　　　D. 社会实践

10. 同为秦汉时期四川的两项造福后人、彪炳史册的不朽业绩的是(　　)。

   A. 文翁兴学　　　　B. 李冰治水　　　　C. 鳖灵治水　　　　D. 诸葛亮治蜀

11. 以下对文翁兴学描述正确的是(　　)。

   A. 东汉末年,文翁出任蜀郡太守,于成都城南创立了蜀郡郡学

   B. 文翁兴学的主要经验是"师资高"和"学风严"

   C. 文翁石室是第一所由省级地方政府兴建的官学,开创中国地方官办学之先河

   D. 文翁兴学形成了深厚的文化积淀和丰富的教育理论

12. 由文翁兴学形成的教育理论包括(　　)。

   A. 非教无以保富庶,非待富庶而后议教　　B. 教以尚德为先

   C. 诱进　　　　　　　　　　　　　　　　D. 因材施教

(三)判断题

1. 蜀的名称最早见于商代的甲骨文,是当时生活在岷江流域一个部族的名称。秦灭巴蜀后,"蜀"就成了地域名称。　　　　　　　　　　　　　　　　　　　(　　)

2. 文翁兴学的主要经验是"师资高"和"学风严"。　　　　　　　　　　　(　　)

3. 文翁石室是第一所由省级地方政府兴建的官学,开中国地方官办学之先河,大大

推动了中国教育的发展。　　　　　　　　　　　　　　　　　　（　　）

　　4. 成都有文字可考的历史可以追溯到"张仪筑成都城"的战国晚期。　（　　）

　　5. 东汉末年，刘备入川，并于221年在成都称帝，国号"汉"，史称蜀汉。（　　）

二、四川的重大考古发现

(一)单项选择题

1. 商业街船棺属（　　）时期墓葬。
   A. 战国　　　　　　B. 前蜀　　　　　　C. 后蜀　　　　　　D. 西汉

2. 东汉时期，以（　　）为题材的说唱俑最具特色。
   A. 侍从乐舞　　　　　　　　　　B. 农牧耕作的农夫
   C. 王公贵族　　　　　　　　　　D. 模拟家内侍仆舞乐

3. （　　）是我国发现悬棺数量最多、最为集中的地区。
   A. 四川　　　　　　B. 重庆　　　　　　C. 云南　　　　　　D. 贵州

4. （　　）是川南最具代表性的悬棺。
   A. 珙县麻塘坝僰人悬棺　　　　　B. 豆沙关悬棺
   C. 宁武石门悬棺　　　　　　　　D. 龙河悬棺

5. 川南悬棺最早为（　　）。
   A. 唐代　　　　　　B. 宋代　　　　　　C. 元代　　　　　　D. 明代

6. 画像砖是（　　）时期的一种建筑装饰构件。
   A. 秦汉　　　　　　B. 春秋　　　　　　C. 战国　　　　　　D. 两晋

7. 川南悬棺最有特色、数量最多的放置方式是（　　）。
   A. 置于天然岩洞中
   B. 置于天生的岩石墩上
   C. 置于悬崖上人工开凿的横龛或直穴内
   D. 在悬崖上并排凿空，钉入木桩，将棺木置于木桩上

8. （　　）时期是画像砖艺术的鼎盛时期。
   A. 东汉　　　　　　B. 春秋　　　　　　C. 战国　　　　　　D. 两晋

9. （　　）是西南地区最大的汉代画像砖石的分布地。
   A. 绵阳　　　　　　B. 广汉　　　　　　C. 成都　　　　　　D. 重庆

10. 以下关于汉画像砖的描述不正确的是（　　）。
    A. 出土于成都平原中心地区的汉画像砖为长方形，出土于成都平原边缘地区的
       汉画像砖为方形
    B. 四川成都一带出土的东汉后期画像实心砖的艺术造诣最高
    C. 西汉中期以后，画像砖主要用于装饰墓室壁画
    D. 四川汉画像砖大多表现现实生活的场景

11. 三星堆最为繁盛的时期大抵属（　　）时期。
    A. 蚕丛　　　　　　B. 杜宇　　　　　　C. 鱼凫　　　　　　D. 柏灌

12. （　　）厅重点展示十余件(组)三星堆出土文物精华之最，堪称最富文物价值和艺

术性，且最具神秘意味的国之重宝。

  A. 众神之国   B. 千载蜀魂   C. 三星永耀   D. 三星伴月

13.（　　）是三星堆文化的鼎盛期。

  A. 夏朝   B. 商代   C. 西周   D. 东周

14.（　　）是三星堆最具代表性的实物。

  A. 石器   B. 金器   C. 玉器   D. 青铜器

15. 金沙遗址中出土的（　　）数量超过中国其他地区出土的总和。

  A. 玉璋   B. 玉琮   C. 玉圭   D. 玉戈

16. 成都有文字可考的建城历史最早可追溯到（　　）。

  A. 商代晚期   B. 周代晚期   C. 春秋时期   D. 战国晚期

17. 金沙遗址出土的（　　）目前被看作为中国文化遗产标志。

  A. 太阳神鸟   B. 金面具   C. 青铜神树   D. 青铜太阳轮

18. "太阳神鸟"金饰出土于金沙遗址的（　　）。

  A. 祭祀区   B. 居住区   C. 墓葬区   D. 大型建筑基址区

19. 出土时震惊世界并已成为"中国文化遗产标志"的太阳神鸟金箔是（　　）展厅中最重要的展出文物。

  A. 天地不绝   B. 千年绝唱   C. 王都剪影   D. 解读金沙

20.（　　）是四川最大、采用高科技最多的博物馆。

  A. 金沙博物馆 B. 三星堆博物馆 C. 成都市博物馆 D. 四川博物院

（二）多项选择题

1. 以下关于成都商业街船棺描述正确的是（　　）。

  A. 商业街墓葬属战国时期墓葬，距今 2 500 年

  B. 商业街墓葬遗址下为墓坑，上有地面建筑

  C. 商业街墓葬遗址出土的大型船棺中的漆器是战国时期罕见的精品

  D. 商业街墓葬遗址出土的两具棺木中还出土了大型编钟和编磬漆架座

2. 以下关于川南悬棺的说法，正确的是（　　）。

  A. 四川是我国发现悬棺数量最多、分布最为集中的地区

  B. 川南悬棺主要有四种放置方式

  C. 川南悬棺最晚不超过明代中期，最早为宋代

  D. 川南悬棺是曾经生活在该地区的汉族墓葬

3. 川南悬棺的主要放置方式有（　　）。

  A. 置于天然岩洞中

  B. 置于天生的岩石墩上

  C. 置于悬崖上人工开凿的横龛或直穴内

  D. 在悬崖上并排凿空，钉入木桩，将棺木置于木桩上

4. 汉画像砖的表现内容可分为（　　）。

  A. 反映农业、副业、手工业和商业

  B. 表现墓主人身份和经历

  C. 反映当时社会生活和政治制度

D. 表现墓主享乐生活

E. 表现当时神话传说和迷信思想

5. 四川成都一带出土的汉画像砖的主要特点是（　　）。

A. 制作精美

B. 图案复杂且构图完整

C. 取材广泛，内容丰富

D. 大多表现现实生活情景

6. 以下关于汉画像砖的说法正确的是（　　）。

A. 西汉是画像砖艺术的鼎盛时期

B. 四川成都一带出土的东汉后期画像实心砖艺术造诣最高

C. 成都是西南地区最大的汉代画像砖石的分布地

D. 出土在成都平原中心地区的汉画像砖为方形，出土于成都平原边缘地区的汉画
像砖多为长方形

7. 三星堆的青铜器在世界青铜文化上占有极其重要的地位，原因是（　　）。

A. 三星堆遗址出土的大量青铜器，既带有明显的蜀文化痕迹，又带有浓郁的西亚
和其他地域文化的特征

B. 三星堆出土的为数众多的塑像群体和铜器物是在当时社会经济落后、生活运转
缓慢的条件下完成的

C. 三星堆青铜的制造技术，在中国尚无同期或更早的同类造像可比

D. 古史关于古蜀历史的记载凤毛麟角，难以勾勒出古蜀历史的大体轮廓。自古以
来真伪莫辨的古蜀史传说因三星堆而成为信史

E. 三星堆填补了中国考古学、美学、历史学等诸领域的重要空白，使得外界对中
国古代文明需重新评价

8. 三星堆铜塑的工艺技术特点有（　　）。

A. 采用合金材料，分别使用了铜、锡、铅三种成分，但比例与中原的青铜器不同

B. 采用铜液浇铸工艺，以及焊铆法、热补法、分铸法、浑铸法等多种手法

C. 纯铜人像材料接近单质黄铜

D. 采用固体变形，不改变材料的质，在模具上敲打压制成型

9. 三星堆博物馆主要展厅有（　　）。

A. 序厅　　　　B. "三星伴月"厅　　　　C. "众神之国"厅

D. "天地不绝"厅　　　E. "三星永耀"厅

10. 三星堆博物馆主要有以下几个特色（　　）。

A. 建筑特色与展览风格相协调

B. 纵向布局与横向陈列相结合

C. 传统与现代陈列方式相配合

D. 馆体本身与外部园林相融合

11. 以下关于三星堆博物馆各展厅的说法正确的是（　　）。

A. "三星伴月"厅内设"雄踞西南""物华天府""镂石攻玉""化土成器"四个陈列组

B. "众神之国"厅以文物为核心，展示了三星堆神秘的原始宗教

C. "千载蜀魂"厅重点展示三星堆出土文物精华之最——堪称最富文物价值和艺术
性，且最具神秘意味的国之重宝十余件

D. 序厅展示的中心是"万物有灵、人神互通、天人合一"的古蜀特征

12. 金沙遗址内包括（　　）等区域。
    A. 祭祀场所　　　B. 大型建筑　　　C. 一般居址　　　D. 墓地

13. 金沙遗址不仅出土文物数量巨大，还具有不少独特之处，其中三"最"最为声名显赫。三"最"指的是（　　）。
    A. 古代象牙最集中　　　　　　　B. 金器最多
    C. 玉器最多　　　　　　　　　　D. 铜器最多

14. 金沙遗址博物馆包括（　　）等部分。
    A. 遗迹馆　　　　B. 陈列馆　　　　C. 文物保护和修复中心
    D. 园林区　　　　E. 金沙剧场

15. 金沙遗址博物馆陈列馆设有以下几个主题展厅（　　）。
    A."远古家园"　　B."王都剪影"　　C."天地不绝"
    D."千载遗珍"　　E."解读金沙"

(三)判断题

1. 金沙遗址是四川境内迄今发现的范围最大、延续时间最长、文化内涵最丰富的古文化、古国、古城遗址。　　　　　　　　　　　　　　　　　　　　　（　　）
2. 三星堆出土的太阳神鸟目前作为中国文化遗产标志。　　　　　　　　（　　）
3. 各地的画像砖，艺术造诣最高的是四川成都一带出土的西汉后期画像实心砖。（　　）
4. 四川悬棺中最具代表性的是珙县麻塘坝的僰人悬棺。　　　　　　　　（　　）
5. 三星堆祭祀坑为我国保存最好的商代五大祭祀遗址。　　　　　　　　（　　）

第三部分　近三年真题分值比例(以四川省为例)

分值分布											
考试内容	单项选择题			多项选择题			判断题			合计		
	2012年	2013年	2014年	2012年	2013年	2014年	2012年	2013年	2014年	2012年	2013年	2014年
四川历史概况	10	2	4	4	0	2	6	0	2	20	2	8

第四部分　真题解析

一、单项选择题

1. 秦灭巴、蜀后，在四川建立了巴、蜀二郡，汉初又增设了（　　）。
    A. 键为郡　　　　B. 汶山郡　　　　C. 广汉郡　　　　D. 沈黎郡

答案：C

解析：秦国征服巴、蜀后，继续推行中央集权制，在四川地区建立巴、蜀二郡。汉初又增设了广汉郡。

2. 四大文明古国中目前现存最早的水位标尺"水则"位于中国的（ ）。
   A. 四川都江堰水利工程　　　　　　B. 新疆坎儿井
   C. 广西灵渠　　　　　　　　　　　D. 山西郑国渠

答案：A

解析：李冰在都江堰工程竣工后，经过多年实际观测，掌握了瓶口水位的变化与灌溉需求的规律。于是他令人于水边刻凿了三个石人，后人随着掌握水情经验的进一步丰富，于宝瓶口左面的山石上加刻了几十件分划，取名为"水则"（即今水位标尺），这也是四大文明古国中目前现存最早的水位标尺。

3. 我国古代第一所由省级地方政府兴建、开启地方官办学校先河的是（ ）。
   A. 武夷精舍　　B. 文翁石室　　C. 白鹿洞书院　　D. 睢阳书院

答案：B

解析：西汉景帝末年，文翁出任蜀郡太守，其鉴于当时蜀地偏僻，经济、文化很不发达，于成都城南创立了蜀郡郡学，史称"文翁兴学"。文翁兴学实为中国历史上地方政府设立学校之始。

4. 三星堆遗址出土的最具代表性的实物是（ ）。
   A. 金器　　　　　B. 青铜器　　　　C. 陶器　　　　D. 玉器

答案：B

解析：青铜器为三星堆最具代表性的实物。

5. 刘备于公元221年在成都称帝，史称（ ）。
   A. 蜀汉　　　　　B. 前蜀　　　　　C. 后蜀　　　　D. 大蜀

答案：A

解析：公元214年，刘备入川，并于221年在成都称帝，国号"汉"，史称蜀汉，与北方的魏和江东的吴形成三国鼎立之势。

6. 历史上最早称四川为"天府"的出处是（ ）。
   A.《周礼》　　　B.《隆中对》　　　C.《史记》　　　D.《华阳国志》

答案：B

解析：历史上最早称四川为"天府"的是诸葛亮的《隆中对》："益州险塞，沃野千里，天府之土，高祖因之以成帝业。"汉代的益州包括今四川盆地和汉中盆地。

7. 以金沙遗址出土的太阳神鸟金饰图案作为标志的是（ ）。
   A. 世界文化遗产　　　　　　　　　B. 世界自然遗产
   C. 中国非物质文化遗产　　　　　　D. 中国文化遗产

答案：D

解析：金沙遗址出土的太阳神鸟目前被作为中国文化遗产标志。

8. 在成都遍植芙蓉，形成花开时节"四十里如锦绣"景观的人是（ ）。
   A. 薛涛　　　　　B. 王建　　　　　C. 孟昶　　　　D. 花蕊夫人

答案：C

解析：孟昶在成都遍植芙蓉花。

9. 下列选项中( )是三星堆出土的珍贵文物。

　　A. 司母戊鼎　　　　　　　　　　B. 太阳神鸟金箔饰

　　C. 青铜纵目面具　　　　　　　　D. 汉说唱俑

答案：C

解析：司母戊鼎出土于中国河南安阳武官村；太阳神鸟金箔饰出土于金沙遗址；青铜纵目面具出土于三星堆遗址。

10. 1955 年 10 月，( )被撤销，金沙江以东地区被划归四川省，金沙江以西的昌都地区被划归西藏地区。

　　A. 川西行署　　　B. 川东行署　　　C. 川北行署　　　D. 西康省

答案：D

解析：1955 年 10 月撤销西康省，将金沙江以东地区划归四川省，金沙江以西的昌都地区划归西藏地区。1952 年 9 月 1 日撤销川西、川东、川北和川南四个行署，恢复四川省建制，重庆改为省辖市。

二、多项选择题

1. 金沙遗址发掘中的"三最"指的是( )。

　　A. 古代象牙最集中　　　　　　B. 金器最多

　　C. 玉器最多　　　　　　　　　D. 纺织品最多

　　E. 青铜器最多

答案：ABC

解析：金沙遗址的"三最"指的分别是：金沙遗址是世界上同时期出土古代象牙最集中的遗址；金沙遗址还是中国同时期出土金器最多的遗址之一；金沙遗址也是中国同时期出土玉器最多的遗址。

2. 下列关于成都商业街船棺的表述，正确的是( )。

　　A. 2000 年全国十大考古发现之一　　B. 属战国时期墓葬

　　C. 最大的整木船棺直径达 1.7 米　　D. 出土的漆器为罕见的精品

　　E. 墓葬中有大量金器出土

答案：ABCD

解析：成都的商业街墓葬遗址于 2000 年发掘出土，并被评为 2000 年全国十大考古发现，属战国时期墓葬，距今 2 500 年。商业街墓葬遗址中最大的是直径达 1.7 米的整木船棺。商业街墓葬遗址的大型船棺内出土了大量精美漆器，是战国漆器中罕见的精品。

3. 关于"文翁兴学"，下列说法正确的是( )。

　　A. 文翁祖籍陕西　　　　　　B. 曾出任蜀郡太守

　　C. "师资高"，"学风严"　　　D. 择优录取，教学平等

　　E. 开中国地方官办学之先河

答案：BCDE

解析：文翁，名党，字仲翁，庐江舒(今安徽庐江县西)人。

三、判断题

1. 四川境内的悬棺是曾经生活在川东、川南的少数民族的墓葬，他们与福建、江西的悬棺有直接的联系。（2012 年） （ ）

答案：×

解析：该说法错误。川南悬棺与福建、江西的悬棺并无直接的联系。

2. "蜀"的名称最早见于商代的甲骨文，是当时生活在岷江的一个部族的名称。（2012 年） （ ）

答案：√

解析："蜀"的名称最早见于商代的甲骨文，是当时生活在岷江的一个部族的名称。

3. "文翁化蜀"与"李冰治水"同为秦汉时代两项造福后人、彪炳史册的不朽业绩。（2013 年） （ ）

答案：√

解析："文翁化蜀"与"李冰治水"同为秦汉时代两项造福后人、彪炳史册的不朽业绩。

4. 广汉三星堆遗址是中国迄今发现的延续时间最长，保存最好、祭祀器物埋藏最丰富的古代遗存。（2013 年） （ ）

答案：√

解析：广汉三星堆遗址是中国迄今发现的延续时间最长，保存最好、祭祀器物埋藏最丰富的古代遗存。

5. 历史上"天府之国"一词曾用于描述关中平原的富庶。（2014 年） （ ）

答案：×

解析：《史记·留侯世家》："夫关中左崤函，右陇蜀，沃野千里，南有巴蜀之饶，北有胡苑之利，阻三面而守，独以一面东制诸侯，诸侯安定，河渭漕挽天下，西给京师；诸侯有变，顺流而下，足以委输。此所谓金城千里，天府之国也，刘敬说是也。"指关中地区。

6. 1911 年四川发生保路运动，吴玉章、王天杰在泸县宣布独立，建立了同盟会领导的革命政权。（2014 年） （ ）

答案：×

解析：在四川的各州县中，荣县的群众基础较好，同盟会会员王天杰就在这里从事革命的联络和组织工作，并组织民团千余人。1911 年 9 月 25 日，同盟会会员吴玉章、王天杰等宣布荣县独立，这是辛亥革命时期革命党人最先建立的革命政权，成为成都东南反清武装斗争的中心，而非泸县。

7. 南宋时四川一度成为抵抗蒙古军队入侵的主战场，金堂云顶石城、南充青居城和合川钓鱼城等八处防御阵地被称为"抗蒙八柱"。 （ ）

答案：√

解析：南宋时四川一度成为抵抗蒙古军队入侵的主战场，金堂云顶石城、南充青居城和合川钓鱼城等八处防御阵地被称为"抗蒙八柱"。

第五部分　模拟考试

提示：以下单项选择题 20 题，多项选择题 10 题，共计 30 题，每题 2 分，总分 60 分。

(一)单项选择题

1. 蜀的名称最早出现于(　　)。

　　A. 商代　　　　　　　B. 西周　　　　　　　C. 战国时期　　　　　D. 东汉

2. 据考证，"天府"一词最早见于(　　)。

　　A.《周礼》　　　　　B.《战国策》　　　　　C.《隆中对》　　　　　D.《三国志》

3. 历史上最早称四川为"天府"的是(　　)。

　　A.《周礼》　　　　　B.《三国志》　　　　　C.《隆中对》　　　　　D.《华阳国志》

4. 四川作为"天府"正式载入史籍，最早见于(　　)。

　　A.《周礼》　　　　　B.《战国策》　　　　　C.《三国志》　　　　　D.《华阳国志》

5. 中国历史上地方政府设立学校始于(　　)。

　　A. 商朝　　　　　　　B. 秦朝　　　　　　　C. 西汉　　　　　　　D. 东汉

6. 以下对文翁兴学的描述不正确的是(　　)。

　　A. 西汉景帝末年，蜀郡太守文翁在成都城南创立了蜀郡郡学

　　B. 文翁，名党，字仲翁，祖籍陕西

　　C."师资高"和"学风严"是文翁兴学的两条经验

　　D. 文翁石室是第一所由省级地方政府兴建的官学，开中国地方官办学校之先河

7. 在(　　)发现的陶窑属于商周时期典型的小型馒头窑，是目前四川省已发掘出的年代最早的窑址。

　　A. 三星堆遗址　　　B. 金沙遗址　　　　C. 宝墩遗址　　　　D. 十二桥遗址

8. 以下关于诸葛亮的表述不正确的是(　　)。

　　A. 诸葛亮，字孔明，号卧龙(也作伏龙)，汉族，徐州琅琊阳都(今山东临沂市沂南县)人

　　B.《出师表》《后出师表》《诫子书》《华阳国志》，都是诸葛亮的经典著作

　　C. 诸葛亮治蜀的主要措施主要是：重农、明法、和夷、治军、和吴、正身

　　D. 诸葛亮以"鞠躬尽瘁，死而后已"的精神来效忠刘备政权，并且"勤劳王事"，虚心纳谏，不置私产，给后人树立了很好的榜样

9. 以下关于天府之国的描述不正确的是(　　)。

　　A. 历史上所说的"天府之国"主要是指四川地区

　　B. 秦朝时期的"天府之国"指的是关中平原，而不是四川巴蜀大地

　　C. 现存史籍中最早将四川誉为"天府之国"是在《隆中对》中

　　D."天府"原是一种官职，专门保管国家珍宝、库藏

10. 益州的物产不包括(   )。

    A. 蜀锦   B. 蜀绣   C. 茶叶   D. 盐

11. (   )是四川境内迄今发现的范围最大、延续时间最长、文化内涵最为丰富的古文化、古城、古国遗址。

    A. 三星堆遗址   B. 金沙遗址

    C. 成都商业街墓葬遗址   D. 汉源富林镇古人类遗址

12. 关于汉画像砖，以下说法不正确的是(   )。

    A. 画像砖是秦汉时代的一种建筑装饰构件

    B. 秦至西汉初期，画像砖多用于装饰宫殿、衙舍的阶基

    C. 西汉中期以后，画像砖主要用于装饰墓室壁画

    D. 西汉是画像砖艺术的鼎盛时期

13. 唐朝时，(   )曾逃到四川躲避战乱。

    A. 唐太宗   B. 唐高宗   C. 唐僖宗   D. 唐肃宗

14. 成都有文字可考的建城历史最早可追溯到(   )。

    A. 周代晚期   B. 春秋时期   C. 战国晚期   D. 东汉时期

15. 以下不属于"三代蜀王"之一的是(   )。

    A. 蚕丛   B. 鱼凫   C. 柏灌   D. 杜宇

16. 文翁兴学的主要经验是(   )。

    A. 因材施教   B. 学风严   C. 择优录取   D. 教育平等

17. 1955 年 10 月，(   )被撤销，金沙江以东地区被划归四川省，金沙江以西的昌都地区被划归西藏地区。

    A. 西康省   B. 川东行署

    C. 川北行署   D. 川西行署

18. (   )时期，川陕路一分为四。

    A. 唐朝   B. 宋朝   C. 元朝   D. 明朝

19. 都江堰水利工程的主要特点不包括(   )。

    A. 结构简单   B. 施工方便

    C. 工省效宏   D. 简单快速

20. 出土时震惊世界并已成为"中国文化遗产标志"的太阳神鸟金箔是(   )展厅中最重要的展出文物。

    A. 天地不绝   B. 千年绝唱

    C. 王都剪影   D. 解读金沙

(二)多项选择题

1. 唐朝中晚期，关中发生战乱，(   )曾逃到四川成都躲避战乱。

    A. 唐太宗   B. 唐高宗   C. 唐僖宗   D. 唐玄宗

2. 金沙遗址发掘中的"三最"指的是(   )。

    A. 古代象牙最集中   B. 金器最多

C. 玉器最多　　　　　　　　　　　　D. 纺织品最多

E. 青铜器最多

3. 三星堆博物馆主要有以下几个特色（　　　）。

A. 建筑特色与展览风格相协调　　　　B. 纵向布局与横向陈列相结合

C. 传统与现代陈列方式相配合　　　　D. 馆体本身与外部园林相融合

4. 史称"三代蜀王"的是（　　　）。

A. 蚕丛　　　　　　B. 柏灌　　　　　　C. 鱼凫　　　　　　D. 杜宇

5. "湖广填四川"的实物证据包括（　　　）。

A. 湖广会馆　　　　　　　　　　　　B. 广东会馆

C. 山西会馆　　　　　　　　　　　　D. 保留至今的"土广东话"方言

6. 以下关于都江堰的描述正确的是（　　　）。

A. 都江堰渠首枢纽主要由鱼嘴、飞沙堰、宝瓶口三大主体工程构成

B. 鱼嘴分水堤是都江堰的分水工程，其主要作用是把汹涌的岷江分成内外二江，西边叫外江，主要用于排洪；东边沿山脚的叫内江，是人工引水渠道，主要用于灌溉

C. 飞沙堰溢洪道又称"泄洪道"，具有泄洪、排沙和调节水量的显著功能，故又叫它"飞沙堰"

D. 宝瓶口起"节制闸"作用，能自动控制内江进水量，它是人工凿成控制内江进水的咽喉，因它形似瓶口而功能奇特，故名宝瓶口

7. 金沙遗址的独特之处在于（　　　）。

A. 金沙遗址是世界上同时期出土古代象牙最集中的遗址

B. 金沙遗址是中国同时期出土金器最多的遗址之一

C. 金沙遗址是中国同时期出土玉器最多的遗址

D. 金沙遗址是中国同时期出土青铜器最多的遗址

8. 对金沙博物馆，以下描述正确的是（　　　）。

A. 新中国成立以来成都市博物馆建设规模最大的项目

B. 刷新了近年全国单项文化工程投资最高纪录

C. 四川最大、采用高科技最多的博物馆

D. 金沙遗址原址上建设的专题性博物馆

9. 诸葛亮治蜀的主要措施有（　　　）。

A. 重农　　　　　　B. 明法　　　　　　C. 和夷　　　　　　D. 治军

E. 和吴　　　　　　F. 正身

10. 汉画像砖的表现内容可分为以下（　　　）。

A. 农业、副业、手工业和商业　　　　B. 墓主人身份和经历

C. 当时社会生活和政治制度　　　　　D. 墓主享乐生活

E. 当时神话传说和迷信思想

第六部分 参考答案

✎ 习题攻略解析及答案

一、四川历史概要

(一)单项选择题

1. 答案：C

解析：蜀的名称最早见于商代的甲骨文，是当时生活在岷江流域的一个部族的名称。

2. 答案：A

解析：据考证，"天府"一次最早见于《周礼》，本是一种官名，其职责是"掌祖庙之守藏，与其禁令。凡国之玉镇，大宝器藏焉，若有大祭、大丧，则出而陈之，既事，藏之"。可见"天府"是负责专门保管国家珍宝、库藏的一种官职，后人用以比喻自然条件优越、地势险固、物产丰富的地方。

3. 答案：B

解析：传说中最早的蜀族首领分别是蚕丛、鱼凫和柏灌，史称"三代蜀王"。蜀族与周朝关系密切，服从其节制。周朝衰落后，蜀人自立为国，史称杜宇王朝。杜宇教民务农，开发了成都平原。

4. 答案：A

解析：公元前316年，秦国趁巴、蜀两国发生战争之机，派大将司马错、张仪率大军南下，一举灭掉巴、蜀两个奴隶制国家，四川地区由此开始进入封建社会。

5. 答案：B

解析：公元前285年，在制服了蜀人的一系列反秦活动后，秦改蜀国为蜀郡，实行郡县制，秦王朝委派官员实施管辖统治，最终结束了割据状态。

6. 答案：A

解析：公元前316年，秦国趁巴、蜀两国发生战争之机，派大将司马错、张仪率大军南下，一举灭掉巴、蜀两个奴隶制国家，四川地区由此开始进入封建社会。

7. 答案：C

解析：历史上最早称四川为"天府"的是诸葛亮的《隆中对》："益州险塞，沃野千里，天府之土，高祖因之以成帝业。"汉代的益州包括今四川盆地和汉中盆地。

8. 答案：B

解析：晋代著名史学家常璩在其所著的《华阳国志》中称："蜀沃野千里，号称'陆海'，旱则引水入浸润，雨则杜塞水门，故记曰：'水旱从人，不知饥馑，时无荒年，天下谓之天府也。'"

9. 答案：D

解析：战国时期，巴国先后在江州(今重庆市江北区)、合川、丰都和阆中建过都。

10. 答案：A

解析："扬一益二"是唐代后期社会上对于扬、益二州繁荣的称道，扬州位于第一，益州居于第二，而非明代后期。

11. 答案：A

解析：唐人赵嘏称道扬州的诗句说"十万人家如洞天"。

12. 答案：C

解析：西汉景帝末年，文翁出任蜀郡太守，其鉴于当时蜀地偏僻，经济、文化很不发达，于成都城南创立了蜀郡郡学，史称"文翁兴学"。文翁兴学实为中国历史上地方政府设立学校之始。

13. 答案：A

解析：唐朝末年，天下大乱。唐朝委派到四川的陈敬轩、顾彦朗和王建等互相拼杀，最后王建独霸四川，并于公元 907 年在成都称帝，国号蜀，史称前蜀。王建死后，其子王衍继位。王衍荒淫无道，终于在公元 925 年被后唐所灭。

14. 答案：C

解析：公元 934 年，后唐派到四川的孟知祥利用后唐内部矛盾尖锐之机，割据四川称帝，是为后蜀。孟知祥称帝半年后即死去，其子孟昶继位后注意"与民休息"，蜀国经济因此而有所发展。

15. 答案：D

解析：孟昶在成都遍植芙蓉花，花开时节"四十里如锦绣"就是很好的证明。

16. 答案：A

解析：西汉景帝末年，文翁出任蜀郡太守，于成都城南创立了蜀郡郡学，而非东汉。

17. 答案：B

解析：公元 214 年，刘备入川，并于 221 年在成都称帝，国号"汉"，史称蜀汉，与北方的魏和江东的吴形成三国鼎立之势。公元 263 年，魏国司马昭灭蜀汉。

18. 答案：A

解析：为达到北伐中原、"恢复汉室"的目的，诸葛亮花大力气治军，他发明的训练军队的八阵图和新式连弩、木牛流马等都是对中国军事技术的一大贡献。

19. 答案：C

解析：李冰在都江堰工程竣工后，经过多年实际观测，掌握了瓶口水位的变化与灌溉需求的规律。于是他令人于水边刻凿了三个石人，后人随着掌握水情经验的进一步丰富，于宝瓶口左面的山石上加刻了几十件分划，取名为"水则"(即今水位标尺)，这也是四大文明古国中目前现存最早的水位标尺。

20. 答案：C

解析：1955 年 10 月撤销西康省，将金沙江以东地区划归四川省，金沙江以西的昌都

地区划归西藏地区。

21. 答案：C

解析： 宋真宗咸平四年(1001)，将川陕路一分为四，即益州路(治所成都，后改成成都府路)、梓州(治所在今三台，后改潼川路)、利州路(治所在今广元)、夔州路(治所在今重庆奉节)，合成川陕四路，简称四川路。"四川"一名由此产生。

22. 答案：C

解析： 元代在全国设置行中书省，并将四川地区的原川陕四路统一起来设置四川行中书省，四川省建制自此开始。

23. 答案：B

解析： 1952年9月1日撤销四个行署，恢复四川省建制，重庆改为省辖市。

24. 答案：C

解析： 1997年，重庆市升为中央直辖市，并将万县市(今万州区)、涪陵市(今涪陵区)、黔江地区划归重庆。

(二)多项选择题

1. 答案：ABC

解析： 传说中最早的蜀族首领分别是蚕丛、鱼凫和柏灌，史称"三代蜀王"。蜀族与周朝关系密切，服从其节制。周朝衰落后，蜀人自立为国，史称杜宇王朝。杜宇教民务农，开发了成都平原。

2. 答案：ABCD

解析： 资阳鲤鱼桥古人类遗址、汉源富林镇古人类遗址、成都塔子山遗址和龙骨坡遗址都是四川原始人类的遗址。

3. 答案：ABC

解析： 公元214年，刘备入川，并于221年在成都称帝，国号"汉"，史称蜀汉，与北方的魏和江东的吴形成三国鼎立之势。唐朝末年，天下大乱，唐朝委派到四川的陈敬轩、顾彦朗和王建等互相拼杀，最后王建独霸四川，并于公元907年在成都称帝，国号蜀，史称前蜀。公元934年，后唐派到四川的孟知祥利用后唐内部矛盾尖锐之机，割据四川称帝，是为后蜀。

4. 答案：ABCD

解析： 战国时期，巴国先后在江州(今重庆市江北区)、合川、丰都和阆中建过都。

5. 答案：ABCDEF

解析： 刘备死后，其子刘禅即位，但军政大权却掌握在诸葛亮手中，诸葛亮在治蜀方面采取了一系列重大措施：一是重农；二是明法；三是和夷；四是治军；五是和吴；六是正身。

6. 答案：CD

解析： 明末清初，由于战乱，四川人口锐减，耕地荒废。刚刚建立起的清王朝为解决劳动力和粮食问题，采取了移民垦荒的举措。两湖、两粤、江西、福建、陕西、云贵等十余个省的移民相继到四川定居。其中最多的是湖北和湖南省，其次是陕西、广东、福建、江西的移民。

7. **答案**：ABD

解析：李冰设计的古堰，主要由都江鱼嘴、飞沙堰和宝瓶口三大部分组成，并辅以韩家坝、百丈堤、马脚沱、人字堤等附属工程。

8. **答案**：ABCD

解析：李冰任蜀郡郡守近 40 年。李冰治蜀事迹很多，涉及面广，成就颇大。概括起来大致有创建都江堰水利工程，治水，完善成都城，创挖广都井盐等几项。

9. **答案**：AB

解析：文翁兴学的主要经验有两点：一是"师资高"，他开放地培养师资，派张叔等十余人到京都受业于博士，深入研习儒家经典，学成归蜀，大都成为一代名师；二是"学风严"，其不仅体现于"攻读经典"，还体现于"社会实践"。

10. **答案**：AB

解析：后世将文翁办学并促进蜀地文化发展的功绩与李冰父子修筑都江堰水利工程的辉煌业绩并提，"文翁兴学"与"李冰治水"同为秦汉时期四川的两项造福后人、彪炳史册的不朽业绩。

11. **答案**：BCD

解析：西汉末年，蜀郡太守文翁在成都城南创立了蜀郡郡学，而非东汉。其他选项均正确。

12. **答案**：ABC

解析：文翁兴学形成了深厚的文化积淀和丰富的教育理论，如"非教无以保富庶，非待富庶而后议教"，"教以尚德为先"，"诱进"等。

(三)判断题

1. **答案**：√

解析：该说法正确。

2. **答案**：√

解析：该说法正确。

3. **答案**：√

解析：该说法正确。

4. **答案**：√

解析：该说法正确。

5. **答案**：√

解析：该说法正确

二、四川的重大考古发现

(一)单项选择题

1. **答案**：A

解析：成都的商业街船棺遗址属战国时期墓葬，距今 2 500 年。

2. **答案：D**

解析：东汉时期，以模拟家内侍仆舞乐为题材的说唱俑最具特色。

3. **答案：A**

解析：四川是我国发现悬棺数量最多、分布最为集中的地区。这些悬棺主要分布于川南的高县、珙县、兴文、长宁和筠连等县境内。

4. **答案：A**

解析：川南悬棺中最具代表性的当属珙县麻塘坝的僰人悬棺。B选项的豆沙关悬棺位于云南省昭通市盐津县豆沙乡石门村关河南岸的绝壁上；C选项的宁武石门悬棺位于山西省宁武城西70千米处小石门村西极为幽僻的山谷内；D选项的龙河悬棺位于石柱土家族自治县龙河流域。

5. **答案：B**

解析：经过学术界认真细致的研究，确认川南悬棺最晚不超过明代中期，最早为宋代。

6. **答案：A**

解析：画像砖是秦汉时代的一种建筑装饰构件。

7. **答案：D**

解析：川南悬棺最有特色，也是数量最多的放置方式是在悬崖上并排凿空，钉入木桩，棺木置于木桩上。

8. **答案：A**

解析：东汉是画像砖艺术的鼎盛时期。

9. **答案：C**

解析：各地的画像砖，艺术造诣最高的是四川成都一带出土的东汉后期画像实心砖。

10. **答案：A**

解析：出土于成都平原中心地区的汉画像砖为方形，出土于成都平原边缘地区的汉画像砖多为长方形。

11. **答案：C**

解析：三星堆最为繁盛的时期大抵属鱼凫时期。

12. **答案：B**

解析："千载蜀魂"厅重点展示三星堆出土文物精华之最——堪称最富文物价值性和艺术性，且最具神秘意味的国之重宝十余件。

13. **答案：B**

解析：在商代，三星堆已发展成为高度发达的青铜文明中心，即早期蜀国，这也是三星堆文化的鼎盛期。

14. **答案：D**

解析：青铜器为三星堆最具代表性的实物。

15. **答案：A**

解析：金沙遗址是中国同时期出土玉器最多的遗址，尤其是玉璋出土的数量超过中国其他地区出土的总和。

16. **答案：**D

解析：成都有文字可考的建城历史最早可追溯到"张仪筑成都城"的战国晚期。

17. **答案：**A

解析：金沙遗址出土的太阳神鸟目前被作为中国文化遗产标志。

18. **答案：**A

解析：太阳神鸟金饰出土于金沙遗址祭祀区。

19. **答案：**B

解析：出土时震惊世界并已成为"中国文化遗产标志"的太阳神鸟金箔是"千年绝唱"展厅最重要的展出文物。

20. **答案：**A

解析：从各方面数据看，金沙遗址博物馆是新中国成立以来成都市博物馆建设规模最大的项目，从占地面积和硬件配套等方面来说，该博物馆是四川最大、采用高科技最多的博物馆。

(二)多项选择题

1. **答案：**ABCD

解析：商业街墓葬属于战国时期墓葬，距今 2 500 年；商业街墓葬遗址下为墓坑，上有地面建筑；商业街墓葬遗址出土的大型船棺中出土的漆器是战国时期中罕见的精品；商业街墓葬遗址出土的两具棺木中还出土了大型编钟和编磬漆架座。

2. **答案：**ABC

解析：经过广泛的调查、发掘和整理，考古学家得出结论：川南悬棺不是汉族的墓葬，也不是远古生活在川东、川南地区的巴人的墓葬，而是曾经生活在该地区的少数民族的墓葬。

3. **答案：**ABCD

解析：川南悬棺的四种放置方式分别是：置于天然岩洞中；置于天生的岩石墩上；置于悬崖上人工开凿的横龛或直穴内；在悬崖上并排凿空，钉入木桩，将棺木置于木桩上。

4. **答案：**ABCDE

解析：汉画像砖的表现内容可分为：反映农业、副业、手工业和商业的；表现墓主人身份和经历的；反映当时社会生活和政治制度的；表现墓主享乐生活的；表现当时神话传说和迷信思想的。

5. **答案：**ABCD

解析：四川成都一带出土的汉画像砖的主要特点是：制作精美；图案复杂且构图完整；取材广泛，内容丰富；大多表现现实生活情景。

6. **答案：**BCD

解析：东汉才是画像砖艺术的鼎盛期，而非西汉。

7. **答案：**ABCDE

解析：三星堆的青铜器在世界青铜文化上占有极其重要的地位，主要是因为：三星堆

遗址出土的大量青铜器，既带有明显的蜀文化痕迹，又带有浓郁的西亚和其他地域文化的特征；三星堆出土的为数众多的塑像群体和铜器物是在当时社会经济落后、生活运转缓慢的条件下完成的；三星堆青铜器的制造技术，在中国尚无同期或更早的同类造像可比；古史关于古蜀历史的记载如凤毛麟角，难以勾勒出古蜀历史的大体轮廓。自古以来真伪莫辨的古蜀史传说因三星堆而成为信史；三星堆填补了中国考古学、美学、历史学等诸领域的重要空白，使得外界对中国古代文明需重新评价。

8. **答案**：AB

解析：三星堆铜塑的工艺技术有两方面的特点：采用合金材料，分别使用了铜、锡、铅三种成分，但比例与中原的青铜器不同；采用铜液浇铸工艺，以及焊铆法、热补法、分铸法、浑铸法等多种手法。而 CD 两项则是古代埃及铜像的制作特色。

9. **答案**：ABCE

解析：三星堆博物馆主要包括序厅、"三星伴月"厅、"众神之国"厅、"千载蜀魂"厅、"三星永耀"厅。而"天地不绝"厅则是金沙遗址博物馆陈列馆的其中一个展厅。

10. **答案**：ABCD

解析：三星堆博物馆主要特色为：建筑特色与展览风格相协调；纵向布局与横向陈列相结合；传统与现代陈列方式相配合；馆体本身与外部园林相融合。

11. **答案**：BCD

解析："三星伴月"厅内设"雄踞西南""物华天府""镂石攻玉""化土成器""烈火镕金"五个陈列组。

12. **答案**：ABCD

解析：金沙遗址内包括祭祀场所、大型建筑、一般居址和墓地等区域。

13. **答案**：ABC

解析：金沙遗址的"三最"指的分别是：金沙遗址是世界上同时期出土古代象牙最集中的遗址；金沙遗址还是中国同时期出土金器最多的遗址之一；金沙遗址也是中国同时期出土玉器最多的遗址。

14. **答案**：ABCDE

解析：金沙遗址博物馆包括遗迹馆、陈列馆、文物保护和修复中心、园林区和金沙剧场等。

15. **答案**：ABCDE

解析：金沙遗址博物馆陈列馆设有"远古家园""王都剪影""天地不绝""千载遗珍""解读金沙"五个主题展厅。

(三)判断题

1. **答案**：×

解析：三星堆遗址是四川境内迄今发现的范围最大、延续时间最长、文化内涵最丰富的古文化、古国、古城遗址。

2. **答案**：×

解析：金沙遗址出土的太阳神鸟目前作为中国文化遗产标志。

3. **答案**：×

解析：各地的画像砖，艺术造诣最高的是四川成都一带出土的东汉后期画像实心砖。

4. **答案**：√

解析：该说法正确。

5. **答案**：√

解析：该说法正确。

✎ 模拟考试解析及答案

(一)单项选择题

1. **答案**：A

解析：蜀的名称最早出现于商代的甲骨文，是当时生活在岷江流域一个部族的名称。

2. **答案**：A

解析：据考证，"天府"一词最早见于《周礼》，本是一种官名，其职责是"掌祖庙之守藏，与其禁令。凡国之玉镇、大宝器藏焉，若有大祭、大丧，则出而陈之，既事，藏之"。可见"天府"是负责专门保管国家珍宝、库藏的一种官职，后人用以比喻自然条件优越、地势险固、物产丰富的地方。

3. **答案**：C

解析：历史上最早称四川为"天府"的是《隆中对》："益州险塞，沃野千里，天府之土，高祖因之以成帝业。"汉代的益州包括今四川盆地和汉中盆地。

4. **答案**：D

解析：四川作为"天府"正式载入史籍，最早见于《华阳国志》。晋代著名史学家常璩在其所著的《华阳国志》中称："蜀沃野千里，号称'陆海'，旱则引水入浸润，雨则杜塞水门，故记曰：'水旱从人，不知饥馑，时无荒年，天下谓之天府也。'"

5. **答案**：C

解析：西汉景帝末年，文翁出任蜀郡太守，其鉴于当时蜀地偏僻，经济、文化很不发达，于成都城南创立了蜀郡郡学，史称"文翁兴学"。文翁兴学实为中国历史上地方政府设立学校之始。

6. **答案**：B

解析：文翁，名党，字仲翁，庐江舒(今安徽庐江县西)人。

7. **答案**：B

解析：在金沙遗址发现的陶窑属于商周时期典型的小型馒头窑，是目前四川省已发掘出的年代最早的窑址。

8. **答案**：B

解析：《华阳国志》，又名《华阳国记》，是一部专门记述古代中国西南地区地方历史、地理、人物等的地方志著作，由东晋常璩撰写于晋穆帝永和四年至永和十年。

9. 答案：A

解析：历史上所说的"天府之国"主要是指四川盆地，并不包括川西高原和川西山地。

10. 答案：D

解析：益州物产包括蜀锦、蜀绣、茶叶、纸等。

11. 答案：A

解析：位于四川广汉的三星堆遗址是四川境内迄今发现的范围最大、延续时间最长、文化内涵最为丰富的古文化、古城、古国遗址。

12. 答案：D

解析：东汉是汉画像砖艺术的鼎盛时期。而非西汉。

13. 答案：C

解析：广明元年(880)十一月，由于唐军士气低落，高骈镇压不力，黄巢起义军攻克洛阳；十二月，轻易拿下潼关逼近长安。僖宗君臣束手无策，相对哭泣，宰相卢携因畏惧自杀。田令孜率五百神策军匆忙带领僖宗和少数宗室亲王逃离京城，先逃往山南(汉中)，又逃往四川。僖宗成为玄宗之后又一位避难逃往四川的皇帝。

14. 答案：C

解析：成都有文字可考的建城历史最早可追溯到"张仪筑成都城"的战国晚期。

15. 答案：D

解析：传说中最早的蜀族首领分别是蚕丛、鱼凫和柏灌，史称"三代蜀王"。蜀族与周朝关系密切，服从其节制。周朝衰落后，蜀人自立为国，史称杜宇王朝。杜宇教民务农，开发了成都平原。

16. 答案：B

17. 答案：A

解析：1955年10月，西康省被撤销，金沙江以东地区被划归四川省，金沙江以西的昌都地区被划归西藏地区。

18. 答案：B

解析：宋真宗咸平四年(1001)，将川陕路一分为四，即益州路(治所成都，后改成成都府路)、梓州(治所在今三台，后改潼川路)、利州路(治所在今广元)、夔州路(治所在今重庆奉节)，合成川陕四路，简称四川路。"四川"一名由此产生。

19. 答案：D

解析：都江堰水利工程具有结构简单、施工方便、工省效宏的主要特点。

20. 答案：B

解析：出土时震惊世界并已成为"中国文化遗产标志"的太阳神鸟金箔是"千年绝唱"展厅最重要的展出文物。

(二)多项选择题

1. 答案：CD

解析：天宝十五年(756年)，叛军占领长安，防守潼关的唐将哥舒翰在灵宝被安史叛军打败，全军覆没，哥舒翰也做了俘虏。同年六月，叛军长驱直入，攻陷唐都长安，进入安史之乱的最高峰。李隆基在长安陷落前，仓皇出逃。到马嵬坡(陕西兴平西)，随行的将士发生哗变，杀杨国忠，又迫李隆基缢死杨贵妃。唐玄宗最后逃到成都。广明元年(880年)十一月，由于唐军士气低落，高骈镇压不力，黄巢起义军攻克洛阳；十二月，轻易拿下潼关逼近长安。僖宗君臣束手无策，相对哭泣，宰相卢携因畏惧自杀。田令孜率五百神策军匆忙带领僖宗和少数宗室亲王逃离京城，先逃往山南(汉中)，又逃往四川。僖宗成为玄宗之后又一位避难逃往四川的皇帝。

2. **答案**：ABC

解析：金沙遗址的"三最"指的分别是：金沙遗址是世界上同时期出土古代象牙最集中的遗址；金沙遗址还是中国同时期出土金器最多的遗址之一；金沙遗址也是中国同时期出土玉器最多的遗址。

3. **答案**：ABCD

解析：三星堆博物馆主要特色为：建筑特色与展览风格相协调；纵向布局与横向陈列相结合；传统与现代陈列方式相配合；馆体本身与外部园林相融合。

4. **答案**：ABC

解析：史称"三代蜀王"的是传说中最早的蜀族首领，分别是蚕丛、鱼凫和柏灌，史称"三代蜀王"。蜀族与周朝关系密切，服从其节制。周朝衰落后，蜀人自立为国，史称杜宇王朝。杜宇教民务农，开发了成都平原。

5. **答案**：ABD

解析："湖广填四川"的实物证据包括四川各地的"湖广会馆""广东会馆""陕西会馆"等以及保留至今的"土广东话"方言。

6. **答案**：ABCD

解析：都江堰渠首枢纽主要由鱼嘴、飞沙堰、宝瓶口三大主体工程构成。鱼嘴分水堤是都江堰的分水工程，其主要作用是把汹涌的岷江分成内外二江，西边叫外江，主要用于排洪；东边沿山脚的叫内江，是人工引水渠道，主要用于灌溉。飞沙堰溢洪道又称"泄洪道"，具有泄洪、排沙和调节水量的显著功能，故又叫它"飞沙堰"。宝瓶口起"节制闸"作用，能自动控制内江进水量，它是人工凿成控制内江进水的咽喉，因它形似瓶口而功能奇特，故名宝瓶口。

7. **答案**：ABC

解析：金沙遗址的独特之处在于：金沙遗址是世界上同时期出土古代象牙最集中的遗址；金沙遗址还是中国同时期出土金器最多的遗址之一；金沙遗址也是中国同时期出土玉器最多的遗址。

8. **答案**：ABCD

解析：金沙博物馆是在金沙遗址原址上建设的专题性博物馆，还是新中国成立以来成都市博物馆建设规模最大的项目，其建设投入接近 4 个亿，刷新了近年全国单项文化工程投资最高纪录。金沙博物馆同时也是四川最大、采用高科技最多的博物馆。

9. **答案**：ABCDEF

解析：刘备死后，其子刘禅即位，但军政大权却掌握在诸葛亮手中，诸葛亮在治蜀方

面采取了一系列重大措施：一是重农；二是明法；三是和夷；四是治军；五是和吴；六是正身。

10. **答案**：ABCDE

解析：汉画像砖的表现内容可分为：反映农业、副业、手工业和商业的；表现墓主人身份和经历的；反映当时社会生活和政治制度的；表现墓主享乐生活的；表现当时神话传说和迷信思想的。

本章小结

四川历史概况是四川导游基础知识的第二章内容。根据国家旅游局颁布的《全国导游人员资格考试大纲》，考生应了解和掌握四川的历史发展、重大历史事件和重要历史人物。同时，通过对这些历史知识的学习，考生应更加准确地理解四川历史的发展进程，了解有关的历史背景知识，为途中讲解和景点讲解积累更多、更准确的素材和史料。

第3章

四川文化与习俗

学习目标

　　根据国家旅游局颁布的《全国导游人员资格考试大纲》，本章设计了相关的操练和攻略，要求考生能够熟悉与掌握四川地域文化，尤其是宗教文化、民族与民俗文化、古代建筑文化方面的特色与成就，能够正确、客观、生动地介绍四川风光与风情，提升讲解的文化性、知识性，体现四川导游的地域特色与文化境界。

第一部分　考试津要

一、考试大纲

章节	考试要点
四川文化概述	1. 黄筌、文同、竹禅等画家的画风及代表作品；落下闳、唐慎微、秦九韶、张宗法等人在科技方面的杰出贡献及代表著述；薛涛的生平及代表诗篇；"铜山三苏"的主要文学成就(了解) 2. 王褒、扬雄、陈子昂、杨慎、李调元等川籍文学家的主要成就及代表作品；谯周、陈寿、常璩、范祖禹、李焘、费著等史学家代表作品；张大千和蒋兆和的主要艺术成就(熟悉) 3. 司马相如、李白、杜甫、苏轼在四川的主要经历、杰出成就及代表作品(掌握)
四川宗教文化	1. 四川佛教的主要派别及高僧；藏传佛教在四川的传播和发展情况及著名寺院情况；四川佛塔的始建年代及唐宋代表名塔特色；四川主要佛教石刻艺术的分布地点及各自特色；云顶山的佛教发展历史及人物(了解) 2. 峨眉山的佛教发展历史、"峨眉十景"及主要寺庙情况；昭觉寺、宝光寺、文殊院、石经寺、广德寺、报恩寺、皇泽寺等四川著名寺院的始建年代、寺名变更情况及特色(熟悉)；佛教传入四川的年代及其佐证；佛教在四川传播历史中的重大事件及人物(掌握) 3. 陈抟、陈清觉等著名道士对道教的主要贡献；四川道教造像的起始年代、代表道教造像的特色(了解)；道教在四川的创立与发展过程(熟悉)；青城山、鹤鸣山、七曲山等四川著名道教名山的历史与风景、文化特色；四川著名道教宫观的历史与文化特色(掌握)

章节	考试要点
四川宗教文化	4. 基督教新教在四川的传播与发展情况；基督教天主教在四川的传播与发展情况；四川重要天主教教堂及新教教堂的名称及所在地（了解） 5. 伊斯兰教在四川的传播与发展情况；四川伊斯兰教的主要派别；四川著名清真寺的名称及所在地（了解）
四川的民族与民生文化	1. 四川主要少数民族的族称、分布及人口数量；四川"民族走廊"之称的来历；成都大庙会、龙泉桃花会、新津龙舟会、南国冰雪节等四川新民俗活动的内容与特色（了解） 2. 成都灯会与花会、端午龙舟赛、元九登高节、广元女儿节、天彭牡丹会等四川传统节日活动的时间、来历、相关人物及特色活动；彝族火把节、康定转山会、黄龙庙会、羌族"祭山会"等四川少数民族典型传统节日活动的来历及特色；四川主要曲艺的起源、别称、表演特点及代表人物（熟悉） 3. 四川主要少数民族的分布、宗教信仰、文化及民俗、生活等方面的特色；川剧的形成、声腔形式及表演特点（掌握）
四川历史文化名城简介	四川国家级历史文化名城的历史、风景与文化特色、主要景点概貌（掌握）
四川古代建筑文化	1. 影响四川古代建筑发展的因素；四川古代建筑的发展历史及主要特色；四川主要陵墓形式及著名古代陵墓简况；四川古代著名军事防御工程、城防工程、桥梁工程的建造背景、工程简况及特色（了解） 2. 四川宗祠的历史、类型与代表宗祠简况；四川会馆的历史、风格与代表会馆简况；四川古代园林的形成与发展过程（熟悉） 3. 四川古代园林的特色及代表园林概貌；四川古镇的发展历史、特点与代表古镇简况；四川民居的发展、特点与代表民居简况（掌握）

二、应考经验

1. 四川地区历史上的名人须了解，川籍文学家、史学家代表作品须熟悉。考试重点有司马相如、李白、杜甫、苏轼在四川的主要经历、杰出成就及代表作品。这些内容易在多选题中出现。

2. 四川地区宗教文化需要重点掌握。四大宗教中，佛教与道教是重点考查对象，基督教与伊斯兰教了解即可。

3. 凡是教材中涉及时间、数量、方位等的知识点都要熟记，因为这些内容是经常考查的知识点。

4. "世界上第二大露天铜像佛"等这类说法很可能出现在单选题或多选题中，考生务必注意。

5. 本章内容与出境旅游、世界主要客源地、世界文化遗产、民族民俗、风物特产等章节相关联，考生复习时应前后对应，学习相关内容。

6. 目前国家旅游局颁布的考试大纲中没有判断题，但这种题型有助于更好地学习四川导游基础知识。根据以往多年的考评经验，这种题型将来有可能纳入全国导游资格考试的题型，故本攻略中有判断题的练习。

第二部分 习题攻略

一、四川文化概述

(一)单项选择题

1. 四川自古被称为（　　）。

    A. 天府明珠　　　　B. 川西明珠　　　　C. 美食之都　　　　D. 天府之国

2.《子虚赋》的作者是（　　）。

    A. 司马迁　　　　　B. 司马相如　　　　C. 陈子昂　　　　　D. 扬雄

3. 扬雄写赋，意在规劝，收效甚微后转攻哲学，潜心著述，草创哲学著作（　　），该作品模仿《周易》，多用古文奇字，隐晦艰深。

    A.《法言》　　　　B.《训纂》　　　　C.《太玄》　　　　D.《方言》

4. 以下选项中，（　　）是扬雄撰写的历史学著作。

    A.《太玄》　　　　B.《难盖天八事》　　C.《蜀王本纪》　　D.《方言》

5.《文心雕龙》称："子渊洞箫，穷变于声貌"。《洞箫赋》是很早描写音乐的辞赋，其作者是（　　）。

    A. 司马相如　　　　B. 扬雄　　　　　　C. 王褒　　　　　　D. 枚乘

6.《僮约》是世界上最早记载饮茶、买茶和种茶的著作，其作者是（　　）

    A. 王褒　　　　　　B. 班固　　　　　　C. 扬雄　　　　　　D. 司马相如

7. 诗圣杜甫称赞他："有人继骚雅，哲匠不比肩。公生扬马后，名与日月悬……千古立忠义，《感遇》有遗篇。"说的是（　　）。

    A. 李白　　　　　　B. 苏轼　　　　　　C. 陈子昂　　　　　D. 杨慎

8. 陈子昂在（　　）中提出了"骨气端翔，音情顿挫，光英朗练，有金石声"的诗歌革新主张。

    A.《修竹篇序》　　　B.《兰亭集序》　　　C.《登幽州台歌》　　D.《感遇诗》

9. 李白是我国盛唐时期著名的（　　）。

    A. 现实主义诗人　　B. 乐观主义诗人　　C. 浪漫主义诗人　　D. 悲观主义诗人

10. 李白是盛唐时期的代表作家，5 岁时随父入蜀，20 岁以后开始在蜀地漫游，其字太白，号（　　）。

    A. 少陵野老　　　　B. 青莲居士　　　　C. 易安居士　　　　D. 香山居士

11. （　　）在中国古典诗歌中的影响非常深远，被后人称为"诗圣"，他的诗被称为"诗史"。

    A. 杜甫　　　　　　B. 李白　　　　　　C. 李商隐　　　　　D. 杜牧

12. 他的诗不仅有丰富的社会内容、鲜明的时代色彩和强烈的政治倾向，而且充溢着热爱祖国、热爱人民、自我牺牲的崇高精神。这段话说的是（　　）。

    A. 杜牧　　　　　　B. 孟浩然　　　　　C. 杜甫　　　　　　D. 李白

13. 苏氏父子三人均位于"唐宋八大家"之列，唐宋八大家中在文学上的成就最为突出的人是（　　）。

    A. 韩愈　　　　　B. 柳宗元　　　　　C. 苏轼　　　　　D. 欧阳修

14. 豪放词派的创始人是（　　）。

    A. 苏轼　　　　　B. 辛弃疾　　　　　C. 欧阳修　　　　　D. 王安石

15. 以下学者中，被称为"明代著述第一人"的是（　　）。

    A. 高启　　　　　B. 杨基　　　　　C. 杨慎　　　　　D. 张羽

16. 《明史》称："明世记涌之博，考据之精，著作之富，推慎第一。"这句话中提到的我国古代文人是（　　）。

    A. 黄慎　　　　　B. 杜甫　　　　　C. 杨慎　　　　　D. 陈寿

17. 川剧（　　）是由"川剧之父"李调元根据秦腔剧本改编而来的。

    A.《斗牛》　　　　　B.《花田错》　　　　　C.《忿争》　　　　　D.《红袍记》

18. 清代著名文学家和戏曲理论家（　　）家中有万卷楼，藏书之多为四川第一家。

    A. 魏长生　　　　　B. 李调元　　　　　C. 康子林　　　　　D. 张问陶

19. （　　）为清代李调元编纂刊印的一部综合性丛书，全书包罗了历史、考古、地理、文学、语言文字、音韵学、农学、医学等方面的研究成果，为后世研究巴蜀文化提供了宝贵的资料。

    A.《童山文集》　　　　　B.《雨村诗话》　　　　　C.《南越笔记》　　　　　D.《函海》

20. 谯周是我国著名儒学家、史学家，人称"蜀中孔子"，（　　）是其代表作品。

    A.《古史考》　　　　　B.《三国志》　　　　　C.《资治通鉴》　　　　　D.《史记》

21. 四川南充人陈寿是我国西晋著名史学家，著有《益部耆旧传》《属相诸葛亮传》等书。太康年间，他收集三国时官、私著作，撰（　　），被誉为"良史"。

    A.《史记》　　　　　B.《三国演义》　　　　　C.《资治通鉴》　　　　　D.《三国志》

22. 《三国志》的作者是（　　），以它为蓝本创作的《三国演义》成为中国古代小说四大名著之一。

    A. 常璩　　　　　B. 陈寿　　　　　C. 谯周　　　　　D. 杨慎

23. 我国现存最早最完整的一部地方志是（　　）。

    A.《荆州记》　　　　　B.《华阳国志》　　　　　C.《水经注》　　　　　D.《荆州记》

24. 北宋史学家（　　）是《资治通鉴》的主要修撰人之一，具体负责《唐记》部分，还著有《唐鉴》《范太史集》。

    A. 常璩　　　　　B. 陈寿　　　　　C. 范祖禹　　　　　D. 李焘

25. （　　）一生著述弘富，《续资治通鉴长编》是他的代表作。

    A. 常璩　　　　　B. 陈寿　　　　　C. 范祖禹　　　　　D. 李焘

26. （　　）与江南徐熙并称"黄徐"，形成五代、宋初花鸟画两大主要流派。

    A. 竹禅　　　　　B. 黄筌　　　　　C. 黄同　　　　　D. 李焘

27. 宋代四川名画家（　　）以善画竹著称，有"墨竹大师"之称。

    A. 徐熙　　　　　B. 黄筌　　　　　C. 文同　　　　　D. 竹禅

28. 清代四川著名书画大师（　　）曾为慈禧太后作画，其绘画自成一格，水墨人物、山水、竹石，别成一派，题画诗亦佳，多为禅机佛语，与"扬州八怪"齐名。

A. 徐熙   B. 黄筌   C. 文同   D. 竹禅

29.（　　）制定出中国首部较为完整、系统的新历法——太初历，是当时世界上最先进的历法。

A. 僧一行   B. 落下闳   C. 张衡   D. 梁玲瓒

30. 北宋著名药物学家（　　）编写的《经史证类备急本草》（简称《证类本草》），集宋代以前中药学成就之大成，是一部研究中药学的重要历史文献。

A. 僧一行   B. 落下闳   C. 唐慎微   D. 张宗法

31. 中国古代数学成就不计其数，商代时期的甲骨文表明中国在当时已经具有相对完整的数字系统。（　　）研究的大衍求术和正负开方法，把我国古代数学推向了新的高峰。

A. 唐慎微   B. 秦九昭   C. 祖冲之   D. 刘徽

32. 清代农学家张宗法毕生从事农业生产技术研究，著有专著（　　）。

A.《氾胜之书》   B.《三农记》   C.《齐民要术》   D.《农政全书》

33. 以下中国现代杰出画家中，不是四川人的是（　　）。

A. 张大千   B. 蒋兆和   C. 齐白石   D. 石鲁

（二）多项选择题

1. 以下属于司马相如作品的有（　　）。

A.《子虚赋》   B.《上林赋》   C.《长扬赋》

D.《甘泉赋》   E.《大人赋》

2. 以下属于汉代著名辞赋家的有（　　）。

A. 扬雄   B. 宋玉   C. 司马相如   D. 王褒

E. 班固

3. 有关汉代川籍辞赋家扬雄，说法正确的有（　　）。

A. 著有文字学著作《训纂》   B. 著有语言学著作《方言》

C. 著有天文学著作《难盖天八事》   D. 著有历史学著作《蜀王本纪》

4. 以下李白的作品中，（　　）是以四川为题材的。

A.《蜀道难》   B.《早发白帝城》   C.《上皇西巡南京歌》

D.《峨眉山月歌》   E.《登锦城散花楼》

5. 宋代四川文学界最具有成就的当首推四川眉山苏氏三父子。当时文人称苏洵为老苏，苏轼、苏辙被称为大苏和小苏，三人合称"三苏"。其中以苏轼在文学上的成就最为突出，"苏黄"、"欧苏"、"苏辛"分别指（　　）。

A. 黄庭坚   B. 黄慎   C. 欧阳修   D. 辛弃疾

E. 欧阳询

6. 苏轼的赋体物写志、缥缈多姿，有（　　）。

A.《前赤壁赋》   B.《后赤壁赋》   C.《蜀都赋》

D.《黠鼠赋》   E.《飓风赋》

7. 以下（　　）属于"川剧之父"李调元的著作。

A.《斗牛》   B.《井蛙杂记》   C.《雨村曲话》

D.《童山诗集》   E.《群英会》

8. 以下有关唐代女诗人薛涛说法正确的有（　　）。

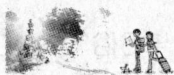

A. 制作用以写诗的桃红色小笺，后人仿制，称"薛涛笺"

B. 与刘采春、鱼玄机、李冶，并称唐朝四大女诗人

C. 著有《送友人》《题竹郎庙》《池上双鸟》等

D. 薛涛墓位于成都望江楼公园

9. 以下哪些属于谯周的著作(　　)。

A.《古史考》　　　B.《三边记》　　　C.《蜀本记》　　　D.《三国志》

E.《法训》

10.《华阳国志》，亦称《华阳国记》，所载范围为晋代梁、益、宁三州。因该地区为《禹贡》所记梁州，且有"华阳黑水惟梁州"一语，故作者以"华阳"名书。因此，这里的华阳是指我们现在的(　　)。

A. 四川　　　　　B. 云南　　　　　C. 陕西汉中　　　D. 成都华阳地区

E. 贵州

11. 下列关于"阙"的表述正确的是(　　)。

A. 是唐代官吏为显示自己的官爵和地位而修建的一种纪念碑

B. 全国现存阙 28 处，四川有 23 处

C. 阙的建筑造型以及阙面上的图案碑文具有很高的研究价值，但基本上图案单调统一，不具备太高的艺术价值

D. 现保存完好，已列入全国重点文物保护单位的有雅安的高颐阙、绵阳的平阳府君阙、渠县的冯焕阙等

12. 关于四川石刻艺术，说法正确的有(　　)。

A. 宋代是四川石刻艺术发展的鼎盛时期

B. 唐宋时期四川石刻造像的特点是大佛造像特别多

C. 四川石刻的代表作有广汉千佛岩、皇泽寺摩崖石刻、广元千佛崖等

D. 乐山大佛以世界第一石刻大佛闻名于世

(三)判断题

1. 汉代文学界旗手司马相如、扬雄，唐代"诗圣"李白、"诗仙"杜甫，宋代苏氏三父子，明代学者杨慎，清代赵熙，近代郭沫若、巴金，都是具有深远影响的四川文化名人。
(　　)

2. 陈子昂标榜"汉魏风骨"的传统，主张在复古中实现革新，开启了一代诗风。(　　)

3.《华阳国志》是一部地方性通史著作，所记地区为今四川、云南、贵州及陕西汉中地区，因在华山之阳，故名。(　　)

4. 宋代四川名画家文同喜画墨竹，有传世名作《墨竹图》。(　　)

5. 秦九昭创制"浑天仪"，可以得出精确的天文数据。(　　)

二、四川宗教文化

(一)单项选择题

1. 佛教在(　　)时已经传入四川。

A. 西汉　　　　　B. 东汉　　　　　C. 西晋　　　　　D. 东晋

2. (　　)时期，四川佛教达到辉煌，高僧辈出。
    A. 两汉　　　　　　B. 隋唐　　　　　　C. 两宋　　　　　　D. 明清

3. 五代时期，著名诗僧(　　)入蜀，建龙华寺，赐号"禅月大师"。
    A. 道安　　　　　　B. 慧远　　　　　　C. 贯休　　　　　　D. 茂真

4. 两宋时期，四川势力最强大的宗教是(　　)。
    A. 道教　　　　　　B. 佛教　　　　　　C. 伊斯兰教　　　　D. 基督教

5. 四川汉地佛教的第(　　)个兴盛时期是明清时代。
    A. 一　　　　　　　B. 二　　　　　　　C. 三　　　　　　　D. 四

6. 佛教由(　　)汉区传入四川藏区不晚于 5 世纪。
    A. 东面　　　　　　B. 西面　　　　　　C. 北面　　　　　　D. 南面

7. 到了(　　)时期，西藏和其他藏族聚居区正式归入我国版图。
    A. 元朝　　　　　　B. 宋朝　　　　　　C. 清朝　　　　　　D. 明朝

8. 9 世纪，(　　)藏区成为藏语系佛教的中心。
    A. 四川　　　　　　B. 青海　　　　　　C. 西藏　　　　　　D. 云南

9. 1159 年著名僧人巴德谢喜大师建立了四川藏区第一座(　　)寺院——呷拖寺。
    A. 噶举派　　　　　B. 觉囊派　　　　　C. 萨迦派　　　　　D. 宁玛派

10. 活佛转世是藏传佛教寺院为解决其首领的继承而采取的一种制度，是藏传佛教特有的传承方式。其活佛转世制度开始于(　　)。
    A. 宗喀巴　　　　　B. 噶玛拔希　　　　C. 巴德谢喜　　　　D. 八思巴

11. 四川汉语系佛教中，最盛的是(　　)。
    A. 净土宗　　　　　B. 密宗　　　　　　C. 华严宗　　　　　D. 禅宗

12. 四川著名禅师中，(　　)为中国禅宗大规模的发展奠定了基础。
    A. 道一　　　　　　B. 宗密　　　　　　C. 法演　　　　　　D. 破山

13. (　　)人称五祖法演，有"中兴临济道法""天下第一等宗师"的美誉。
    A. 道一　　　　　　B. 宗密　　　　　　C. 法演　　　　　　D. 破山

14. (　　)把"文字禅"推到顶峰，宋徽宗赐号为"圆悟禅师"，对日本禅宗发展做出过极大贡献。
    A. 克勤　　　　　　B. 慧勤　　　　　　C. 破山　　　　　　D. 清远

15. 今大足石刻、安岳石刻、广元石刻反映的是唐宋时期四川(　　)的盛况。
    A. 禅宗　　　　　　B. 净土宗　　　　　C. 密宗　　　　　　D. 苯教

16. 以下属于四川佛教文化旅游资源的有(　　)。
    A. 峨眉山　　　　　B. 青城山　　　　　C. 云台山　　　　　D. 鹤鸣山

17. (　　)是峨眉山的门户。
    A. 报国寺　　　　　B. 伏虎寺　　　　　C. 雷音寺　　　　　D. 仙峰寺

18. (　　)是峨眉山最大的寺庙。
    A. 报国寺　　　　　B. 伏虎寺　　　　　C. 雷音寺　　　　　D. 仙峰寺

19. (　　)内有峨眉山的"镇山之宝"、普贤道场象征。
    A. 万年寺　　　　　B. 伏虎寺　　　　　C. 雷音寺　　　　　D. 仙峰寺

20.（　　）是四川云顶山规模最大的寺院。
    A. 香林寺　　　　B. 东映寺　　　　　C. 万年寺　　　　D. 慈云寺
21. 元代曾有僧人（　　）游学印度，是中国汉族僧人中唯一在印度佛教晚期时西行求法的人。
    A. 克勤　　　　　B. 元一　　　　　　C. 清远　　　　　D. 慧勤
22. 目前四川汉地保存最完好、最大的寺院是（　　）。
    A. 草堂寺　　　　B. 石经寺　　　　　C. 宝光寺　　　　D. 昭觉寺
23.（　　）内有一塔，如今塔身西斜，被赞为"东方斜塔"。
    A. 草堂寺　　　　B. 石经寺　　　　　C. 宝光寺　　　　D. 昭觉寺
24.（　　）是中国唯一保存了早期佛寺"寺塔一体、塔踞中心"典型布局的寺庙。
    A. 报恩寺　　　　B. 皇泽寺　　　　　C. 宝光寺　　　　D. 广德寺
25.（　　）是中国唯一的女皇帝武则天的祀庙。
    A. 报恩寺　　　　B. 皇泽寺　　　　　C. 石经寺　　　　D. 广德寺
26. 九龙碑是我国发现的唯一一块九龙碑，位于（　　）内。
    A. 昭觉寺　　　　B. 皇泽寺　　　　　C. 石经寺　　　　D. 广德寺
27.（　　）内善济塔经千年尘风俗雨而岿然无损，是我国目前保存最完整的宋塔。
    A. 昭觉寺　　　　B. 广德寺　　　　　C. 宝光寺　　　　D. 皇泽寺
28.（　　）是四川最高的塔。
    A. 邛崃镇江塔　　B. 阆中铁塔　　　　C. 彭州龙兴寺塔　　D. 泸州报恩塔
29. 四川境内宋塔的代表是（　　）。
    A. 南充白塔　　　B. 阆中铁塔　　　　C. 彭州龙兴寺塔　　D. 泸州报恩寺塔
30. 被誉为"西来第一禅林"的是（　　）
    A. 大佛寺　　　　B. 文殊院　　　　　C. 石经寺　　　　D. 广德寺
31.（　　）被称为"我国古代雕刻又一大宝库"。
    A. 广元千佛崖石窟群　　　　　　　B. 皇泽寺摩崖造像
    C. 安岳佛教石刻　　　　　　　　　D. 夹江千佛崖
32. 四川现存最早的佛教泥塑作品位于（　　）。
    A. 新都宝光寺　　B. 阆中永安寺　　　C. 成都石经寺　　D. 乐山乌尤寺
33. 清康熙八年，著名道士（　　）募捐恢复青城山宫观，创立碧洞宗。
    A. 杜光庭　　　　B. 陈抟　　　　　　C. 李少微　　　　D. 陈清党
34. 中国道教发源地是（　　）。
    A. 青城山　　　　B. 云台山　　　　　C. 鹤鸣山　　　　D. 云顶山
35. 被道教誉为"天下第九名山"，有"蜀道明珠"之称的是（　　）。
    A. 青城山　　　　B. 七曲山　　　　　C. 鹤鸣山　　　　D. 齐云山
36. 有"川西第一道观""西南第一丛林"之说的是（　　）。
    A. 常道观　　　　B. 青羊宫　　　　　C. 上清宫　　　　D. 青城山
37. 四川现存最精美、历史悠久的道教造像是（　　）。
    A. 七曲山大庙文昌像　　　　　　　B. 安岳玄妙观石刻像
    C. 青城山天师洞天师石像　　　　　D. 绵阳西山玉女泉造像

38. 四川很多地方可见清真寺和信奉伊斯兰教的教徒，但四川伊斯兰教教徒绝大多数属于（　　）。

    A. 格迪目派　　　　B. 什叶派　　　　C. 苏菲派　　　　D. 伊赫瓦尼派

(二)多项选择题

1. （　　）可以说明佛教在东汉时期已经传入四川。

    A. 乐山东汉麻浩墓　　　　　　　　　　B. 彭县东汉崖墓"摇钱树座"

    C. 西昌邛海东汉墓砖　　　　　　　　　D. 华阳白塔寺

    E. 郫县中寺

2. （　　）等重要人物的活动推进了四川藏区佛教的形成和发展。

    A. 念智弥　　　　　B. 赛尊　　　　C. 慧持　　　　D. 公巴绕赞赛

3. 9 世纪，西藏地区灭佛，西藏佛教徒纷纷东迁，进入四川（　　）地区，使西藏"前弘期"佛教成果在四川得以保存。

    A. 康巴　　　　　B. 安多　　　　C. 泸定　　　　D. 康定

4. 以下属于四川汉语系佛教主要派别的是（　　）。

    A. 禅宗　　　　　B. 净土宗　　　　C. 密宗　　　　D. 苯教

5. 历史上四川著名禅师中影响较大的有（　　）。

    A. 昌圆　　　　　B. 宗密　　　　C. 法演　　　　D. 破山

6. 四川禅宗居士禅占有主要地位，代表名士有（　　）。

    A. 苏轼　　　　　B. 李白　　　　C. 黄庭坚　　　　D. 文同

    E. 沈文伦

7. 峨眉山如今开放的主要寺院有（　　）。

    A. 报国寺　　　　B. 伏虎寺　　　　C. 昭觉寺　　　　D. 宝光寺

    E. 雷音寺

8. 以下属于四川佛教名山的为（　　）。

    A. 峨眉山　　　　B. 云台山　　　　C. 云顶山　　　　D. 鹤鸣山

9. 宝光寺与（　　）合称成都三大精舍，人称"上有文殊、宝光，下有金山、高文"。

    A. 昭觉寺　　　　B. 文殊院　　　　C. 草堂寺　　　　D. 石经寺

10. 四川佛教石刻艺术中，开凿年代最早、最集中、规模最大的是（　　）。

    A. 通江千佛崖　　　　　　　　　　　　B. 夹江千佛崖

    C. 广元千佛崖石窟群　　　　　　　　　D. 皇泽寺摩崖造像

    E. 广安冲相寺摩崖造像

11. 四川道教名山首推青城山，其门户和中心分别为（　　）。

    A. 建福宫　　　　B. 玉清宫　　　　C. 园明宫　　　　D. 常道观

12. 以下属于四川道教文化遗迹的是（　　）。

    A. 射洪金华山金华观　　　　　　　　　B. 江油窦圌山云岩寺

    C. 彭山仙女山彭祖祠　　　　　　　　　D. 阿坝松潘黄龙观

    E. 都江堰二王庙

(三)判断题

1. 四川藏区的佛教为我国藏语系佛教的形成和发展，起了先导和积聚作用。（　　）

2. 公元971年，朝廷在成都刻印《大藏经》，这是我国历史上第一部官刻雕版大藏经。（　　）

3. 峨眉山原为道教第七洞天，建寺于东晋。（　　）

4. 文殊院是集禅林圣迹、园林古建、朝拜观光、宗教修学于一体的道教圣地。（　　）

5. 青羊宫内最宝贵的文物是一部《道藏辑要》，是世界上保存最完整的版本，成为研究道教的珍贵资料。（　　）

6. 四川七曲山大庙是全国第一座文昌宫。（　　）

7.《李安德日记》是了解四川天主教早期历史的重要依据。（　　）

8. 四川伊斯兰教大规模传入是在明代，兴盛于清代。（　　）

三、四川的民族与民俗文化

(一)单项选择题

1. 享有"民族走廊"美誉的是（　　）省。

　　A. 云南　　　　　　B. 新疆　　　　　　C. 云南　　　　　　D. 四川

2. 四川特有的少数民族是（　　）。

　　A. 彝族　　　　　　B. 羌族　　　　　　C. 傈僳族　　　　　D. 布依族

3. （　　）是彝族地区最普遍而又最隆重的传统节日。

　　A. 插花节　　　　　B. 火把节　　　　　C. 领歌节　　　　　D. 青姑娘节

4. 有关四川藏族说法错误的是（　　）。

　　A. 主要分布在阿坝藏族羌族自治州、甘孜藏族自治州和木里藏族自治县

　　B. 藏族群众普遍信奉藏传佛教，俗称喇嘛教

　　C. 在藏区禁忌跨越法器、火盆，禁忌逆转经筒、经轮

　　D. 藏历年是藏族传统节日，每年汉历正月一日开始，三至五天不等

5. （　　）建筑以碉楼、石砌房、索桥、栈道和水利筑堰等最为著名。

　　A. 彝族　　　　　　B. 白族　　　　　　C. 羌族　　　　　　D. 布依族

6. 黄龙庙会时间为农历（　　）。

　　A. 正月初一　　　　B. 三月十六　　　　C. 六月十六　　　　D. 十月初一

7. 康定转山会为（　　）著名的传统盛会。

　　A. 彝族　　　　　　B. 藏族　　　　　　C. 羌族　　　　　　D. 蒙古族

8. "初唐四杰"卢照邻的诗句"缛彩遥分地，繁光远缀天。接汉疑星落，依楼似月悬。别有千金笑，来映九枝前"描绘了四川（　　）传统节日活动。

　　A. 成都花会　　　　B. 成都灯会　　　　C. 广元女儿节　　　D. 成都大庙会

9. 成都灯会最初只举办一夜，（　　）时增为三夜，明代时增为十夜，现今一般历时（　　）。

　　A. 唐代 十五天　　B. 唐代 一个月　　C. 宋代 十五天　　D. 宋代 一个月

10. 农历二月十五日是（　　）节日。

　　A. 成都灯会　　　　　　　　　　　　B. 郫县望丛寺赛歌会

　　C. 成都花会　　　　　　　　　　　　D. 都江堰放水

11. (　　)是为了纪念曾在四川达州"以清廉勤政为官"著称的唐代大诗人元稹。
    A. 成都灯会　　　B. 都江堰放水节　　　C. 元九登高节　　　D. 望丛祠赛歌会

12. 以下(　　)有在元九登高的民俗。
    A. 巴中　　　　　B. 达州　　　　　　　C. 广安　　　　　　D. 泸州

13. 四川(　　)这一传统民间节日是为了纪念武则天而诞生的。
    A. 望丛祠赛歌会　　　　　　　　　　B. 广元女儿节
    C. 天彭牡丹会　　　　　　　　　　　D. 元九登高节

14. "川剧"名称的正式出现，大约是在清朝(　　)。
    A. 康熙年间　　　B. 乾隆年间　　　　　C. 咸丰年间　　　　D. 同治年间

15. (　　)是川剧的特色，也只有川剧才较好地保留了这种独具特色的声腔。
    A. 昆腔　　　　　B. 高腔　　　　　　　C. 帮腔　　　　　　D. 弹戏

16. 川剧的帮腔和(　　)是区别于其他剧种的绝活。
    A. 藏刀　　　　　B. 钻火圈　　　　　　C. 变脸　　　　　　D. 开慧眼

17. 川剧的五大声腔中，(　　)是四川地道的地方戏。
    A. 高腔　　　　　B. 灯戏　　　　　　　C. 弹戏　　　　　　D. 胡琴戏

18. 川剧有(　　)大流派。
    A. 2　　　　　　B. 3　　　　　　　　C. 4　　　　　　　D. 5

19. 嘉庆年间的《锦城竹枝词》写道："清唱扬琴赛出名，新年杂耍遍蓉城，淮书一阵莲花落，都爱廖儿《器五更》"这描写的是当时成都(　　)发展的盛况。
    A. 川剧　　　　　B. 曲艺　　　　　　　C. 灯会　　　　　　D. 花会

20. 民国时期，成都出现了专业曲艺演出场地，最有名的要数鼓楼北一街的(　　)和东城根街的(　　)。
    A. 芙蓉亭 锦春茶楼　　　　　　　　B. 漱江楼 锦春茶楼
    C. 芙蓉亭 彭镇老茶馆　　　　　　　D. 漱江楼 彭镇老茶馆

21. 四川曲艺有 10 多个品种，品种多样，各具风采，大致可以分为(　　)类。
    A. 两　　　　　　B. 三　　　　　　　　C. 四　　　　　　　D. 五

22. 四川(　　)又称道琴，原是道士劝善说道时用的一种古老说唱艺术。
    A. 扬琴　　　　　B. 竹琴　　　　　　　C. 清音　　　　　　D. 荷叶

23. 四川(　　)，民间又叫"唱小曲"、"唱琵琶"、"唱月琴"等，是一种叙事体的说唱音乐。
    A. 扬琴　　　　　B. 竹琴　　　　　　　C. 清音　　　　　　D. 荷叶

24. 清音艺人特别注重演唱技巧的再创造，著名清音演唱艺术家蔡文芳、(　　)创造出"哈哈腔"，别有韵味，有"大珠小珠落玉盘"的美誉。
    A. 李德才　　　　B. 邹忠新　　　　　　C. 贾树三　　　　　D. 李月秋

25. 四川(　　)又称"隔壁戏"。演出时撑一顶布帐子，艺人在帐中表演，观众隔帐聆听，如临其境。
    A. 评书　　　　　B. 相书　　　　　　　C. 金钱板　　　　　D. 荷叶

(二)多项选择题

1. 有关四川民族概况，说法正确的有(　　)。

A. 四川是一个多民族聚居的地区，素有"民族走廊"之称

B. 目前境内人口在 5 000 以上的世居少数民族有 14 个

C. 是全国最大的彝族聚居区、人口第二多的藏族聚居区和唯一的羌族聚居区

D. 藏族主要分布在凉山州、乐山市、攀枝花市；彝族主要分布在甘孜州、阿坝州和凉山州的木里自治县

2. 有关四川彝族说法正确的是(　　)。

A. 彝族主要分布在凉山州、乐山市、攀枝花市

B. 彝族语言属汉藏语系藏缅语族彝语支，有六种方言

C. 祭齐罗尼荷为彝族的信仰习俗

D.《宇宙人文论》用问答形式论述自然观，是彝族哲学思想史上的重要论著

3. 羌族最隆重的民族节日有(　　)。

A. 祭山会　　　　　B. 羌年节　　　　　C. 火把节　　　　　D. 青姑娘节

E. 三月街

4. 有关四川传统节日成都花会叙述正确的有(　　)。

A. 始于唐、宋，相沿至今，已有一千多年的历史

B. 起源与道教始祖李耳的生日和百花的生日有关

C. 于每年农历正月十五日在成都文化公园举行

D. 花会期间还有地方曲艺表演和名小吃展销

5. 郫县望丛祠赛歌会于每年端午期间举行，主要活动有(　　)。

A. 牡丹花展　　　　B. 名小吃展销　　　　C. 对歌赛歌　　　　D. 武术比赛

E. 物资交流活动

6. 以下属于四川新民俗活动的有(　　)。

A. 成都大庙会　　B. 天彭牡丹会　　C. 龙泉桃花会　　D. 南国冰雪节

E. 新津龙舟会

7. 川剧是流行于(　　)等地区的地方剧种。

A. 四川　　　　　B. 云南　　　　　C. 贵州　　　　　D. 重庆

E. 湖南

8. 以下属于川剧五大声腔的是(　　)。

A. 高腔　　　　　B. 梆子腔　　　　C. 弋阳腔　　　　D. 灯戏

E. 胡琴

9. 民国时期，成都出现了名声显赫的专业曲艺艺人，被誉为曲艺界"四绝"的有(　　)。

A. 李德才的扬琴　　　　　　　　　B. 贾树三的竹琴

C. 曾炳昆的评书　　　　　　　　　D. 李月秋的清音

10. 有关四川扬琴，说法正确的是(　　)。

A. 清朝雍正年间开始流行于成都、重庆等地

B. 以扬琴为主要伴奏乐器，演唱为主，说唱兼备

C. 演员坐着演唱，故有"坐地传情"的嘉誉

D. 演唱一般为五人，分生、旦、净、末、丑五种角色

(三)判断题

1. 明末清初的"湖广填四川"使四川的民族成分更加复杂。　　　　　　　　(　　)

2. 成都灯会是四川历史最悠久、规模最大的灯会。　　　　　　　　　　　(　　)

3. 都江堰放水节于每年端午节期间举行，放水期间还有丰富多彩的民间文化娱乐活动。　　　　　　　　　　　　　　　　　　　　　　　　　　　　　　(　　)

4. 川剧具有浓郁的地方特色，道白和吟唱用的是四川方言，诙谐风趣，通俗易懂。

(　　)

5. 四川荷叶是一种以演唱为主的艺术，因表演道具铜钗形似荷叶而得名。(　　)

四、四川历史文化名城简介

(一)单项选择题

1. 目前，四川省一共有(　　)座国家级历史文化名城。
   A. 7　　　　　　　　B. 8　　　　　　　　C. 9　　　　　　　　D. 10

2. (　　)历史悠久，文化灿烂，又名"锦城"。
   A. 成都　　　　　　B. 都江堰　　　　　C. 阆中　　　　　　D. 乐山

3. (　　)时，成都取代关中平原，享有"天府"的美称。
   A. 春秋末期　　　　B. 西汉　　　　　　C. 东汉　　　　　　D. 三国

4. 成都自古商贾云集，是一个内外交融的大都会，汉代时成都是全国的(　　)大都会之一，唐宋时期是第(　　)大都会。
   A. 四　二　　　　　B. 五　三　　　　　C. 四　三　　　　　D. 五　二

5. 蜀郡太守文翁在(　　)建立了中国最早的地方官办学堂"文翁石室"。
   A. 成都　　　　　　B. 自贡　　　　　　C. 绵阳　　　　　　D. 广元

6. 后蜀(　　)编辑了中国文学史上的第一部词集《花间集》。
   A. 孟昶　　　　　　B. 文同　　　　　　C. 赵崇祚　　　　　D. 黄筌

7. 后蜀(　　)亲笔书写了中国第一副春联"丰年纳余庆，嘉节号长春"。
   A. 孟昶　　　　　　B. 文同　　　　　　C. 赵崇祚　　　　　D. 黄筌

8. (　　)出现了世界上最早的纸币"交子"。
   A. 扬州　　　　　　B. 成都　　　　　　C. 洛阳　　　　　　D. 南京

9. (　　)历史悠久，文化灿烂，是首批国家历史文化名城。
   A. 成都　　　　　　B. 自贡　　　　　　C. 乐山　　　　　　D. 宜宾

10. 都江堰水利工程中，(　　)起引水作用。
    A. 鱼嘴　　　　　　B. 金刚堤　　　　　C. 宝瓶口　　　　　D. 飞沙堰

11. 都江堰水利工程中，(　　)起排洪泄沙作用。
    A. 鱼嘴　　　　　　B. 金刚堤　　　　　C. 宝瓶口　　　　　D. 飞沙堰

12. "三面江光抱城郭，四围山势锁烟霞"描绘的城市是(　　)。
    A. 成都　　　　　　B. 阆中　　　　　　C. 宜宾　　　　　　D. 泸州

13. (　　)被誉为四川的状元、举人之乡。
    A. 德阳　　　　　　B. 绵阳　　　　　　C. 阆中　　　　　　D. 会理

14. （　　）古城拥有堪称全国一流的古民居保护区。
    A. 洛带　　　　　　B. 昭化　　　　　　C. 阆中　　　　　　D. 上里

15. 在中国佛教史上，乐山有着举足轻重的地位。（　　）时，佛教传入乐山。
    A. 西汉　　　　　　B. 东汉　　　　　　C. 西晋　　　　　　D. 东晋

16. 明清时期，隶属于乐山地区的（　　）成为汉传佛教的四大名山之一。
    A. 普陀山　　　　　B. 青城山　　　　　C. 云顶山　　　　　D. 峨眉山

17. 乐山市内被誉为"中国的诺亚方舟"的是（　　）。
    A. 罗城古镇　　　　B. 洛带古镇　　　　C. 平乐古镇　　　　D. 上里古镇

18. （　　）是国内唯一拥有两大知名白酒品牌的城市，享有"酒城"的美誉。
    A. 宜宾　　　　　　B. 绵竹　　　　　　C. 泸州　　　　　　D. 成都

19. 泸州市泸县的（　　）是中国最大的龙雕石梁板桥。
    A. 广济桥　　　　　B. 洛阳桥　　　　　C. 安平桥　　　　　D. 龙脑桥

20. 名酒五粮液的故乡是（　　）。
    A. 宜宾　　　　　　B. 泸州　　　　　　C. 绵竹　　　　　　D. 成都

21. 宜宾有被称为"万里长江第一镇"的（　　）。
    A. 洛带古镇　　　　B. 罗城古镇　　　　C. 平乐古镇　　　　D. 李庄古镇

22. （　　）的江安竹簧于2008年被列入国家级非物质文化遗产保护。
    A. 阆中　　　　　　B. 乐山　　　　　　C. 宜宾　　　　　　D. 会理

23. 荣县大佛位于（　　），是四川最大的一尊如来佛像、第二大石刻大佛，仅次于乐山大佛。
    A. 成都　　　　　　B. 自贡　　　　　　C. 宜宾　　　　　　D. 会理

（二）多项选择题

1. 成都是一座具有2 000多年历史的文化名城，有别名（　　）。
    A. 江城　　　　　　B. 龟城　　　　　　C. 锦城　　　　　　D. 叙州
    E. 蓉城

2. 有关历史文化名城成都，说法正确的有（　　）。
    A. 成都是全世界最早开发利用天然气的地方
    B. 唐代成都造的"益州麻纸"是官方规定的诏书标准用纸
    C. 诗歌中最早饮茶记录亦在成都
    D. 成都是蜀锦的故乡

3. 以下属于成都市区域内人文景点的有（　　）。
    A. 都江堰　　　　　B. 武侯祠　　　　　C. 郭沫若故居　　　D. 西岭雪山
    E. 东风堰

4. "成都十景"有（　　）。
    A. 古堰流碧　　　　B. 青城叠翠　　　　C. 草堂喜雨　　　　D. 江楼修竹
    E. 宽窄巷子

5. 都江堰水利工程中，（　　）起分水作用。
    A. 鱼嘴　　　　　　B. 金刚堤　　　　　C. 宝瓶口　　　　　D. 飞沙堰

6. 都江堰市的主要景点有（　　）。

  A. 都江堰水利工程　　　　　　　　B. 青城山景区

  C. 蜀南竹海风景名胜区　　　　　　D. 龙溪—虹口国家级自然保护区

7. 阆中历史源远流长，有着（　　）的美誉。

  A. 阆苑仙境　　　　B. 阆中天下稀　　　C. 巴蜀要冲　　　D. 天府之源

8. 有关历史文化名城阆中，说法正确的有（　　）。

  A. 是巴国最后的都城所在

  B. 是中国传统节日春节的发源地

  C. 阆中的皮影戏是四川的代表，被称为"川南皮影"

  D. 是国内四大食用醋产地之一

9. 阆中市自然景观和人文景观灿若群星，有（　　）。

  A. 华光楼　　　　B. 张飞庙　　　　C. 巴巴寺　　　　D. 滕王阁

  E. 锦屏山风景区

10. 乐山有 3 处世界遗产，为（　　）。

  A. 乐山大佛　　　B. 峨眉山　　　　C. 麻浩崖墓　　　D. 东风堰

  E. 千佛岩石窟

11. 以下全国重点文物保护单位属于乐山的有（　　）。

  A. 麻浩崖墓　　　B. 乌尤离堆　　　C. 郭沫若故居　　D. 罗城古镇

  E. 千佛岩石窟

12. 泸州因其特产（　　）被人们称为中国的"酒城"。

  A. 泸州老窖酒　　B. 剑南春　　　　C. 五粮液　　　　D. 西凤酒

  E. 古蔺郎酒

13. 以下属于泸州文物古迹的是（　　）。

  A. 报恩塔　　　　B. 龙脑桥　　　　C. 春秋祠　　　　D. 华光楼

  E. 张飞庙

14. 有关宜宾市的说法正确的有（　　）。

  A. 古称"僰道""戎州""叙州"

  B. 素有"西南半壁古戎州"的美誉

  C. 是名酒剑南春的故乡

  D. 有国家级风景名胜区 2 处，即蜀南竹海、石海洞乡

(三)判断题

1. 蜀绣，又称"川绣"，是以成都为中心的刺绣品总称。（　　）

2. 都江堰被列为中国古代四大水利工程之一。（　　）

3. 峨眉山是世界文化与自然双重遗产。（　　）

4. 现在国家级文保单位僰人悬棺是乐山市僰文化的标志。（　　）

5. 会理县历来是川滇两省交界的军事和经济重镇，素有"川滇锁钥"的美誉。（　　）

五、四川古代建筑文化

(一)单项选择题

1. 珙县城南发现有少数民族僰人的一种墓葬，其陵墓形式为（　　）。

A. 岩墓　　　　　　B. 悬棺墓　　　　　C. 板岩墓　　　　　D. 石室墓

2. 川西唯一幸存的宋元战争遗址是（　　　）。

A. 合川钓鱼城　　B. 苍溪大获城　　　C. 金堂云顶山石城　D. 万县天生城

3. （　　　）有着"千碉之国""古碉之乡"的美誉。

A. 大邑县　　　　B. 新津县　　　　　C. 金堂县　　　　　D. 丹巴县

4. （　　　）古镇作为客家名镇，是名副其实的"客家名镇、会馆之乡"。

A. 洛带　　　　　B. 黄龙溪　　　　　C. 平乐　　　　　　D. 昭化

5. （　　　）是中国唯一的一座君臣合祀祠庙。

A. 宝鸡岐山武侯祠　　　　　　　　　B. 隆中武侯祠

C. 南阳武侯祠　　　　　　　　　　　D. 成都武侯祠

6. （　　　）是中国西南地区唯一的一祠祭二主、凭吊蜀人先贤的祀祠。

A. 成都武侯祠　　B. 望丛祠　　　　　C. 三苏祠　　　　　D. 惠陵

7. （　　　）是一组典型的完整的四川清代古建筑群，红墙环抱，绿水萦绕，有"三分水，二分竹"的岛居特色。

A. 李冰陵园　　　B. 杜甫草堂　　　　C. 三苏祠　　　　　D. 李白故里

8. 四川现存民居，多为（　　　）建造。

A. 宋代　　　　　B. 元代　　　　　　C. 明代　　　　　　D. 清代

9. （　　　）因以德孝闻名于世，被称为"中国德孝城"。

A. 西来古镇　　　B. 上里古镇　　　　C. 黄龙溪古镇　　　D. 孝泉古镇

10. （　　　）古镇是历史上南方丝绸之路的重要驿站，亦是近代红军长征过境之地。

A. 西来　　　　　B. 上里　　　　　　C. 平乐　　　　　　D. 清溪

11. （　　　）古镇上有一座著名的石牌坊，被称为"南方丝绸之路上第一坊"。

A. 九襄　　　　　B. 上里　　　　　　C. 洛带　　　　　　D. 清溪

12. （　　　）古镇的佛教文化特别浓郁，其中的金桥寺是全国罕见的以街为寺的寺庙建筑群。

A. 九襄　　　　　B. 黄龙溪　　　　　C. 仙市　　　　　　D. 清溪

13. （　　　）古镇被誉为解读川南场镇风情民俗的"活标本"。

A. 九襄　　　　　B. 黄龙溪　　　　　C. 仙市　　　　　　D. 清溪

14. （　　　）是中国的历史文化名镇，素有"一平二固三夹关"的美誉。

A. 西来古镇　　　B. 上里古镇　　　 ·C. 平乐古镇　　　　D. 洛带古镇

15. （　　　）古镇以古街、古树、古庙等"十古"著称，还拥有的"一街三寺庙""三县一衙门""千年古树伴古镇"等全国奇观。

A. 上里　　　　　B. 黄龙溪　　　　　C. 洛带　　　　　　D. 清溪

16. 唐朝李德裕在四川建造园林（　　　），曲池回廊，古树苍苍。

A. 平泉别墅　　　B. 新繁东湖　　　　C. 新都桂湖　　　　D. 合江园

17. 唐朝西川节度使韦皋在成都建筑（　　　），被誉为"成都园亭胜迹之最"。

A. 平泉别墅　　　B. 新繁东湖　　　　C. 新都桂湖　　　　D. 合江园

（二）多项选择题

1. 古代四川民间主要陵墓形式有（　　　）。

A. 悬棺墓   B. 土穴墓   C. 砖室墓   D. 板岩墓

E. 岩墓

2. 下列属于四川境内著名的陵墓有（   ）。

A. 朱悦爃墓   B. 孟知祥墓   C. 刘备墓   D. 朱友燻墓

E. 王建墓

3. 以下属于川中"抗蒙八柱"有（   ）。

A. 云顶山石城   B. 合川钓鱼城   C. 南充青居城   D. 苍溪大获城

E. 蓬安运山城

4. 四川古建筑的基本构图手法为中国古建筑构图的"三段法"，指的是（   ）。

A. 台基   B. 墙身   C. 屋盖   D. 房梁

E. 开间

5. 四川古代建筑别具风格，多姿多彩，其影响因素有（   ）。

A. 地貌类型复杂多样   B. 气候地带性差异极大

C. 自古就是多民族聚居的地区   D. 深受秦、楚文化的影响

6. 保存较好又具有代表性的四川民居有（   ）。

A. 江安县夕佳山官宅   B. 阆中古城民居

C. 崇州市杨玉春宅第   D. 峨眉山徐宅

7. 平乐古镇是中国的历史文化名镇，除古镇区外，还有四大风景区支撑，分别为（   ）。

A. 芦沟自然风景区   B. 金华山风景区

C. 大佛寺风景区   D. 花楸山风景区

E. 秦汉古驿道风景区

8. 公元前4世纪秦灭蜀后，四川开始了最早的造园活动，当时蜀郡的园林有（   ）。

A. 万寿池   B. 千秋池   C. 柳池   D. 合江园

9. 明清时期，四川成都的私家花园有（   ）。

A. 宰相卓秉恬的"相府"   B. 骆丞襄的"骆公祠"

C. 巴金祖居"李府"   D. 李德裕的新繁东湖

10.（   ）颇具四川园林的个性，采用自然活泼的布置手法，水系无明显聚合，而是因势利导，理成曲池横塘，以体现四川田园、村舍的自然风韵。

A. 杜甫草堂   B. 三苏祠   C. 新都桂园   D. 新繁东湖

E. 崇州罨画池

(三)判断题

1. 王建墓是唐、五代时期罕有的优秀墓穴建筑，采取的是向下挖掘的方法。 （   ）

2. 马尔邦关碉有着"中国碉王"之称。 （   ）

3. 殷商时期的木结构干栏式建筑，是四川民居的雏形。 （   ）

4. 云岩寺飞天藏殿为四川省现存年代最早的砖建筑。 （   ）

5. 四川古代园林的突出特点是山池花木结合自然、布局疏朗、造型雅朴，较江南园林更具村野田舍的自然韵味。 （   ）

第三部分　近三年真题分值比例(以四川省为例)

<table>
<tr><th rowspan="3">考试内容</th><th colspan="12">分值分布</th></tr>
<tr><th colspan="3">单项选择题</th><th colspan="3">多项选择题</th><th colspan="3">判断题</th><th colspan="3">合计</th></tr>
<tr><th>2012年</th><th>2013年</th><th>2014年</th><th>2012年</th><th>2013年</th><th>2014年</th><th>2012年</th><th>2013年</th><th>2014年</th><th>2012年</th><th>2013年</th><th>2014年</th></tr>
<tr><td>四川文化与习俗</td><td>3</td><td>3</td><td>2</td><td>4</td><td>2</td><td>2</td><td>4</td><td>4</td><td>4</td><td>11</td><td>9</td><td>8</td></tr>
</table>

第四部分　真题解析

一、单项选择题

1. 在川剧发展史上,编撰川剧剧本第一人的是(　　)。(2012年)

　　A. 陈子昂　　　　　B. 杨慎　　　　　C. 李调元　　　　　D. 张问陶

答案: C

解析: 李调元是编撰川剧剧本的第一人,他还亲自在家训练伶童、组织演唱,是川剧创始人之一。

2. 1159年,宁玛派著名僧人巴德谢喜大师在白玉县建立四川藏区第一座宁玛派寺院(　　)。(2012年)

　　A. 亚哥寺　　　　　B. 理塘寺　　　　　C. 萨玛寺　　　　　D. 呷拖寺

答案: D

解析: 1159年,宁玛派著名僧人巴德谢喜大师在白玉县建立了四川藏区第一座宁玛派寺院——呷拖寺。

3. 目前,四川保存最好、规模最大的汉地佛教寺院是(　　)。(2012年)

　　A. 文殊院　　　　　B. 昭觉寺　　　　　C. 宝光寺　　　　　D. 石经寺

答案: C

解析: 宝光寺位于成都市北郊18千米处的新都区,是我国历史悠久、规模宏大、结构完整、环境清幽的佛教寺院之一。宝光寺占地面积120亩,建筑面积2万余平方米,殿宇深幽,古木葱茏,五殿十六院层层递进。它规模宏大,藏经丰富,僧徒众多,是清朝以来中国南方"四大佛教丛林"之一,是目前四川汉地保存最完好、最大的寺院。

4. 在四川的国家级历史文化名城中,有着堪称全国一流的古居民保护区的城市是(　　)。(2012年)

A. 成都　　　　　B. 阆中　　　　　C. 泸州　　　　　D. 自贡

答案： B

解析： 阆中古城是中国四大古城之一，拥有堪称全国一流的古民居保护区。

5. 传统名产保宁醋出自四川(　　)。(2013 年)

A. 成都　　　　　B. 绵阳　　　　　C. 乐山　　　　　D. 阆中

答案： D

解析： 保宁醋是四川省的地方传统名优特产，属于中国四大名醋之一。保宁醋以地名(今四川阆中市保宁镇)俗称，始于五代唐长兴元年(公元 930 年)设保宁军治时，距今已有 1 078 年历史。近 400 年来，保宁醋通过不断探索和创新，最终形成以麸醋、药醋为特色而名扬中华醋苑的百年老字号。

6. 东汉时期张陵创立五斗米道的地点在(　　)。(2013 年)

A. 青城山　　　　B. 峨眉山　　　　C. 鹤鸣山　　　　D. 龙门山

答案： C

解析： 东汉顺帝时，修道于蜀中鹤鸣山的张道陵，自称太上老君授他《正一盟威符箓》，让他推行"正一盟威道"，故初立教时即名"正一盟威道"，简称正一道；太上老君封他为"三天法师正一真人"，道徒奉其为代天行道之师，称张天师，因此又称为"天师道"，又因凡人教者须交五斗米为斋醮之费，故俗称为"五斗米道"。

7. 四川现存佛塔中最古老的是(　　)。(2013 年)

A. 彭州龙兴寺塔　　　　　　　B. 邛崃镇江塔

C. 泸州报恩寺塔　　　　　　　D. 南充白塔

答案： A

解析： 四川佛塔修建始于隋朝，第一次是在 601 年，蜀中益州(成都)法聚寺应诏建塔，这是四川地区有文字记载的修建佛塔之始。四川现存的佛塔中，最古老的是彭县龙兴寺塔，建于唐代，历久不坠，有"天彭破塔"之名。

8. 下列诗作中不是以四川为题材的是(　　)。(2013 年)

A.《蜀道难》　　　　　　　　B.《上皇西巡南京歌》

C.《早发白帝城》　　　　　　D.《感遇诗》

答案： D

解析： 李白许多脍炙人口的诗歌都是以四川为题材而作的，如《蜀道难》《早发白帝城》《上皇西巡南京歌》《峨眉山月歌》《登锦城散花楼》等。

9. 太初历是著名天文学家(　　)制定的中国首部较为完整、系统的新历法。(2014 年)

A. 落下闳　　　　B. 张衡　　　　　C. 秦九韶　　　　D. 张宗法

答案： A

解析： 历法是长时间的纪时系统。西周时期，落下闳制定出中国首部较为完整、系统的新历法——太初历，太初历同时也是当时世界上最先进的历法。

10. 扬雄模仿《周易》创作的充满神秘主义色彩的著作是(　　)。(2014 年)

A.《甘泉赋》　　B.《太玄》　　　　C.《法言》　　　　D.《方言》

答案： B

解析： 扬雄后转攻哲学，潜心著述，草创《太玄》。《太玄》长五千言，是一部充满神秘

色彩的著作，模仿《周易》，多用古文奇字，隐晦艰深。

二、多项选择题

1. 下列关于四川曲艺的表述，正确的选项是(   )。(2012 年)

   A. 四川的扬琴又称"道琴"，原是道士劝善说道的古老艺术

   B. 四川清音又称"唱小调"，多为一人演唱

   C. 四川相书又称"隔壁戏"

   D. 四川花鼓一般以二人为一棚进行表演

   E. 四川竹琴有"坐地传情"之称

   答案：BCD

   解析：四川竹琴又称道琴，原是道士劝善说道时用的一种古老说唱艺术，以竹筒鼓、简板和碰铃为伴奏乐器，民国初年始称竹琴。四川扬琴是一种以演唱为主，说唱兼备的四川地方曲艺品种，不需要大的舞台和布景，演员坐着演唱，故有"坐地传情"的嘉誉。

2. 四川现有国家级历史文化名城包括(   )。(2013 年)

   A. 成都　阆中　　　　　　　　　　B. 绵阳　自贡

   C. 都江堰　乐山　　　　　　　　　D. 绵阳　南充

   E. 泸州　雅安

   答案：AC

   解析：目前，四川省一共有 8 座国家级历史文化名城，分别是成都、都江堰、阆中、乐山、泸州、宜宾、自贡、会理。

3. 下列对川剧的描述，正确的有(   )。(2014 年)

   A. 变脸是川剧的绝活

   B. 川剧传统剧目有"唐三千，宋八百，数不完的三列国"之说

   C. 川剧形成于清朝乾隆、嘉庆时期

   D. 川剧中的昆曲源于苏州昆山腔

   E. 川剧剧本词汇丰富，诙谐风趣，俚中见雅

   答案：ABCDE

第五部分　模拟考试

提示：以下单项选择题 40 题，多项选择题 10 题，共计 50 题，每题 2 分，总分 100 分。

(一)单项选择题

1. 扬雄对诸子百家的学说进行过深入研究，并模仿《论语》，写成(   )。

   A.《法言》　　　　B.《训纂》　　　　C.《太玄》　　　　D.《方言》

2. 世界上第一部研究方言的作品是由(   )编撰的。

   A. 王褒　　　　　　B. 班固　　　　　　C. 扬雄　　　　　　D. 司马相如

3. 诗云："伟晔灵芝发秀翘，子渊擒藻谈天朝。汉皇不赏贤臣颂，只教宫人咏洞箫。"该诗句形容的是王褒的辞赋（　　）。

  A.《笙赋》   B.《洞箫赋》   C.《长笛赋》   D.《琴赋》

4. 以下（　　）标志着唐代诗风的革新和转变。

  A.《感遇诗》 B.《修竹篇序》 C.《登幽州台歌》 D.《蓟丘览古》

5. 以下文人中被世人称为"诗仙"的是（　　）。

  A. 杜甫   B. 李白   C. 李商隐   D. 杜牧

6. "文理自然，姿态横生。"这句话是用来形容（　　）所作的散文，被誉为"文章之宗"，成为后世效法的典范。

  A. 柳宗元   B. 司马相如   C. 欧阳修   D. 苏轼

7. 编撰川剧剧本第一人的是（　　）。

  A. 魏长生   B. 李调元   C. 康子林   D. 张问陶

8. （　　）的代表作《古史考》引证旧典对《史记》中的一些谬误作了纠正，为当时学者所推崇。

  A. 常璩   B. 陈寿   C. 谯周   D. 杨慎

9. 我国现存最早最完整的一部地方志《华阳国志》的作者是（　　）。

  A. 常璩   B. 陈寿   C. 谯周   D. 杨慎

10. （　　）制定出中国首部较为完整、系统的新历法——太初历，是当时世界上最先进的历法。

  A. 僧一行   B. 落下闳   C. 张衡   D. 梁玲瓒

11. 佛教传入四川的有文字记载的历史始于（　　）。

  A. 西晋   B. 东晋   C. 隋朝   D. 唐朝

12. 佛教西向由西藏传入四川藏区，以西藏僧人（　　）到四川藏区传教为标志。

  A. 公巴绕赞赛 B. 赛尊   C. 白诺札那   D. 念智弥

13. 峨眉山（　　）屋顶终年无败叶积落，康熙曾为之题额"无垢园"。

  A. 万年寺   B. 伏虎寺   C. 雷音寺   D. 仙峰寺

14. 享有"天下第一丛林"美誉的寺庙是（　　）。

  A. 昭觉寺   B. 石经寺   C. 宝光寺   D. 草堂寺

15. （　　）内罗汉堂是我国四大罗汉堂中历史最久、规模最大的泥塑罗汉堂。

  A. 广德寺   B. 报恩寺   C. 宝光寺   D. 昭觉寺

16. 四川现存历史最悠久的佛塔是（　　）。

  A. 邛崃镇江塔 B. 阆中白塔   C. 彭县龙兴寺塔   D. 泸州报恩塔

17. 目前世界上最大的石刻佛像是（　　）。

  A. 蒙山大佛   B. 龙门大佛   C. 云冈大佛   D. 凌云大佛

18. "川西第一道观""西南第一丛林"说的是（　　）。

  A. 常道观   B. 青羊宫   C. 上清宫   D. 青城山

19. （　　）是四川现存年代最久远的石刻佛像。

  A. 荣县大佛   B. 通江千佛崖

  C. 茂汶县无量寿佛像   D. 广安冲相寺摩崖造像

20. 目前四川省内，人口在 100 万以上的少数民族有（　　）个。
     A. 1　　　　　　　B. 2　　　　　　　C. 3　　　　　　　D. 4

21. 以下属于四川彝族传统节日的是（　　）。
     A. 跳公节　　　　B. 插花节　　　　C. 赛装节　　　　D. 彝族年

22. 每年农历六月初六举行的少数民族节庆活动是（　　）。
     A. 羌族祭山会　　B. 黄龙庙会　　　C. 彝族火把节　　D. 康定转山会

23. 四川历史最悠久且规模最大的灯会是（　　），且"唐初四杰"之一的卢照邻对其有
非常精彩的描写。
     A. 成都灯会　　　B. 阆中灯会　　　C. 自贡灯会　　　D. 广元灯会

24. 四川"天彭牡丹会"于每年（　　）前后举行。
     A. 元旦　　　　　B. 春节　　　　　C. 清明　　　　　D. 端午

25. 望丛祠赛歌会是流行于四川（　　）的传统民俗。
     A. 彭州　　　　　B. 郫县　　　　　C. 广元　　　　　D. 都江堰

26. （　　）是流行于四川广元一带的民俗节日。
     A. 女儿节　　　　B. 放生节　　　　C. 放水节　　　　D. 踏青节

27. 川剧形成于（　　）时期。
     A. 宋朝　　　　　B. 元朝　　　　　C. 明朝　　　　　D. 清朝

28. 川剧的五大声腔中，（　　）源于江西弋阳腔，（　　）源于徽剧和汉剧，（　　）源
于陕西的秦腔，（　　）源于江苏的昆山腔。
     A. 高腔　胡琴戏　弹戏　昆腔　　　　　B. 胡琴戏　高腔　昆腔　弹戏
     C. 高腔　弹戏　胡琴戏　昆腔　　　　　D. 胡琴戏　昆腔　高腔　弹戏

29. 四川（　　）的演出有"坐地传情"的赞誉。
     A. 扬琴　　　　　B. 竹琴　　　　　C. 清音　　　　　D. 荷叶

30. （　　）历史悠久，文化灿烂，又名"龟城"。
     A. 成都　　　　　B. 都江堰　　　　C. 阆中　　　　　D. 乐山

31. "世界水利文化的鼻祖""天府之源""活的水利博物馆"指的是（　　）。
     A. 成都　　　　　B. 都江堰　　　　C. 宜宾　　　　　D. 广元

32. （　　）的格局堪称中国风水模式的典型代表，是名副其实的中国第一风水古城。
     A. 平遥古城　　　B. 丽江古城　　　C. 昭化古城　　　D. 阆中古城

33. 诗云："天下风光在蜀，蜀之胜曰嘉州。"其中，嘉州指的是现今的（　　）。
     A. 阆中　　　　　B. 乐山　　　　　C. 宜宾　　　　　D. 雅安

34. （　　）是中国酿酒业最为发达的城市之一，被誉为"酒都"。
     A. 宜宾　　　　　B. 泸州　　　　　C. 绵竹　　　　　D. 成都

35. （　　）竹丝扇，又称"龚扇"，享有"素丝织锦"的美誉。
     A. 成都　　　　　B. 广元　　　　　C. 自贡　　　　　D. 会理

36. 在山崖或岩层中开凿洞穴为墓室，往往是几十座聚集在一处，分布密集，错落有
致，这描述的四川民间陵墓形式是（　　）。
     A. 岩墓　　　　　B. 悬棺墓　　　　C. 板岩墓　　　　D. 石室墓

37. 川西唯一幸存的宋元战争遗址是（　　　）.
    A. 合川钓鱼城　　　　　　　　　　B. 苍溪大获城
    C. 金堂云顶山石城　　　　　　　　D. 万县天生城

38. （　　　）是中国唯一的一座君臣合祀祠庙。
    A. 宝鸡岐山武侯祠　　　　　　　　B. 隆中武侯祠
    C. 南阳武侯祠　　　　　　　　　　D. 成都武侯祠

39. （　　　）被称为"西部客家第一镇"。
    A. 洛带古镇　　　B. 上里古镇　　　C. 黄龙溪古镇　　　D. 孝泉古镇

40. 迄今为止国内保存最为完好的唯一一座三国古城是（　　　）。
    A. 平遥古城　　　B. 丽江古城　　　C. 昭化古城　　　D. 阆中古城

(二)多项选择题

1. 下列属于辞赋家司马相如的作品有（　　　）。
    A.《上林赋》　　B.《甘泉赋》　　C.《羽猎赋》　　D.《子虚赋》
    E.《大人赋》

2. 下面说法正确的有（　　　）。
    A. 范祖禹，北宋著名史学家，是《资治通鉴》主要修撰人之一
    B. 李焘，南宋史学家，花 40 年时间写成《续资治通鉴长编》
    C. 费著主要著作有《氏族谱》《成都志》《蜀笺谱》等
    D. 陈寿所撰写的《古史考》纠正了《史记》中的一些谬误，为当时学者所推崇

3. 刘宋时期，僧人（　　　）受益州官员推崇，对蜀中佛教的发展产生了重大影响。
    A. 玄奘　　　　B. 道汪　　　　C. 道安　　　　D. 慧持

4. 四川安岳石窟被称为"我国古代雕刻又一大宝库"，拥有几大之最为（　　　）。
    A. 毗卢洞北宋紫竹观音　　　　　　B. 玄妙观
    C. 庵堂寺　　　　　　　　　　　　D. 千佛崖

5. 以下属于四川传统节日活动的有（　　　）。
    A. 成都大庙会　　B. 成都花会　　C. 成都灯会　　D. 元九登高节
    E. 新津龙舟会

6. 关于川剧的形成，说法正确的有（　　　）。
    A. 川剧起源于明朝末年，名称正式出现于清朝乾嘉时期
    B. 清初的大移民政策，使外省人口流入四川，带来了各地的地方戏曲艺术
    C. 清朝实行地区回避制度，大量外省官员自带戏班入川，是川剧繁荣的原因之一
    D. 川剧中的四种外来声腔是由四条河道输入四川的，故有"四大流派"之说

7. 以下四川城市中，为国家级历史文化名城的是（　　　）。
    A. 成都　　　　B. 宜宾　　　　C. 绵阳　　　　D. 雅安
    E. 自贡

8. 自贡依山傍水，环境优美宜人，有（　　　）之称。
    A. 千年盐都　　B. 恐龙之乡　　C. 南国灯城　　D. 阆苑仙境

9. 以下有关四川民居，说法正确的有（　　　）。
    A. 夏朝时期的木结构干栏式建筑，是四川民居的雏形

B. 明清时期，四川民居出现了许多封闭式的院落，即四合院

C. 平房瓦顶、四合头、大出檐是四川民居的主要形式

D. 传统四川民居讲究用木雕、石雕和砖雕来装点房屋

10. 四川名人纪念性园林有（　　　）。

    A. 成都杜甫草堂　　　　　　　　　　B. 眉山三苏祠

    C. 崇州罨画池　　　　　　　　　　　D. 宜宾流杯池

    E. 新都桂湖

第六部分　参考答案

习题攻略解析及答案

一、四川文化概述

（一）单项选择题

1. 答案： D

解析： 四川自古被称为"天府之国"，是一个钟灵毓秀、人杰地灵的好地方，有着深厚的文化积存。简阳三岔湖被誉为"天府明珠"。

2. 答案： B

解析： 司马相如是汉代著名辞赋家，其汉赋代表作有《子虚赋》《上林赋》《大人赋》《美人赋》等。

3. 答案： C

解析： 扬雄后转攻哲学，潜心著述，草创《太玄》。《太玄》长五千言，是一部充满神秘色彩的著作，模仿《周易》，多用古文奇字，隐晦艰深。

4. 答案： C

解析： 除了辞赋和哲学著作《太玄》外，扬雄还著有天文学著作《难盖天八事》、文字学著作《训纂》、语言学著作《方言》和历史学著作《蜀王本纪》。

5. 答案： C

解析： 王褒的《洞箫赋》是现存最早的、以音乐为题材的辞赋作品。

6. 答案： A

解析： 在《僮约》中有这样的记载："脍鱼炰鳖，烹茶尽具"；"牵犬贩鹅，武阳买茶"。这是我国，也是全世界最早的关于饮茶、买茶和种茶的记载。由这一记载可以知道，四川地区是全世界最早种茶与饮茶的地区；武阳（今四川彭山）地区是当时茶叶主产区和著名的茶叶市场。

7. 答案： C

解析：陈子昂是唐诗开创时期在诗歌革新理论和创作实践上都有重大功绩的诗人。杜甫称赞他：“有人继骚雅，哲匠不比肩。公生扬马后，名与日月悬……千古立忠义，《感遇》有遗篇。”

8. **答案**：A

解析：陈子昂在著名的《修竹篇序》里，曾经提出了诗歌革新的主张：“骨气端翔，音情顿挫，光英朗练，有金石声。”批判齐梁绮靡的唯美文风，主张恢复汉魏雄健沉郁的风骨。

9. **答案**：C

解析：李白是盛唐诗坛的代表作家，也是我国文学史上继屈原之后又一位伟大的浪漫主义诗人。在他的诗中，浪漫主义精神和浪漫主义的表现手法达到了高度的统一。

10. **答案**：B

解析：李白，字太白。5 岁时随父入蜀，居于绵州彰明县（今四川江油县境内）青莲乡，遂自号青莲居士。

11. **答案**：A

解析：杜甫是我国文学史上伟大的现实主义诗人，其诗歌创作达到了现实主义的高峰，故而杜甫被后人称为“诗圣”，他的诗被称为“诗史”。

12. **答案**：C

解析：杜甫是我国文学史上伟大的现实主义诗人。他的诗不仅有丰富的社会内容、鲜明的时代色彩和强烈的政治倾向，而且充溢着热爱祖国、热爱人民、自我牺牲的崇高精神。因此自唐以来，他的诗就被称为“诗史”。

13. **答案**：C

解析：宋代四川文学界最有成就的当首推四川眉山人苏洵和苏轼、苏辙三父子。他们同韩愈、柳宗元、欧阳修、王安石、曾巩等并称“唐宋八大家”，其中以苏轼在文学上的成就最为突出。

14. **答案**：A

解析：苏轼的词对后世影响很大，是豪放词派的创始人，后人常把他和另一个豪放词人辛弃疾一起并称为“苏辛”。他的词流传到现在的有 300 多首。

15. **答案**：C

解析：杨慎被称为“明代著述第一人”。

16. **答案**：C

解析：杨慎，字用修，号升庵，四川新都人。武宗皇帝时举殿试第一（状元），明代著名文学家，明代三才子之首。其作品涉及文学、史学、金石、民俗等，所写诗文具有浓郁的浪漫主义色彩。《明史》称：“明世记涌之博，考据之精，著作之富，推慎第一。”著作达四百余种，后人辑为《升庵集》。

17. **答案**：B

解析：李调元特别喜欢戏曲，他根据秦腔剧本改编的川剧《春秋配》《花田错》等对川剧的发展产生了重要影响。

18. **答案**：B

解析：清代著名文学家和戏曲理论家李调元，其家中有一藏书楼，命名为“万卷楼”，

仅藏书目录就达 30 多卷，藏书之多为四川第一家。

19. 答案：D

解析：自乾隆二十一年(1756)至乾隆四十二年(1747)的 21 年间，李调元呕心沥血，编纂成一部巨型丛书《函海》。该书共集图书 163 种，合编为 40 函、852 卷。

20. 答案：A

解析：谯周毕生从事史籍研究与著述工作，著有《古史考》《法训》《蜀本记》《益州记》《三边记》等书，其中以《古史考》最为有名。这本书引证旧典对《史记》中的一些谬误作了纠正，为当时学者所推崇。

21. 答案：D

解析：太康年间，陈寿收集三国时官、私著作，撰《三国志》65 卷，被誉为"良史"。

22. 答案：B

解析：陈寿撰《三国志》65 卷，被誉为"良史"。该书行文简洁，议论持平，以它为蓝本创作的《三国演义》成为中国古代小说四大名著之一。

23. 答案：B

解析：常璩撰写的《华阳国志》是我国现存最早的一部专记古代西南历史、地理、人物等的地方志著作，内容翔实，有许多史实是其他正史未能涉及的，特别是蜀史部分较《三国志》更为详尽。

24. 答案：C

解析：范祖禹是北宋著名史学家，"三范修史"之一，也是《资治通鉴》的主要修撰人之一，具体负责《唐记》部分。

25. 答案：D

解析：李焘是南宋官员、著名历史学家、目录学家、诗人。他博览典籍，著述颇多。著有《巽岩文集》《四朝通史》《春秋学》等五十多种，大多失佚。今存《续资治通鉴长编》520 卷、《六朝制敌得失通鉴博议》10 卷、《说文解字五音韵谱》10 卷，清代皆编入《四库全书》。

26. 答案：B

解析：黄筌与江南徐熙并称"黄徐"，形成五代、宋初花鸟画两大主要流派，以西蜀黄筌为代表的一派，被称为"黄家富贵"，因为他们多描绘宫廷范围中的珍禽奇花，画法精细，以轻色渲染而成；而江南的徐熙所代表的一派，则多取材于水鸟野卉，画法多用墨笔，色彩极少，相对黄筌一派的风格，这一派被称作"徐熙野逸"。今有黄筌的《写生珍禽图》传世。

27. 答案：C

解析：文同以善画竹著称。他注重体验，主张胸有成竹而后动笔。他画竹叶，创浓墨为面、淡墨为背之法，学者多效之，形成墨竹一派，有"墨竹大师"之称，又称之为"文湖州竹派"。"胸有成竹"这个成语就是起源于他画竹的思想。

28. 答案：D

解析：竹禅，俗姓王，法名熹，清代著名书画大师、佛学大师、古琴大师，曾为慈禧太后作画。四川省梁山县(今重庆市梁平县)仁贤乡人，双桂堂第十代住持方丈，擅长书画、金石雕刻、绘画自成一格，水墨人物、山水、竹石，别成一派，题画诗亦佳，多为禅机佛语，与"扬州八怪"齐名，居清中晚期书画名家之首。其书画作品收入《海上墨林》《韬养斋笔》《益州书画录》等书中 。著有《画家三昧》6 卷传世，其名载入《中国美术家名人辞典》。被列为世界著名宗教人物。

29. 答案： B

解析： 历法是长时间的纪时系统。西周时期，落下闳制定出中国首部较为完整、系统的新历法——太初历，太初历同时也是当时世界上最先进的历法。

30. 答案： C

解析： 唐慎微积多年治病经验，将《嘉衣右补助本草》和《图经本草》合并，再收集经史百家文献内所载药方和民间医药经验方汇集成新的《经史证类备急本草》。《证类本草》共 32 卷，60 余万字，是我国宋以前本草学集大成之著作。问世后，历朝修刊，并数次作为国家法定本草颁布，沿用近五百年之久。

31. 答案： B

解析： 秦九昭，四川安岳人，南宋著名数学家。其对大衍求术(整数论中的一次同余式解法)和正负开方法(数学高次方程的求根法)等有深入研究，把我国古代数学推向了新的高峰。代表作有《数书九章》。

32. 答案： B

解析： 张宗法毕生从事农业生产技术研究，写有专著《三农记》24 卷，23 万余字，总结了前人在农业生产技术方面的研究成果，对当时的农业生产具有十分重要的指导作用。《氾胜之书》为西汉氾胜所著，是我国历史上最早的农业科学著作；《齐民要术》为北魏贾思勰所著，是一部系统完整的农业科学著作，被誉为农业百科全书；《农政全书》为明代徐光启著，是一部集前人农业科学之大成的著作。

33. 答案： C

解析： 张大千为四川内江人，中国泼墨画家、书法家，被西方艺坛赞为"东方之笔"；蒋兆和为四川泸州人，被称为 20 世纪中国现代水墨人物画的一代宗师，中国现代画坛独领风骚的艺术巨匠；石鲁原名冯亚珩，四川仁寿人，当代中国画家，与赵望云创立长安画派。齐白石为湖南湘潭人，是近现代中国绘画大师，世界文化名人。

(二)多项选择题

1. 答案： ABE

解析： 司马相如是汉代著名辞赋家，其汉赋代表作有《子虚赋》《上林赋》《大人赋》《美人赋》等。《长杨赋》和《甘泉赋》为扬雄作品。

2. 答案： ACD

解析： 西汉早期最著名的辞赋作家有枚乘、贾谊。西汉中期，汉赋走向极盛阶段，代表人物有司马相如。西汉后期代表人物有扬雄、王褒。宋玉为战国末期楚国辞赋家，班固为东汉著名史学家、文学家。

3. 答案： ABCD

解析： 除了辞赋和哲学著作《太玄》外，扬雄还著有天文学著作《难盖天八事》、文字学著作《训纂》、语言学著作《方言》和历史学著作《蜀王本纪》。

4. 答案： ABCDE

解析： 李白 25 岁辞亲远游，离开四川，再也没有回来，但他对四川一直怀有很深的情感，他的许多脍炙人口的诗歌就是以四川为题材而作的，如《蜀道难》《早发白帝城》《上

皇西巡南京歌》《峨眉山月歌》《登锦城散花楼》等。

5. **答案：** ACD

解析： 苏轼在散文创作方面与欧阳修齐名，并称"欧苏"；他的诗题材广泛，才情横溢，后人把他和黄庭坚一起并称为"苏黄"；他是豪放词派的创始人，后人常把他和另一个豪放词人辛弃疾一起并称为"苏辛"。

6. **答案：** ABDE

解析： 苏轼在赋的创作上也是宋代的佼佼者，如《前赤壁赋》《后赤壁赋》《黠鼠赋》《飓风赋》都是流传千古的佳作。《蜀都赋》是扬雄的作品。

7. **答案：** BCD

解析： 李调元著作有《童山诗集》《雨村诗话》《雨村曲话》《雨村剧话》《南越笔记》《井蛙杂记》等。

8. **答案：** ABCD

解析： 薛涛是唐代著名女诗人，与刘采春、鱼玄机、李冶，并称唐朝四大女诗人。薛涛是古代手抄加工纸的研制者之一，曾组织当地手工工人利用成都出产的木芙蓉树皮和芙蓉花汁水精工制作一种纸，篇幅不大，其上色彩以深红、桃红、松花等为主，质量特佳，是我国古代造纸与印刷工艺发展史上的精品，被世人称为"薛涛笺"。其著有《送友人》、《题竹郎庙》、《池上双鸟》等传世名作，以清词丽句见长，还有一些具有思想深度的关怀现实的作品；薛涛墓位于成都望江楼公园西北角的竹林深处，旁栽种了桃花、翠竹，以示纪念这位杰出的女诗人。

9. **答案：** ABCE

解析： 谯周毕生从事史籍研究与著述工作，著有《古史考》《法训》《蜀本记》《益州记》《三边记》等书，其中以《古史考》最为有名。

10. **答案：** ABCE

解析： 《华阳国志》所记地区为今四川、云南、贵州及陕西汉中地区，因在华山之阳，故名。

11. **答案：** BD

解析： "阙"是汉代官吏为显示自己的官爵和地位而修建的一种纪念碑，全国现存阙28处，四川有23处。阙的建筑造型以及阙面上的图案碑文等具有很高的艺术和研究价值。现保存完好，已列入全国重点文物保护单位的有雅安的高颐阙、绵阳的平阳府君阙、渠县的冯焕阙、沈府君阙、夹江县的杨宗阙、杨畅阙等。

12. **答案：** BD

解析： 唐代是四川石刻艺术发展的鼎盛时期。四川石刻的代表作有广元千佛岩、皇泽寺摩崖石刻、夹江千佛崖、巴中北龛石刻、安岳石刻、乐山大佛等

(三)判断题

1. **答案：** ×

解析： 唐代"诗仙"为李白、"诗圣"为杜甫。

2. **答案：** √

解析： 陈子昂是唐诗开创时期在诗歌革新理论和创作实践上都有重大功绩的诗人。

3. **答案：** √

4. **答案**：√

解析：宋代四川名画家文同喜画墨竹，"湖州竹派"多效其画竹之法，苏轼画竹也是受其影响。

5. **答案**：×

解析：落下闳创制"浑天仪"，可以校正黄道的度数，观察天体的出没，测定日月五星的运行方位，得出精确的天文数据。

二、四川宗教文化

(一)单项选择题

1. **答案**：B

解析：佛教传入四川的最初年代，可以追溯到东汉时期，这可以从较多东汉墓葬出土的文物中得到证实。

2. **答案**：B

解析：隋唐时期，中原佛教进入鼎盛时期，四川佛教亦达到辉煌，高僧辈出，见于史传的就有28人。

3. **答案**：C

解析：五代时期，后周世宗灭佛，北方佛教受到严重打击，四川地区佛教却受到保护，高僧大师来蜀者不少，著名诗僧贯休入蜀，受到前蜀王建礼敬，建龙华寺，赐号"禅月大师"。

4. **答案**：B

解析：两宋时期，从朝廷到民间，皆有崇佛之风，以钱财支持佛教的发展，故两宋时期，四川佛教是势力最强大的宗教。

5. **答案**：B

解析：四川汉地佛教的第二个兴盛时期是明清时代，与当时全国佛教不兴盛的情况相比而言，显得尤为突出。

6. **答案**：A

解析：四川藏族同胞居住的地区处于汉族居住区与西藏地区的中间地带，因此佛教由东西两个方向传入。佛教由东面传入四川藏区不晚于5世纪。

7. **答案**：A

解析：元朝时期，西藏和其他藏族聚居区正式归入我国版图。

8. **答案**：A

解析：9世纪西藏佛教遭废除，各派僧人纷纷迁至康巴、安多等地，四川藏区成为藏语系佛教的中心。

9. **答案**：D

解析：1159年宁玛派著名僧人巴德谢喜大师在白玉县，建立了四川藏区第一座宁玛派寺院——呷拖寺。

10. **答案**：B

解析：元代后期萨迦衰落，噶举兴起，该系第二世活佛噶玛拔希出生在康区哲垅，西

藏佛教特有的活佛转世制度就从他开始。

11. 答案：D

解析：四川汉语系佛教各派中，最盛的是禅宗，四川也是中国禅宗最兴盛的地区之一，故自古就有"言禅者不可不知蜀"的说法。

12. 答案：A

解析：四川著名禅师中，道一被尊称为七祖。马祖建丛林，百丈立清规，为中国禅宗大规模的发展奠定了基础。

13. 答案：C

解析：法演较长时间在蕲州五祖山弘法，人称五祖法演，有"中兴临济道法""天下第一等宗师"的美誉。

14. 答案：A

解析：法演的弟子中，最著名的三佛之一就是佛果克勤。他被宋徽宗赐号为"圆悟禅师"，把"文字禅"推到顶峰，对日本禅宗发展做出过极大贡献，至今被日本临济宗尊为"祖庭"。

15. 答案：C

解析：今大足石刻、安岳石刻、广元石刻反映的是唐宋时期四川密宗的盛况，令人赞叹。

16. 答案：A

解析：四川峨眉山是中国四大佛教名山之一。青城山、云台山和鹤鸣山为道教名山。

17. 答案：A

解析：报国寺是峨眉山的门户，明万历四十三年(1615)由明光道人在巡抚徐启彦的支持下建成，名会宗堂，供奉普贤、广成子和接舆。明末毁废，清顺治时重建，咸丰时僧广惠将寺迁至今址，改名报国寺。

18. 答案：B

解析：伏虎寺是全山最大的寺庙，建于南宋绍兴年间，距今800余年，传说初建时常有猛虎出没，寺僧建"尊胜幢"，虎患遂绝，故名。

19. 答案：A

解析：万年寺内供奉北宋太宗赐金三千两并派人在成都铸成的普贤菩萨骑六牙白象大型铜像一尊，极为庄严生动，是峨眉山的"镇山之宝"、普贤道场象征。

20. 答案：D

解析：慈云寺是四川云顶山规模最大的寺院。

21. 答案：B

解析：元代僧人元一曾游学印度，是中国汉族僧人中唯一在印度佛教晚期时西行求法的人。后受元世祖嘉许，赐为护国寺主讲，回蜀住持云顶山。

22. 答案：C

解析：宝光寺位于成都市北郊18千米处的新都区，是我国历史悠久、规模宏大、结构完整、环境清幽的佛教寺院之一。宝光寺占地面积120亩，建筑面积2万余平方米，殿宇深幽，古木葱茏，五殿十六院层层递进。它规模宏大，藏经丰富，僧徒众多，是清朝以来中国南方"四大佛教丛林"之一，是目前四川汉地保存最完好、最大的寺院。

23. 答案：C

解析： 宝光寺现有建筑面积近2万平方米，一塔、五殿、十六院。其十三层密檐四方砖塔高20余米，如尖锋玉笔直刺蓝天，远望形成"玉笔点银河"的景观。如今塔身西斜，被赞为"东方斜塔"。

24. 答案：C

解析： 宝光寺的建筑为木石结构，施用石柱400多根，主要由一塔、五殿、十六院组成，四面经墙环护，绿树萦绕。中轴线上，福字照壁、山门殿、天王殿、舍利塔、七佛殿、藏经楼、紫霞山依次而立；两旁有钟楼、鼓楼、客堂、云水堂、斋堂、戒堂、罗汉堂、禅堂、东方丈、西方丈相对称，展现了中国佛教禅院的整体风貌。宝光寺是中国唯一保存了早期佛寺"寺塔一体、塔踞中心"的典型布局的寺庙。

25. 答案：B

解析： 皇泽寺，是中国唯一的女皇帝武则天的祀庙，位于四川省广元城西嘉陵江畔。皇泽寺始建于唐开元年间，其后屡有毁建，现存建筑大部分为清代建筑；主体建筑有大门、二圣殿、则天殿、大佛楼、吕祖阁、五佛亭等，寺依悬崖，下瞰江流，雕梁画栋，错落有致，气势不凡，颇有巴山蜀水之秀丽巍峨。每年农历正月二十三，皇泽寺都要举行盛大庙会，广元人民要去皇泽寺前乌龙潭一带划舟竞渡、游河湾纪念武后生日。

26. 答案：D

解析： 广德寺，中国皇家禅林，位于四川省遂宁市船山区城西三里许的卧龙山。始建于唐朝开元年前(713)，一千三百余年来，广德寺历尽沧桑，几度被毁，又数次重建。寺内九龙碑是我国发现的唯一一块九龙碑，双龙戏珠下面是唐、宋9个皇帝敕封广德寺的记载。

27. 答案：B

解析： 善济塔，塔高22米，石结构，初建于唐德宗贞元三年(787)，系唐代高僧"克幽禅师"的灵塔，虽经千年尘风俗雨而岿然无损，是我国目前保存最完整的宋塔，位于四川遂宁广德寺内。

28. 答案：A

解析： 邛崃镇江塔是四川最高的塔，通高75.5米，有13级青砖，中空可攀。

29. 答案：D

解析： 泸州报恩寺塔建于宋高宗绍兴四年(1134)，是四川境内宋塔的代表。

30. 答案：D

解析： 广德寺，中国皇家禅林，位于四川省遂宁市船山区城西三里许的卧龙山。

31. 答案：C

解析： 四川安岳佛教石刻，被称为"我国古代雕刻又一大宝库"，其开凿始于南梁武帝普通二年(521)，盛于唐宋两代，延续至明清直到民国，其中以唐宋石刻造像为主。现有佛教造像143处，总数达10万余尊；造型淳厚古朴，内容丰富，有大量反映四川唐密修行活动的造像。

32. 答案：B

解析： 泥塑佛像在四川佛教寺院中最为普遍，阆中永安寺元代塑像是四川现存佛教泥塑中最早的作品。

33. 答案：D

解析： 清康熙八年(1629)，高道陈清觉募捐恢复青城山宫观，创立碧洞宗，青城山遂成为全真道龙门派丹台碧洞宗的祖庭。

34. 答案：C

解析： 四川道教名山鹤鸣山，又称"鹄鸣山"，位于四川大邑县城西15千米处的鹤鸣乡三丰村，是中国道教的发源地，道教祖庭之所在。因山形似鹤、山藏石鹤、山栖仙鹤而得名，亦为古代剑南四大名山之一。

35. 答案：B

解析： 七曲山位于梓潼县城北，古称"尼陈山"。天宝十五年(727)，唐玄宗幸蜀途经此山时，侍臣中有人留下了"细雨霏微七曲旋，郎当有声哀玉环"的诗句，从此"七曲"之名便名扬天下，更是被道教誉为"天下第九座名山"。

36. 答案：B

解析： 青羊宫为全国著名道观，也是西蜀历史最悠久的道观，被誉为"川西第一道观""西南第一丛"。青羊宫始建于周朝，原名青羊肆。至明朝，唐朝所建殿宇毁于兵灾。现存建筑大多为清代康熙年间陆续重建。主要建筑有山门、三清殿、唐王殿等。

37. 答案：D

解析： 道教造像始于魏晋南北朝，四川现存较早、最精美的道教造像是绵阳西山玉女泉造像，30余龛，造于隋炀帝大业六年(610)。

38. 答案：A

解析： 格迪目派是中国伊斯兰教派中，流传最早、传播广泛、信众较多、影响较大的一个派系，四川穆斯林绝大多数属于该派。

(二)多项选择题

1. 答案：ABCDE

解析： 佛教传入四川的最初年代，可以追溯到东汉时期，这可以从较多东汉墓葬出土的文物中得到证实。乐山出土的东汉麻浩墓，上部有佛像浮雕；彭县东汉崖墓出土的"摇钱树座"，也有灰陶质佛像和夹侍；西昌邛海出土的东汉墓砖上有朱砂写的梵文符号。此外，据史籍记载，华阳白塔寺、郫县中寺始建于东汉。这些都可以说明佛教在东汉时期已经传入四川。

2. 答案：ABD

解析： 10世纪后期，印度佛教大师念智弥到康巴地区传法。他最著名的弟子赛尊长期在康巴地区活动。11世纪，西藏佛教"后弘期"的重要人物公巴绕赞赛也到安多地区学习过佛法。四川藏区的佛教为我国藏语系佛教的形成和发展，起了先导和积聚作用。

3. 答案：AB

解析： 9世纪，西藏地区灭佛，西藏佛教徒纷纷东迁，进入四川康巴(今甘孜各处)和安多(今阿坝一带)地区。西藏僧人携带经典，率徒逃到四川，使西藏"前弘期"佛教成果在四川得以保存。

4. 答案：ABC

解析： 四川汉语系佛教主要派别有禅宗、净土宗、密宗等。苯教属于四川藏语系佛教。

5. **答案**：BCD

解析：四川汉语系佛教各派中，最盛的是禅宗，历史上四川著名禅师中影响较大的有道一、宗密、法演、破山等。昌圆为著名净土宗僧人。

6. **答案**：ACDE

解析：四川禅宗居士禅占有主要地位，唐宋明清居士习禅，蔚然成风。四川名士苏轼、苏辙、张商英、黄庭坚、文同、沈文伦、张方平等，均是参禅高手。

7. **答案**：ABE

解析：峨眉山如今开放的主要寺院有报国寺、伏虎寺、万年寺、雷音寺、清音阁、洗象池、仙峰寺、金顶华藏寺等。

8. **答案**：AC

解析：四川峨眉山为中国四大佛教名山之一；云顶山亦为四川佛教名山，历史上曾与峨眉山齐名。

9. **答案**：AC

解析：宝光寺与昭觉寺、草堂寺合称成都三大精舍（寺庙），人称"上有文殊、宝光，下有金山、高文"（金山寺，江苏镇江名寺；高文寺，扬州古运河与仪扬河交汇处的中国禅宗四大丛林之一）。

10. **答案**：CD

解析：四川佛教石刻艺术中，开凿年代最早、最集中、规模最大的，是广元千佛崖石窟群和皇泽寺摩崖造像。千佛崖位于嘉陵江东岸，始造于南北朝，现有佛龛 400 多个，唐代造像最多；皇泽寺位于嘉陵江西岸，有佛像 34 处，为南北朝至宋的各代作品。

11. **答案**：AD

解析：四川道教名山首推青城山，素有"青城天下幽"的美誉。现对外开放的主要宫观有建福宫、常道观、祖师殿、园明宫、玉清宫、上清宫等。其中，建福宫为青城山的门户，常道观为青城山的中心。

12. **答案**：ABCDE

解析：四川道教文化遗迹有，射洪金华山金华观、江油窦圌山云岩寺、彭山仙女山彭祖祠、阿坝松潘黄龙观、都江堰二王庙、彭县葛仙山葛仙观、江油乾元山金光观等。

（三）判断题

1. **答案**：√

解析：佛教西向由西藏传入四川藏区，四川藏区的佛教为我国藏语系佛教的形成和发展，起了先导和积聚作用。

2. **答案**：√

解析：宋太祖开宝四年（971），朝廷遣人在成都刻印《大藏经》，这是我国历史上第一部官刻雕版大藏经，即《开宝藏》或《蜀藏》。

3. **答案**：×

解析：峨眉山原为道教第七洞天，建寺于东汉，6 世纪逐渐兴盛，明清达到鼎盛，清末衰败。

4. **答案**：×

解析：文殊院位于成都市青羊区，是国务院确定的全国汉语系佛教重点寺院之一，中

国长江上下游四大禅林之首，是集禅林圣迹、园林古建、朝拜观光、宗教修学于一体的佛教圣地。

5. 答案：√

解析：青羊宫内存有清康熙长洲进士彭定求编纂的《道藏辑要》，清代梨木刻板14 000多块，共245册，内容丰富，是世界上保存最完整的版本，成为研究道教哲学、医学、气功、炼丹术和历史的珍贵资料。

6. 答案：√

解析：四川著名道观中，位于梓潼县的七曲山大庙是南宋绍兴七年(1137)高宗赵构下诏，以王宫格局改造的全国第一座文昌宫，是全国文昌宫的祖庭。大庙属国家级剑门蜀道风景名胜的著名景点，险峻的古蜀金牛道至此结束，"五丁开山"的故事就发生在这里。

7. 答案：√

解析：1753年教皇批准将四川传教权"授予"巴黎外方传教会，而后四川天主教的主要神职人员都是法国人，当时唯一的中国神甫叫李安德，他写的《李安德日记》是了解四川天主教早期历史的重要依据。

8. 答案：×

解析：伊斯兰教大规模传入四川是在元明时期，兴盛于清代。

三、四川的民族与民俗文化

(一)单项选择题

1. 答案：D

解析：四川位于中国东部与西部，西南与中原、西北的过渡地带，是东西南北各族迁徙的重要通道。因此，四川是一个多民族聚居的地区，素有"民族走廊"之称。

2. 答案：B

解析：羌族主要聚居在四川西部茂汶，是中国西南的一个古老民族。现在中国官方认定的羌族主要聚居在四川省阿坝藏族羌族自治州东部、绵阳市的北川县、平武县等地，其余散居在汶川、理县、黑水、松潘等地。四川有中国唯一的羌族聚居区。

3. 答案：B

解析：火把节是彝族地区最普遍而又最隆重的传统节日，在每年的农历六月二十四日；火把节一般欢度三天，头一天全家欢聚，后两天举办摔跤、赛马、斗牛、竞舟、拔河等丰富多彩的活动，然后举行盛大的篝火晚会，彻夜狂欢。

插花节，是云南省楚雄彝族自治州彝族人民所特有的传统节日，每年农历二月初八举行。

领歌节是四川省阿坝藏族自治州茂县、汶川县、曲谷一带羌族妇女的节日，从农历五月初五开始。

青姑娘节既是白族妇女独特的民俗性活动，又是白族妇女的民族音乐节，时间是每年农历正月十五日。

4. 答案：D

解析：在藏区，禁忌在别人后背吐唾沫、拍手掌；行路遇到寺院、玛尼堆、佛塔等宗教设施，必须从左往右绕行；不得跨越法器、火盆；经筒、经轮不得递转；忌讳别人用手触摸头顶；忌讳触摸藏服。藏历年是藏族传统节日。每年藏历正月一日开始，三至五天不等。

5. 答案：C

解析： 羌语称碉楼为"邛笼"，多建于村寨住房旁，高度在 10 至 30 米之间，用以御敌和贮存粮食柴草。羌族民居为石片砌成的平顶庄房，呈方形，多数为 3 层，每层高 3 米余。羌族地区山高水险，为便利交通，1 400 多年前羌民就创造了索桥(绳桥)。

6. 答案：C

解析： 黄龙庙会是四川西北部地区藏、羌、回、汉等各族人民的传统盛会，场地在黄龙风景名胜区内的黄龙寺，时间为每年农历六月十六日，会期三天，传说为纪念黄龙真人而兴起。

7. 答案：B

解析： 四川康定地区的藏族人民将每年农历四月初八的浴佛节，定为有名的转山会。传说这一天是佛祖释迦牟尼的诞辰，有九龙吐水，为佛祖沐浴。每年转山会期间，人们从四面八方云集康定，带着美酒佳肴、帐篷炊具，上跑马山拜佛，载歌载舞，祈年祷岁，预祝丰收。

8. 答案：B

解析： 元宵赏灯起源于东汉，于唐代发展成灯会。成都是唐代最著名的商业都市，故成都灯会是中国历史最悠久、规模最宏大的灯会。

9. 答案：D

解析： 唐代时，灯会只在正月十五日夜举办，宋代时增为三夜，明代时增为十夜，现今一般历时一个月，每年春节期间在成都文化公园内举行。

10. 答案：C

解析： 成都花会是成都最活跃的一次民间文化娱乐活动。传说道教始祖李耳的生日是农历的二月十五日，故唐代以来，民间在此举办一年一度的庙会。又因成都的二月正是百花盛开的季节，故又传二月十五日是百花的生日，因此每年二月又在这里举办花会。

11. 答案：C

解析： 元九登高节是四川达州的汉族传统节日，是四川十大地方名节。每年农历正月初九，数十万人风雨无阻，倾城出游，登高望远，不达山顶绝不罢休，纪念曾在达州"以清廉勤政为官"著称的唐代大诗人元稹。达州人以这种独特的方式祭天祈福，期待一扫去岁颓势，迎来新年万事畅达，这一壮观景象在全国也属罕见。

12. 答案：B

解析： 元九登高节是四川达州的汉族传统节日，是四川十大地方名节。

13. 答案：B

解析： 广元女儿节是流行于四川广元一带的传统民俗节日。相传，唐代女皇武则天的母亲在广元游沙湾村时遇黑龙感孕，于农历正月二十三日生下武则天，故民间于此日结队游江湾以示纪念，妇女们更是穿戴一新，沿沙湾畅游，以求吉祥。

14. 答案：D

解析： "川剧"名称的正式出现，大约是在清朝同治年间。

15. 答案：B

解析： 高腔是川剧的特色，也只有川剧才较好地保留了这种独具特色的声腔。

16. 答案：C

解析： 川剧的角色、服装、脸谱与京剧雷同，但川剧的帮腔和变脸是区别于其他剧种的绝活。

17. 答案：B

解析： 川剧的五大声腔中，灯戏是四川地道的地方戏，起源于夹江县麻柳乡的堂灯戏。

18. 答案：C

解析： 川剧界把不同地区、不同风格的流派区分为四条河道：一是川西河，以成都为中心，盛行高腔、胡琴戏；二是川南河，又名资阳河，以自贡为中心，盛行高腔戏；三是川北河（嘉陵江流域），以南充为中心，擅长弹戏；四是下川东河，以重庆为中心，胡琴戏广为流行。

19. 答案：B

解析： 四川曲艺历史悠久，明清时期，四川曲艺已形成了很多品种，在语言、曲调、题材等方面都带有浓厚的四川乡土气息。在四川城乡的茶馆、书场等公共娱乐场所，随处都可以欣赏到曲艺艺人的表演。

20. 答案：A

解析： 民国时期，成都出现了专业曲艺演出场地，最有名的曲艺书场要数鼓楼北一街的"芙蓉亭"和东城根街的"锦春茶楼"。

21. 答案：A

解析： 四川曲艺有10多个品种，大致可以分为两大类：一类是行腔的，即以演唱为主，如四川扬琴、四川竹琴、四川清音，以及荷叶、车灯、莲花落等；一类是不行腔的，即以说、朗诵为主，如四川相书、四川评书、四川谐剧等。

22. 答案：B

解析： 四川竹琴又称道琴，原是道士劝善说道时用的一种古老说唱艺术，以竹筒鼓、简板和碰铃为伴奏乐器，民国初年始称竹琴。

23. 答案：C

解析： 四川清音，民间又叫"唱小曲""唱琵琶""唱月琴"等，是一种叙事体的说唱音乐，清朝乾隆年间由四川的民歌小调发展而成。演唱者多为一人，左手击板，右手敲打竹鼓以掌握节奏。

24. 答案：D

解析： 李德才的扬琴唱腔圆润清脆，悠扬婉转，被誉为"德派"；邹忠新是著名的四川金钱板演员；竹琴艺人贾树三吸收川剧和扬琴唱腔，丰富了竹琴的表演技能，创造了人们喜爱的"贾派"艺术；著名清音演唱艺术家蔡文芳、李月秋创造出"哈哈腔"，别有韵味，有"大珠小珠落玉盘"的美誉。

25. 答案：B

解析： 四川相书又称"隔壁戏"，凭口技演出，用一顶布帐子将演员和观众隔开，演员置身帐中用口技和折扇、铜铃、莲花落等道具摹拟各种声音，描绘故事情节和环境，虽只有一人表演，却能同时扮出人物对话、器物相击等各种声音。其表演节目颇为幽默，人称"滑稽相书，话中有话"。

(二)多项选择题

1. 答案： ABC

解析： 四川省 55 个少数民族成分齐全，其中世居少数民族有彝、藏、羌、苗、回、土家、傈僳、纳西、蒙古、满、布依、白、傣、壮 14 个。彝族主要分布在凉山州、乐山市、攀枝花市；藏族主要分布在甘孜州、阿坝州和凉山州的木里自治县；羌族主要分布在阿坝州的汶川县、理县、茂县和绵阳市的北川、盐亭、平武县。

2. 答案： ABCD

解析： 彝族主要分布在凉山州、乐山市、攀枝花市。彝族语言属汉藏语系藏缅语族彝语支，有六种方言。

彝族有自己的文字，是中国最早的音节文字，一个字形代表一个意义，文字总数达一万多个，其中比较通用的有一千多个，大约形成于 13 世纪。1957 年通过了彝文规范方案，确定 819 个规范彝字，并开始试行。

祭齐罗尼荷为彝族信仰习俗，齐罗尼荷为彝语音译，意为五谷神。每年春种前或收获时，用稻草扎制其偶像，置于家中后墙前祭祀。届时，打牲献祭，祭师诵经，将一个刻有鬼状的木头抛于门外以示鬼，把一些树枝送往门外坝边以示丰收。

《宇宙人文论》用问答形式论述自然观，是彝族哲学思想史上的重要论著。

3. 答案： AB

解析： 羌族最隆重的民族节日为"祭山会"(又称转山会)和"羌年节"(又称羌历年)，分别于春秋两季举行，春季祈祷风调雨顺，秋后则答谢天神赐予的五谷丰登；祭山会的时间各地并不统一，有正月、四月、五月之分，亦有每年举行 1 次或 2~3 次不等。

羌年节于每年农历十月初一举行，一般为 3~5 天。

火把节是彝族地区最普遍而又最隆重的传统节日，在每年的农历六月二十四日。

青姑娘节既是白族妇女独特的民俗性活动，又是白族妇女的民族音乐节，时间是每年农历正月十五日。

三月街名观音市，是白族一年一度盛大的传统节日，其中又尤以云南省大理三月街最为出名。

4. 答案： ABD

解析： 成都花会是成都最活跃的一次民间文化娱乐活动。始于唐朝，场地就在成都西门外的青羊宫。传说道教始祖李耳的生日是农历的二月十五日，故唐代以来，民间在此举办一年一度的庙会。又因成都的二月正是春意宜人、百花盛开的季节，故又传二月十五日是百花的生日，因此每年二月又在这里举办花会。花会期间同时开展物资交流活动和宗教活动，还有地方曲艺表演和名小吃展销。新中国成立后，1951 年正式举办第一届花会，以后每年一次，每次 1 个月至 1 个半月。1980 年起，市政府决定将花会场地定在与青羊宫一墙之隔的"文化公园"。花会期间除传统内容外，又增加了鸟市、书市、书画艺术展销等内容。

5. 答案： BCDE

解析： 望丛祠赛歌会是川西著名的民俗文化活动。郫县曾是古蜀国都城，城内有古蜀

王望帝和丛帝的坟墓以及纪念望丛二帝的祠堂，故称望丛祠。传说古望帝死后变为杜鹃鸟，叫民春耕，不误农时。当地百姓祭祀望丛二帝时便以唱山歌、田歌、牧歌的形式来表示哀悼，以后就形成了一年一度的望丛歌会。主要活动有举办杜鹃花展、名小吃展销、对歌赛歌以及武术比赛、物资交流活动等。

6. 答案：ACDE

解析："成都大庙会"是成都市春节期间最大的节日文化活动，自2005年起在武侯祠举办，突出武侯祠的三国文化主题，通过连续几年的成功举办，不仅成为知名文化品牌，也跻身国内著名传统春节庙会之列。

1987年，龙泉驿区举办首届桃花会。1993年第七届桃花节提出了"以花为媒、广交朋友、促进开发、繁荣经济"的办会宗旨一直延续至今。1994年，桃花会主办者由龙泉驿区人民政府升格为成都市人民政府，名称随即改为"中国成都桃花会"。

新津龙舟会是四川成都的汉族民俗活动。农历五月初五日的端午节赛龙舟是中国南方人民的传统习俗之一。成都虽在长江以北，但也是水乡之地，所以赛龙舟的历史也很久远。但70年代以后，市内的河道已不适宜再举办龙舟竞渡，因此成都新津县的南河便以其优越的地理条件，把龙舟竞渡办得有声有色。

2001年至2010年，西岭雪山共成功承办了十届南国冰雪节，在国内影响十分广泛，使得冰雪旅游成为四川冬季旅游的一张名片、一个重要品牌。

7. 答案：ABCD

解析：川剧是流行于四川、重庆的汉族聚居区和云南、贵州部分地区的地方剧种，是中国地方戏曲中最大的剧种之一。

8. 答案：ADE

解析：川剧有五大声腔，即昆腔、高腔、胡琴、弹戏和灯戏。

9. 答案：ABD

解析：民国时期，成都出现了名声显赫的专业曲艺艺人，被誉为曲艺界"四绝"的是李德才的扬琴、贾树三的竹琴、曾炳昆的相书和李月秋的清音。

10. 答案：BCD

解析：四川扬琴是一种以演唱为主、说唱兼备的四川地方曲艺品种。起始于清朝乾隆年间，以扬琴为主要伴奏乐器，一般在茶馆或书场演出，不需要大的舞台和布景，演员坐着演唱，故有"坐地传情"的嘉誉。扬琴演唱一般为五人，演唱生、旦、净、末、丑五种角色，分别操作扬琴、鼓板、小胡琴、碗碗琴、三弦，边伴奏、边说唱。

(三)判断题

1. 答案：√

解析：四川是一个多民族聚居的地区，自有史记载以来，先后有数十个民族在这里生息繁衍。特别是明末清初的"湖广填四川"，大量外省人口流入四川定居，使四川的民族成分更加复杂。

2. 答案：√

解析：成都灯会是四川历史最悠久、规模最大的灯会，每年春节期间在成都文化公园举行，一般历时一个月。

3. 答案：×

解析：都江堰放水节于每年清明节期间举行。

4. **答案**：√

解析：川剧具有浓郁的地方特色，道白和吟唱用的是四川方言，诙谐风趣，又通俗易懂，剧本词汇丰富，文学性极高，可谓"俚中见雅"。

5. **答案**：×

解析：四川荷叶是一种说唱兼备的艺术，艺人手持檀板、铜钹进行表演，因铜钹形似荷叶而得名。

四、四川历史文化名城简介

(一)单项选择题

1. **答案**：B

解析：目前，四川省一共有 8 座国家级历史文化名城，分别是成都、都江堰、阆中、乐山、泸州、宜宾、自贡、会理。

2. **答案**：A

解析：汉朝时成都蜀锦织造业便已经十分发达，朝廷在成都设有专管织锦的官员，因此成都被称为"锦官城"，简称"锦城"。

3. **答案**：B

解析：西汉时，成都的繁华程度超过素有"天府"美誉的关中平原，从而使"天府之土""陆海之乡"的称号转移到了成都平原。

4. **答案**：D

解析：秦汉时代，成都是全国有名的商业都市。汉代，又是全国五大都会(洛阳、邯郸、临淄、宛、成都)之一。唐代有"扬(州)一益(成都)二"之称。北宋时期是汴京以外的第二大都会。

5. **答案**：A

解析：公元前 141 年，蜀郡太守文翁在成都建立了中国最早的地方官办学堂"文翁石室"。

6. **答案**：C

解析：后蜀后主孟昶亲笔书写了中国第一幅春联"丰年纳余庆，嘉节号长春"；成都画家黄筌开创了中国工笔花鸟画派先河；雅好丹青的后蜀后主孟昶特创"翰林图画院"，成为中国最早的皇家画院；后蜀赵崇祚编辑了中国文学史上的第一部词集《花间集》。

7. **答案**：A

解析：后蜀后主孟昶亲笔书写了中国第一副春联"丰年纳余庆，嘉节号长春"；成都画家黄筌开创了中国工笔花鸟画派先河；雅好丹青的后蜀后主孟昶特创"翰林图画院"，成为中国最早的皇家画院；后蜀赵崇祚编辑了中国文学史上的第一部词集《花间集》。

8. **答案**：B

解析：北宋年间，由于商业发达，成都出现了世界上最早的纸币"交子"，官府在成都设立了世界最早的管理储蓄银行"交子务"。

9. **答案**：A

解析：成都历史悠久，文化灿烂，是首批国家历史文化名城、中国最佳旅游城市和南方丝绸之路的起点。2 600多年的建城史孕育了都江堰、武侯祠、杜甫草堂、金沙遗址等众多名胜古迹。

10. 答案：C

解析：都江堰水利工程中，宝瓶口起引水作用，把内江水引入灌区。

11. 答案：D

解析：都江堰水利工程中，飞沙堰起排洪泄沙作用，把内江多余的水和泥沙排入外江，保证内江畅通、安全。

12. 答案：B

解析：阆中地处四川盆地北缘，嘉陵江的中游，其由大巴山脉、剑门山脉与嘉陵江水系交汇聚结形成严密缠绕合护的形胜之地。"三面江光抱城郭，四围山势锁烟霞。"其山川形势独特，山水城融为一体。

13. 答案：C

解析：阆中在唐代出了尹枢、尹极二状元，宋代出了陈尧叟、陈尧咨二状元，是四川出状元最多的地方。建于清代的贡院，仍完好地坐落于阆中古城的学道街。据《保宁府志》《阆中县志》列名，阆中出进士116人、举人404人，被誉为四川的状元、举人之乡。

14. 答案：C

解析：阆中古城是中国四大古城之一，拥有堪称全国一流的古民居保护区。

15. 答案：B

解析：东汉时，佛教开始传入乐山。东晋以后，佛教寺庙与日俱增，香火日趋旺盛。唐宋时期，乐山为中国西南佛教文化的重要所在。

16. 答案：D

解析：明清时期，峨眉山成为汉传佛教四大名山之一。

17. 答案：A

解析："船城"罗城古镇被誉为"中国的诺亚方舟"。古镇主街凉厅街是罗城旧时代的中心，它被当地人叫作"船形街"，长度为209米，最宽处9.5米，看上去完全像一条大船或是一把巨大的木梭。

18. 答案：C

解析：泸州，古称"江阳"，别称酒城、江城，是国内唯一拥有两大知名白酒品牌的城市，是中国唯一的酒城。

19. 答案：D

解析：泸县是中国"龙桥之乡"，有中国乃至世界最大的龙桥群。其中，尤以龙脑桥最具代表性，它是中国最大的龙雕石梁板桥，建于明代洪武年间，因桥头坡上原有龙脑寺、龙岩寺、观音寺、玉佛寺四大古刹，故名龙脑桥，是全国罕见的明代大型石雕桥。

广东潮州广济桥是中国也是世界上最早的一座开关活动式大石桥；福建泉州洛阳桥是世界桥梁筏形基础的开端，为全国重点文物保护单位；福建泉州安平桥是我国现存古代最长的石桥，享有"天下无桥长此桥"之誉。

20. 答案：A

解析：宜宾，国家历史文化名城，名酒五粮液即产于这里，发达的酿酒工业使宜宾成为名副其实的"中国酒都"。

21.　**答案**：D

解析：李庄古镇位于"万里长江第一城"的宜宾市，有 1 400 多年的历史，曾是长江上游一座水运大码头，是川南货运的集散地，因而被称为"万里长江第一镇"。

22.　**答案**：C

解析：宜宾市的长宁、江安县形成了许多以竹子为原料的工艺品，涵盖人们生活的各个方面，有竹雕、竹根雕、竹编等，特别是借助竹根而雕成的各种工艺品，江安竹簧于 2008 年被列入国家级非物质文化遗产保护。

23.　**答案**：B

解析：荣县大佛位于自贡荣县县城东郊，为唐代所刻，是四川最大的一尊如来佛像、第二大石刻大佛，仅次于乐山大佛。荣县大佛与乐山大佛相距不足百里，各有特点，映衬成趣，自古以来就有"嘉州大佛雄，荣州大佛美"之誉。

(二)多项选择题

1.　**答案**：BCE

解析：传说公元前 311 年，当时镇守成都的张仪着手修筑城墙，却屡筑屡垮，后来"有大龟浮于江"，张仪根据巫师指点，沿着龟爬行的路线筑城，果然成功，故成都又叫"龟城"。

西汉时期，成都的织锦业驰名天下，在城西南筑有锦官城，故成都又有"锦官城""锦城"之称。五代后蜀王孟昶时，在城墙上和街道两旁遍植芙蓉，使成都"四十里为锦绣"，故成都还有"芙蓉城""蓉城"之称。

宜宾古称"叙州"，泸州别称江城。

2.　**答案**：ABCD

解析：成都是全世界最早开发利用天然气的地方。早在西汉时期，成都人就发现了天然气，并用于制盐，这就是成都临邛地区有名的"火井"。

隋唐至宋时代，成都的造纸技术为全国的高峰。唐代成都造的"益州麻纸"是官方规定的诏书、册令和中央图书馆的标准用纸。

饮茶文化始于中国，中国饮茶，源于四川。诗歌中最早饮茶记录亦在成都。唐宋时期，成都是全国茶叶生产的主要地区，也是茶叶贸易的集散中心。

成都又是蜀锦的故乡，起源于战国时期，已有 2 000 余年的历史，蜀锦织造技艺是国家级非物质文化遗产之一，有中国四大名锦之首的美誉。

3.　**答案**：AB

解析：成都拥有 2 项世界遗产、2 项世界预备遗产，是中国中西部拥有世界遗产项目数最多的城市，拥有武侯祠、杜甫草堂、永陵、望江楼、青羊宫、文殊院、明蜀王陵、昭觉寺等众多历史名胜古迹和人文景观。在成都市区域内，被列为国家级历史文化名城的有都江堰市，列为省级历史文化名城的有邛崃市、崇州市、彭州市。

郭沫若故居和东风堰为乐山市著名景点。

4.　**答案**：ABCD

解析：古堰流碧，居"成都十景"之首，形容的是都江堰的秀美景色；青城叠翠，"成都十景"之一，形容的是青城山的秀美景色；草堂喜雨，"成都十景"之一，形容的是杜甫

草堂的文化景观；江楼修竹，"成都十景"之一，形容的是望江楼的文化景观；此外，"成都十景"还有祠堂柏森、西岭晴雪、文殊朝钟、天台夕晖、青羊花会和宝光普照。

宽窄巷子是成都遗留下来的较成规模的清朝古街道，为"成都新十景"之一。

5. **答案**：AB

解析：都江堰水利工程中，鱼嘴和金刚堤起分水作用，把岷江水一分为二，内江水流入灌区，外江水为正流。

6. **答案**：ABD

解析：公元前256年，战国时期秦国蜀郡太守李冰率众修建的都江堰水利工程，位于都江堰市西侧的岷江上，距成都56千米；青城山位于成都市都江堰市西南，东距成都市区68千米，处于都江堰水利工程西南10千米处；龙溪—虹口国家级自然保护区位于都江堰市北部；蜀南竹海风景名胜区为宜宾市景点。

7. **答案**：ABC

解析：阆中历史源远流长，文化灿烂，有着"阆苑仙境""阆中天下稀""巴蜀要冲"之美誉。

8. **答案**：ABD

解析：阆中在古代是巴人活动的中心地区之一，巴国最后一个国都就定于阆中。阆中是春节的发源地，于2010年被中国民间文艺家协会授予"中国春节文化之乡"。阆中的皮影戏是四川的代表，它巧妙地糅合进苍溪灯戏(川派傩戏)唱腔进行表演，影响了整个四川皮影艺术的发展，被称为"川北皮影"。阆中已成为国内四大食用醋产地之一，保宁醋创制于明末清初，其特点是醇香适口。

9. **答案**：ABCDE

解析：华光楼被誉为"阆苑第一楼"，是阆中的标志性建筑；汉桓侯祠，俗称张飞庙，是纪念三国时蜀汉名将张飞的祠庙，为全国重点文物保护单位；巴巴寺是阆中远近闻名的伊斯兰教圣地；阆中玉台山下有一座滕王阁，其规模比南昌滕王阁还要大；锦屏山风景区，位于阆中市城南郊，山势独特险峻，花木似锦，山峰连列如屏，世称锦屏，素有"阆苑仙境"和"天下第一江山"之美誉。

10. **答案**：ABD

解析：乐山有3处世界遗产：乐山大佛、峨眉山和东风堰。

11. **答案**：ABCE

解析：现今乐山有全国重点文物保护单位10个：乐山大佛、麻浩崖墓、峨眉山古建筑群、大庙飞来殿、杨公阙、犍为文庙、千佛岩石窟、郭沫若故居、乌尤离堆、三江宋塔。

12. **答案**：AE

解析：泸州以出产泸州老窖酒和古蔺郎酒而享有"酒城"的美誉，是中国唯一拥有两个国家名酒的地区，酿酒历史达400多年。剑南春是汉族传统名酒，产于四川省绵竹市，因绵竹在唐代属剑南道，故称"剑南春"。西凤酒为陕西名酒。

13. **答案**：ABC

解析：古老的泸州经历了2 000多年的岁月，留下了许多文物古迹：玉蟾山摩崖造像造型生动，报恩塔极具唐代建筑艺术特点，春秋祠饱含清代雕刻艺术之精华，龙脑桥以石雕艺术精湛著称，更有 400 多年窖龄的泸州老窖举世闻名。

14. **答案：** ABD

解析： 宜宾是长江上游开发最早、历史最悠久的城市之一，是南丝绸之路的起点，素有"西南半壁古戎州"的美誉，古称"僰道""戎州""叙州"；名酒五粮液即产于这里，发达的酿酒工业使宜宾成为名副其实的"中国酒都"；有国家级风景名胜区 2 处，即蜀南竹海、石海洞乡。

(三)判断题

1. **答案：** √

解析： 蜀绣，又称"川绣"，是以成都为中心的刺绣品总称，产于四川成都、绵阳等地。蜀绣与苏绣、湘绣、粤绣齐名，合称中国四大名绣。

2. **答案：** √

解析： 中国古代四大水利工程：四川都江堰(战国)、陕西郑国渠(战国末期)、广西灵渠(秦代)、浙江它山堰(唐代)。

3. **答案：** √

解析： 峨眉山是世界文化与自然双重遗产。山上的古建筑群为全国重点文物保护单位，以峨眉山为主体的峨眉山景区为国家重点风景名胜区、国家 AAAAA 级旅游景区。

4. **答案：** ×

解析： 僰民族是曾经长期生活在宜宾的少数民族之一，已销声匿迹，只有文物和遗存堪资探究。宜宾的僰文化，可自崖葬悬棺、铜鼓中略知一二。现在国家级文保单位僰人悬棺、石城山崖墓群、黄伞崖墓群均是僰文化的标志。

5. **答案：** √

解析： 会理县，因"川原并会、政平颂理"而得名，历来是川滇两省交界的军事和经济重镇，是川滇两省商旅物资的集散地。古代南方丝绸之路从县境南北贯通达 100 多千米，途经 44 个乡镇，会理县城是这条古道的重要驿站，素有"川滇锁钥"的美誉。

五、四川古代建筑文化

(一)单项选择题

1. **答案：** B

解析： 悬棺墓，将棺木放置在悬崖峭壁上，或利用岩壁间的裂隙处架设棺木，或利用天然岩洞及人工凿穴，盛放棺木，如珙县城南发现的就是少数民族僰人的一种悬棺墓葬，故称"僰人悬棺"。

2. **答案：** C

解析： 云顶山石城，位于成都西北部的金堂县境内云顶山巅，四面削壁陡矗，状如城垣，平达数亩，故名"石城山"。原为南宋名将余介于公元 1243 年为抵抗蒙军而建的防御城堡，是川西唯一幸存的南宋末年抗元的古城堡，绮丽的青山秀水与悠久的历史文化遗迹相结合是该景区的一大特色，南宋抗元英雄的气质与这里的山水同在。

3. **答案：** D

解析： 丹巴县位于四川省西部，全县现存古碉数量和种类之多，建筑之奇，堪称全国

之最、世界罕见，有着"千碉之国""古碉之乡"的美誉。

4. 答案：A

解析：会馆是中国明清时期都市中由同乡或同业组成的封建性团体。四川的大多数会馆，是入清以后由"湖广填四川"迁来的客民建立的同乡移民会馆。洛带古镇作为客家名镇，仍保留着客家人的乡音、乡貌、乡情、乡风。场镇老街以清代建筑风格为主，呈"一街七巷子"格局，广东、江西、湖广、川北四大客家会馆、客家博物馆和客家公园坐落其中，是名副其实的"客家名镇、会馆之乡"，被誉为"中国西部客家第一镇"。

5. 答案：D

解析：武侯祠是纪念三国时期蜀汉丞相诸葛亮的祠堂，是全国最负盛名的诸葛亮、刘备及蜀汉英雄纪念地，也是中国唯一的一座君臣合祀祠庙，由刘备、诸葛亮蜀汉君臣合祀祠宇及惠陵组成。

6. 答案：B

解析：望丛祠，位于四川省成都市郫县县城西南部，距成都市区 23 千米，是为了纪念古蜀王望帝杜宇和他的继任人丛帝而修建的祠祠，是中国西南地区唯一的一祠祭二主、凭吊蜀人先贤的祠祠，也是西南地区最大的帝王陵冢。

7. 答案：C

解析：三苏祠位于四川省西南眉山市，是北宋著名文学家苏洵、苏轼、苏辙的故居。明代洪武元年改宅为祠，祭祀"三苏"，明末毁于兵燹，清康熙四年(1665)在原址模拟重建。经数百年的营造，周围红墙环抱，绿水萦绕，荷池相通，古木扶疏，小桥频架，堂馆亭榭掩映在翠竹浓荫之中，错落有致，形成"三分水，二分竹"的岛居特色。

8. 答案：D

解析：四川现存民居，多为清代建造。在四川，留存至今的木结构建筑除 1 处宋代建筑(江油市窦圌山云岩寺飞天藏殿)、少数几处元代建筑、30 余处明代建筑外，其余 6 000 余处均为清代建筑。

9. 答案：D

解析：孝泉镇位于德阳市西北部，据史书记载，已有 2 000 多年的历史，是东汉大孝子姜诗的故里，因以德孝闻名于世，被称为"中国德孝城"。

10. 答案：B

解析：上里镇位于四川省雅安市雨城区北部，东接名山、邛崃，西接芦山、雅安，坐落于四县交接之处，是南方丝绸之路的重要驿站，亦是近代红军长征过境之地。

11. 答案：A

解析：四川省汉源县的九襄镇，有一座非常著名的石牌坊，位于古代南方丝绸之路的官马大道上。九襄石牌坊建造于清朝道光二十九年(1849)，历时 9 年。整个牌坊融合我国古代戏曲的川剧艺术于一体，按"忠、孝、节、义"为主题雕成 48 本传统川剧戏曲，浮雕169 幅，大小人物 570 余个，或独自一人，或群集于一，但皆自然真实，面目清晰，姿态各异，栩栩如生。整座石牌坊的建筑造型非常奇特，着重突出了本地的乡土人文和佛家文化思想的融合，虽然看上去有些独特新颖，但充分反映出古文化的悠远和中华民族兼容并蓄的美德。

12. 答案：C

解析：仙市古镇位于四川省自贡市，历史悠久，古建筑保存完整，寺庙祠堂众多，因"四街、五栈、五庙、一祠、三码头、一鲤、三牌坊、九碑、十土地"，以及精美的古典建筑群和佛教文化的兴盛而闻名遐迩，成为我国古镇建筑风格和设计思想完美统一的代表作，被誉为川南场镇风情的"活标本"、解读川南场镇风情民俗的"活标本"。古镇的佛教文化特别浓郁，金桥寺是全国罕见的以街为寺的寺庙建筑群。

13. **答案：** C

解析：仙市古镇位于四川省自贡市，历史悠久，古建筑保存完整，寺庙祠堂众多，因"四街、五栈、五庙、一祠、三码头、一鲤、三牌坊、九碑、十土地"，以及精美的古典建筑群和佛教文化的兴盛而闻名遐迩，成为我国古镇建筑风格和设计思想完美统一的代表作，被誉为解读川南场镇风情民俗的"活标本"。

14. **答案：** C

解析：平乐古镇位于邛崃市西南18千米处，是中国的历史文化名镇，历史悠久，人文鼎蔚，青山层叠，竹树繁茂，素有"一平二固三夹关"的美誉。平乐古镇早在公元前150年西汉时期就已形成了集镇，迄今已有二千多年的历史，古镇老榕树、白沫江、沿江而建的吊脚、青石铺成的街道、一望无涯的竹海千百年来共同培育了古镇人田园诗般的山水情怀，涵养着平乐古镇天然清新的乡土文化。

15. **答案：** B

解析：黄龙溪古镇位于成都市双流区西南部边缘，是四川省历史文化古镇及省级旅游风景区，以古街、古树、古庙、古堤、古佛洞、古民居、古码头、古战场、古崖墓和古衙门的"十古"著称。

16. **答案：** B

解析：唐朝李德裕在四川新繁营造东湖，曲池回廊，古树苍苍，与他在洛阳伊阙所建的"平泉别墅"有微妙的异同之处。

17. **答案：** D

解析：唐朝西川节度使韦皋在成都东南锦江、府河汇流处建合江园。园中有"合江亭""苏华楼"等名胜，遍植美卉异竹，被誉为"成都园亭胜迹之最"。

（二）多项选择题

1. **答案：** ACDE

解析：由于四川地域辽阔，民族众多，社会结构复杂，民情风俗各异，因而民间墓葬形制较多，主要陵墓形式有岩墓、木椁墓、石室墓、砖室墓、板岩墓、悬棺墓等。

2. **答案：** ABCDE

解析：在四川境内所发现的著名的陵墓有：王建墓（永陵）、孟知祥墓（和陵）、刘备墓（惠陵）、朱悦燫墓、朱友燻墓等，都为砖、石砌筑。

3. **答案：** ABCDE

解析：山城设防是四川军民的伟大创造。这在余玠任四川安抚制置使任内就已奠定了坚实的基础，余玠死后，继任者又在此基础上增修了一大批山城。这些形势险绝的山城，建筑在要冲之地，彼此呼应，构成了阻遏蒙古骑兵的有效防线。从蒙古方面来讲，这对其占据全蜀、进兵江南牵制最大的山城有八座，这就是历史上有名的"四川八柱"，分别是：金堂的云顶城，蓬安的运山城，苍溪的大获城，通江的得汉城，奉节的白帝城，合川的钓

鱼城，南充的青居城和剑阁的苦竹城。

4. **答案：**ABC

解析：中国古建筑构图的"三段法"即台基、墙身和屋盖，为四川古建筑的基本构图手法。

5. **答案：**ABCD

解析：四川地形复杂，平原、丘陵、山地、高原相间，各地气候差异极大，建筑为适应其地形、气候条件而出现区域性的差异。四川自古就是多民族杂居地区，并深受秦、楚文化的影响，形成多民族、多种文化体系并存的特色，其古代建筑也是风格多样。

6. **答案：**ABCD

解析：四川现存民居，多为清代建造。按功能型制的不同，民居可分为大型庄园、廊院式、连排式、农舍、乡土民居等，其中以江安县夕佳山官宅、阆中古城民居、崇州市杨玉春宅第(宫保府)、峨眉山徐宅等保存较好又具有代表性。

7. **答案：**ABDE

解析：平乐古镇位于邛崃市西南18千米处，是中国的历史文化名镇，早在公元前150年西汉时期就已形成了集镇，迄今已有二千多年的历史，古镇老榕树、白沫江、沿江而建的吊脚、青石铺成的街道、一望无涯的竹海千百年来共同培育了平乐古镇天然清新的乡土文化。平乐古镇除古镇区外，还有四大风景区支撑：芦沟自然风景区、金华山风景区、花楸山风景区和秦汉古驿道风景区。

8. **答案：**ABC

解析：四川最早的造园活动可以追溯到公元前四世纪秦灭蜀后，于公元前310年开始筑成都大城与少城。四方掘地取土，形成了城北的万寿池、城东的千秋池、城西的柳池，这些都成为当时蜀郡的风景名胜。

9. **答案：**ABC

解析：明清时期，四川的私家花园有所增加。成都有明代宰相卓秉恬的"相府"、清代状元骆成襄的"骆公祠"、名作家巴金的祖居"李府"等，其间多荷池湖柳、水阁凉亭、小桥竹径、梅苑假山，布局十分考究。数量更多的是分布于州县和乡间的地主庄园，如川南江安夕佳山民居、成都温江陈家桅杆院落等。

10. **答案：**AB

解析：成都杜甫草堂和眉山三苏祠颇具四川园林的个性，以大体对称的祀祠建筑为主轴，采用自然活泼的布置手法，或建亭台，或筑小院，或置廊树，或起高阁。水系无明显聚合的所谓"湖"，而是因势利导，理成曲池横塘、宛转溪流，将水系与建筑巧妙融合，以体现四川田园、村舍的自然风韵。

新都桂园、新繁东湖和崇州罨画池则是以水体为主，环湖点缀亭、台、楼、榭，与江南园林的布局较为相似。

(三)判断题

1. **答案：**×

解析：王建墓是唐、五代时期罕有的优秀拱券建筑。由于成都平原地下水位较高，采取了地面起填的方法，不用于一般墓穴向下挖掘。

2. **答案：**√

解析： 中国碉王——马尔邦关碉。此碉巍然矗立，高达 49.8 米，基宽 6.5 米×5 米，顶宽 3 米，是目前已知保存较好的古碉，被誉为"中国碉王"，迄今已有 300 多年的历史，原为大金川土司莎罗奔的小官寨碉。

3. 答案： √

解析： 民居是四川最古老的建筑，四川民居是由远古的干栏式建筑演变而成。成都十二桥遗址发现的殷商时期的木结构干栏式建筑，是四川民居的雏形。

4. 答案： ×

解析： 四川省江油市窦圌山云岩寺的飞天藏殿建于宋淳熙八年(1181)，为四川省现存年代最早的木建筑。

5. 答案： √

解析： 四川古代园林在建筑上更讲究"式征清赏""精在体宜"。较之纤丽工整、穷极其巧的江南园林，四川古代园林更注重体现"崇尚自然、朴实无华"的四川农舍、民居风致。四川古代园林"雅朴、恬淡、疏朗、自然"的特有风格，使其有别于北方皇家园林、江南私家园林和岭南园林。

模拟考试解析及答案

(一)单项选择题

1. 答案： A

解析： 扬雄对诸子百家的学说进行过深入研究，并模仿《论语》，写成《法言》。《法言》语言浅近，流传很广。

2. 答案： C

解析： 《方言》是我国古代出现最早、保存最完整的，也是世界上最早的一部专门搜集、解释方言词汇的书籍，由扬雄编纂而成。

3. 答案： B

解析： 汉赋中涉及音乐的有王褒的《洞箫赋》、阮瑀的《笙赋》、马融的《长笛赋》和《琴赋》。

4. 答案： B

解析： 在唐诗发展史上，《修竹篇序》是一篇重要的文章，它像一篇宣言，标志着唐代诗风的革新和转变。

5. 答案： B

解析： 李白是盛唐诗坛的代表作家，也是我国文学史上继屈原之后又一位伟大的浪漫主义诗人，被称为"诗仙"。他的诗一直为人们所喜爱和推崇。

6. 答案： D

解析： 苏轼在散文创作方面与欧阳修齐名，并称"欧苏"。其散文"文理自然，姿态横生"，被誉为"文章之宗"，成为后世效法的典范。

7. 答案： B

解析： 李调元是编撰川剧剧本的第一人，他还亲自在家训练伶童、组织演唱，是川剧创始人之一。

8. 答案：C

解析： 谯周毕生从事史籍研究与著述工作，其代表作《古史考》引证旧典对《史记》中的一些谬误作了纠正，为当时学者所推崇。

9. 答案：A

解析： 常璩撰写的《华阳国志》是我国现存最早的一部专记古代西南历史、地理、人物等的地方志著作。

10. 答案：B

解析： 历法是长时间的纪时系统。西周时期，落下闳制定出中国首部较为完整、系统的新历法——太初历，太初历同时也是当时世界上最先进的历法。

11. 答案：B

解析： 佛教传入四川的有文字记载的历史始于东晋。据高僧传载，东晋哀帝兴宁三年（365），高僧道安遣弟子法和入蜀。

12. 答案：C

解析： 佛教西向由西藏传入四川藏区，以西藏僧人白诺札那到四川藏区传教为标志。其年代大约是790年前后。白诺札那是莲花生大师首批出家的7名杰出弟子之一，被尊为宁玛派祖师之一。

13. 答案：B

解析： 伏虎寺屋顶终年无败叶积落，为一大奇观，康熙曾为之题额"无垢园"。

14. 答案：A

解析： 宋代高僧圆悟克勤曾两度住持昭觉寺，使之成为享誉中外的著名禅林，至今仍被国内外僧众视为禅宗临济宗祖庭。该寺是宋以来四川汉地规模最大的寺院，有"天下第一丛林"的美誉。

15. 答案：C

解析： 宝光寺罗汉堂建于清咸丰元年，是中国现存四大罗汉堂（另3处为北京西山碧云寺、苏州西园寺，别名戒幢律寺、武汉归元寺）中历史最久、规模最大的清代塑像群。它以塑像奇巧多姿而扬名天下，每天都有许多中外游人和佛教徒到罗汉堂参观、朝拜、探寻佳趣。

16. 答案：C

解析： 四川佛塔修建始于隋朝，第一次是在601年，蜀中益州（成都）法聚寺应诏建塔，这是四川地区有文字记载的修建佛塔之始。四川现存的佛塔中，最古老的是彭县龙兴寺塔，建于唐代，历久不坠，有"天彭破塔"之名。

17. 答案：D

解析： 乐山大佛，又名凌云大佛，位于四川省乐山市南岷江东岸凌云寺侧，濒大渡河、青衣江和岷江三江汇流处。大佛为弥勒佛坐像，通高71米，是中国最大的一尊摩崖石刻造像，也是目前世界上最大的石刻佛像。

云冈大佛是山西云冈石窟中最大的佛像，佛像形态端庄，是中原文化传统的表现手法，却具有外域佛教文化的某些特征。

龙门大佛，位于河南省洛阳市龙门石窟，为卢舍那佛，是龙门石窟中艺术水平最高、整体设计最严密、规模最大的一处，属世界文化遗产。

蒙山大佛，位于山西太原，为释迦牟尼座像，是我国最早的露天摩崖石刻大佛，比中外驰名的四川乐山大佛早 162 年。

18. **答案：** B

解析： 青羊宫为全国著名道观，也是西蜀历史最悠久的道观，被誉为"川西第一道观""西南第一丛"。青羊宫始建于周朝，原名青羊肆。至明朝，唐朝所建殿宇毁于兵灾。现存建筑大多为清代康熙六至十年陆续重建。主要建筑有山门、三清殿、唐王殿等。

19. **答案：** C

解析： 茂汶县出土的无量寿佛像，为南朝齐武帝永明元年(483)所刻，是四川现存年代最久远的石刻佛像。

20. **答案：** B

解析： 目前四川省内，人口在 100 万以上的少数民族有彝族和藏族。四川是全国第二大藏区、最大的彝族聚居区。

21. **答案：** D

解析： 彝族年，是四川省凉山彝族自治州彝族人民的年节。跳公节，为期三天，是广西壮族自治区那坡县彝族村寨的传统节日。插花节，是云南省楚雄彝族自治州彝族人民所特有的传统节日，每年农历二月初八举行。赛装节又叫服装节，是云南省楚雄彝族自治州大姚彝族的节日，每年农历三月二十八日举行。

22. **答案：** A

解析： 一年一度的农历六月初六，是羌民族的祭山会。羌民以祭山还愿来表示对上天的崇高敬仰，也是祈盼天神木比塔恩赐百姓来年牛羊兴旺、五谷丰收。祭山会为这个民族的传统节日。

23. **答案：** A

解析： 元宵赏灯起源于东汉，于唐代发展成灯会。成都是唐代最著名的商业都市，故成都灯会是中国历史最悠久、规模最宏大的灯会。

24. **答案：** C

解析： 唐宋以来，天彭人就有在牡丹盛开时节邀集赏花、祭花神及一些群众性的文化娱乐活动，并相沿成习至今。四川政府于每年清明节前后举行一年一度的牡丹盛会，定名为"天彭牡丹会"。

25. **答案：** B

解析： 望丛祠赛歌会是流行于四川郫县的传统民俗。每年的端午节期间举行，以纪念望帝。

26. **答案：** A

解析： "正月二十三，妇女游河湾"是广元传统的民间习俗，俗称"女儿节"，至今已延续了 1 300 多年，可算是我国最古老的"妇女节"。新中国成立后，此活动一度中断。1988 年，广元市政府恢复了这一传统民间节日，将时间定为公历 9 月 1 日。

27. **答案：** D

解析： 川剧形成于清朝乾嘉时期。

28. **答案：** A

解析： 川剧的五大声腔中，高腔源于江西弋阳腔，胡琴戏源于安徽的西皮和二黄系统

的徽调以及湖北的汉调，弹戏源于陕西的秦腔，昆腔源于江苏的昆山腔。

29. 答案：A

解析：四川扬琴一般在茶馆或书场演出，不需要大的舞台和布景，演员坐着演唱，故有"坐地传情"的嘉誉。

30. 答案：A

解析：传说公元前311年，当时镇守成都的张仪着手修筑城墙，却屡筑屡垮，后来"有大龟浮于江"，张仪根据巫师指点，沿着龟爬行的路线筑城，果然成功，故成都又叫"龟城"。

31. 答案：B

解析：都江堰市是一座具有2 000多年历史、因堰而兴的城市，以秦国蜀郡太守李冰修建的都江堰水利工程而得名，被誉为"天府之源""世界水利文化的鼻祖"。

32. 答案：D

解析：阆中古城建址按照中国古代风水学的理论为指导，非常符合"地理四科"即"龙""砂""穴""水"的意象，被誉为中国第一风水古城。

33. 答案：B

解析：乐山，古称嘉州。

34. 答案：A

解析：宜宾具有3 000多年的酿酒史，是中国酿酒业最为发达的城市之一，被誉为"酒都"。

35. 答案：C

解析：自贡竹丝扇，又称"龚扇"，享有"素丝织锦"的美誉。

36. 答案：A

解析：岩墓，东汉时在四川流行，并延续到三国和六朝时期。其构造是在山崖或岩层中开凿洞穴为墓室，往往是几十座聚集在一处，分布密集，错落有致，有些墓壁上刻有墓表，或在墓门、墓壁及石棺上雕刻画像和图案，如乐山市麻浩岩墓。

37. 答案：C

解析：云顶山石城，位于成都西北部的金堂县境内云顶山巅，四面削壁陡矗，状如城垣，平达数亩，故名"石城山"。原为南宋名将余玠于公元1243年为抵抗蒙军而建的防御城堡，是川西唯一幸存的南宋末年抗元的古城堡，绮丽的青山秀水与悠久的历史文化遗迹相结合是该景区的一大特色，南宋抗元英雄的气质与这里的山水同在。

38. 答案：D

解析：武侯祠是纪念三国时期蜀汉丞相诸葛亮的祠堂，是全国最负盛名的诸葛亮、刘备及蜀汉英雄纪念地，也是中国唯一的一座君臣合祀祠庙，由刘备、诸葛亮蜀汉君臣合祀祠宇及惠陵组成。

39. 答案：A

解析：四川是全国五大客家人聚居省之一，其中成都的东山地区（龙泉山脉）是客家人的主要聚居地。由于历史原因，龙泉洛带镇成为东山客家腹心区的"腹心"，被称为"西部客家第一镇"。

40. 答案：C

解析： 昭化古城，位于四川广元市昭化区昭化镇，古名葭萌，历史悠久、人文荟萃，是迄今为止国内保存最为完好的唯一一座三国古城。史载刘备、诸葛亮、张飞、黄忠、霍峻、费祎、庞统等众多三国英雄人物曾在昭化运筹帷幄、厉兵秣马、跃马扬戈，留下了大量的三国蜀汉遗迹，如葭萌古关、费祎墓、费敬侯祠、鲍三娘墓、战胜坝、桔柏古渡、天雄关、牛头山、姜维井等等，所以被誉为"蜀道三国重镇"。

(二)多项选择题

1. 答案： ADE

解析： 司马相如是汉代著名辞赋家，其汉赋代表作有《子虚赋》《上林赋》《大人赋》《美人赋》等。《羽猎赋》和《甘泉赋》为扬雄作品。

2. 答案： ABC

解析： 谯周所撰写的《古史考》纠正了《史记》中的一些谬误，为当时学者所推崇。

3. 答案： BD

解析： 刘宋时期，庐山慧远门下慧持和道汪受益州官员推崇，在蜀中弘扬净土宗，对蜀中佛教的发展产生了重大影响。现存四川南朝佛教石刻造像，大多与净土信仰有关。

4. 答案： ABC

解析： 四川安岳石窟拥有几大之最：最大的唐代左侧石刻卧佛以及 21 万字石刻佛经、中国最精美的观音经变相——毗卢洞北宋紫竹观音，唐代最大的道教石刻群——玄妙观，五代最集中的石窟群——庵堂寺等。安岳石窟除少数遭受自然人为破坏妆彩外，大部分保存完好，特别是宋代造型更是达到中国石窟艺术的巅峰，具有很高的观赏价值。安岳石窟已被列入世界文化遗产后备目录清单。

5. 答案： BCD

解析： 成都灯会与花会、端午龙舟赛、元九登高节、广元女儿节、天彭牡丹会等为四川传统节日活动。成都大庙会、龙泉桃花会、新津龙舟会、南国冰雪节等为四川新民俗活动。

6. 答案： BCD

解析： 川剧起源于清朝乾嘉时期，名称正式出现于清朝同治年间。清初的大移民政策，使外省人口流入四川，带来了各地的地方戏曲艺术，成为川剧艺术的重要源流，加之清朝实行官员任职回避制度，大量外省官员入川当官，往往自带戏班，这些剧种与四川本地戏剧艺术相融合，形成了一种独具风格的川剧。

从地域上看，川剧中的昆、高、胡、弹四种外来声腔是分别从川西岷江、川南沱江（资阳河）、川东长江和川北嘉陵江四条河道传入四川的，故有"四大流派"之说。

7. 答案： ABE

解析： 目前，四川省一共有 8 座国家级历史文化名城，分别是成都、都江堰、阆中、乐山、泸州、宜宾、自贡、会理。

8. 答案： ABC

解析： 自贡依山傍水，环境优美宜人，享有"千年盐都""恐龙之乡""南国灯城"之称。

9. 答案： BCD

解析： 四川民居是由远古的干栏式建筑演变而成，成都十二桥遗址发现的殷商时期的木结构干栏式建筑，是四川民居的雏形。

四川地区夏季炎热，冬季少雪，风力不大，雨水较多，于是平房瓦顶、四合头、大出

檐成为民居的主要形式，阁楼亦成了贮藏隔热之处。

明清时期，商业繁荣，经济发展，四川民居出现了许多封闭式的院落，即四合院。四川的四合院不像北方的四合院那样讲究正南正北，许多院落的中轴线、可能有些向东或向西偏移。

传统四川民居讲究用一些木雕、石雕和砖雕来装点房屋。比较常见的是在门窗格扇、挂落、牌坊、撑拱等部位施以木雕。另一种常见的雕刻是石雕，从各地的民居住宅以及祠堂、庙宇等建筑中都可以见到许多石材构件以及这些构件上精美的石雕。在四川民居中较少见到的是砖雕，常用在照壁上或公馆的大门。

10. 答案：ABCDE

解析：中国历史上许多著名的大诗人、大文豪、名宰辅、名学士等或生在四川，或宦游入蜀，或避难寓居，为四川古代园林种下了极高层次的文化基因，留下了新繁东湖（唐李德裕园）、广汉房湖（唐房琯园）、成都杜甫草堂（唐杜甫故居）、眉山三苏祠（宋苏洵、苏轼、苏辙故居和祀祠）、崇州罨画池（宋陆游故居和祀祠）、宜宾流杯池（宋黄庭坚旧游处），以及后来的新都桂湖（明杨升庵故居和祀祠）等一大批名人纪念园林。这些园林逐渐成为四川古代园林的主体，代表了四川古代园林的典型风格。

📖 本章小结

四川文化与习俗是四川导游基础知识的第三章内容。根据国家旅游局颁布的《全国导游人员资格考试大纲》，考生应熟悉与掌握四川地域文化，尤其是在宗教文化、民族与民俗文化、古代建筑文化方面的特色与成就，能够在实地的导游讲解中，融入四川地方文化的元素，正确、客观、生动地介绍四川风光与风情，以丰富导游讲解的内容，提升讲解的文化性、知识性，体现四川导游的地域特色与文化境界。

第4章

四川风味特产

学习目标

根据国家旅游局颁布的《全国导游人员资格考试大纲》，本章设计了操练和攻略，目的是提高考生对四川特色饮食和特有物产历史文化内涵的理解，帮助考生把相关知识运用到实地导游讲解中去，更好地宣传推介四川的风物特产，妥善安排好游客购物品尝四川风味等旅游活动。

第一部分　考试津要

一、考试大纲

章节	考试要点
川菜、川酒和川茶	1. 川菜的历史起源与发展；川酒的历史；川茶的历史及茶馆文化(了解) 2. 川菜的风格特点及"吃在四川"一说的来历；四川火锅的起源及特点；四川名小吃的名称、历史与特色；四川名茶的产地及特点(熟悉) 3. 川菜代表菜的名称、来历及特色；川菜艺术的表现形式；川酒"六朵金花"的名称、产地、历史及特色(掌握)
四川土特产	1. 陶石工艺品、缬染、糖画艺术等四川传统工艺品的历史、产地、特色及代表作品；四川盆景的历史与特点；四川地道中药材的名称、产地与特色(了解) 2. 彝族漆器、羌绣、苗银等四川少数民族手工艺品的历史与特点；四川名优土特产的名称、产地及特色(熟悉) 3. 蜀锦、蜀绣、漆器、竹编、银丝工艺五大四川传统手工艺的历史、工艺特点及代表作品(掌握)

二、应考经验

1. 要重点了解川菜风格特色和名小吃名称、筵席类型及其发展；掌握川酒"六朵金花"五粮液、泸州老窖、剑南春、全兴大曲、郎酒和沱牌曲酒的产地、历史、香型及其特色。

2. 熟记川菜代表名称宫保鸡丁、回锅肉、水煮牛肉等的制作工艺，四川特色小吃赖汤圆、龙抄手、韩包子等名称要熟记。

3. "川菜三味"，川酒"五朵金花"，"尚滋味，好辛辣"，"三椒"，"七滋八味"，"三香"，"一菜一格，百菜百味"，"食在中国，味在四川"，"蜀中第一菜"，"四大腌菜"这类说法很可能出现在单选题或多选题，考生务必注意。

4. 熟悉四川名茶竹叶青、峨眉毛峰、蒙顶山茶等的产地、特色及其历史，深入学习四川茶馆文化。关于"……灵魂""……之一""……之最"等的知识点要重点记忆。

5. 四川蜀锦、蜀绣、漆器、竹编、银丝工艺五大四川传统手工艺的历史、工艺特点及代表作品要熟记于心，需重点掌握。

6. 凡是教材涉及时间、数量、地点等的知识点都要熟记，这些内容是经常考查的知识点。

7. 目前国家旅游局颁布的考试大纲中没有判断题，但这种题型有助于更好地学习四川导游基础知识。根据以往多年的考评经验，这种题型将来有可能纳入全国导游资格考试的题型，故本攻略中有判断题的练习。

第二部分　习题攻略

一、川菜、川酒和川茶

(一)单项选择题

1. 四川的名小吃中创立历史最早的是(　　　)。
   A. 韩包子　　　　B. 谭豆花　　　　C. 龙抄手　　　　D. 赖汤圆

2. 川菜著名的"三味"是指(　　　)。
   A. 麻辣味 家常味 鱼香味　　　　　　B. 怪味 鱼香味 家常味
   C. 怪味 麻辣味 家常味　　　　　　　D. 鱼香味 麻辣味 怪味

3. 川菜蓬勃发展的时期是(　　　)。
   A. 唐宋时期　　　B. 宋元时期　　　C. 明清时期　　　D. 秦汉时期

4. 著名诗人(　　　)称绵阳"渔人漾舟沉大网，截江一拥数百鳞"，赞绵阳一带"肥鱼知第一"。
   A. 陆游　　　　　B. 苏轼　　　　　C. 杜甫　　　　　D. 李白

5. 川菜调味的灵魂是(　　　)。
   A. 郫县豆瓣　　　B. 保宁醋　　　　C. 南充冬菜　　　D. 自贡井盐

6. 田席是四川农村流行的一种筵席，因常设于田间院坝而闻名，其兴起于（　　）。

    A. 明朝末年　　　　B. 清代中叶　　　　C. 唐朝末年　　　　D. 清代末年

7. 以下（　　）是四川名酒全兴大曲的产地。

    A. 泸州　　　　　　B. 成都　　　　　　C. 遂宁　　　　　　D. 宜宾

8. 中国唯一拥有两个国家级名酒的地方是（　　）。

    A. 泸州　　　　　　B. 宜宾　　　　　　C. 邛崃　　　　　　D. 渠县

9. 剑南春属于（　　）类型的酒。

    A. 浓香型　　　　　B. 醇香型　　　　　C. 酱香型　　　　　D. 清香型

10. 五粮液于（　　）被评为首届中国"十大驰名商标"。

    A. 1991 年　　　　B. 1915 年　　　　C. 1995 年　　　　D. 2000 年

11. （　　）将泸州命名为酒城。

    A. 苏轼　　　　　　B. 毛泽东　　　　　C. 朱德　　　　　　D. 李白

12. 四川有"仙茶"一称的蒙顶山茶产自（　　）。

    A. 雅安　　　　　　B. 洪雅　　　　　　C. 成都　　　　　　D. 资阳

13. 下列（　　）茶不属于川茶。

    A. 青城雪芽　　　　B. 屏山炒青　　　　C. 峨眉毛峰　　　　D. 大佛龙井

（二）多项选择题

1. 川菜历史大概可划分为以下（　　）时期。

    A. 秦汉至魏晋时期　　　　　　　　B. 明清时期

    C. 唐宋时期　　　　　　　　　　　D. 新中国成立以后

2. 川菜在成熟定型时期，主要特点表现在以下（　　）方面。

    A. 菜点个性突出　　　　　　　　　B. 菜点结构完整

    C. 筵宴持续兴盛　　　　　　　　　D. 饮食市场日益发达

3. 中国三大名醋有（　　）。

    A. 山西老陈醋　　　B. 镇江香醋　　　C. 保宁醋　　　　D. 陈年老醋

4. 川菜在初步形成时期表现出（　　）特点。

    A. 原料量多且有独特之品　　　　　B. 菜点颇丰且显基本风格

    C. 筵宴初呈规模　　　　　　　　　D. 饮食市场迅速崛起

5. 川味菜点的艺术风格主要表现为（　　）。

    A. 价格低廉　　　　B. 制法奇巧　　　　C. 风味美妙　　　　D. 品类丰富

6. 以下涉及川菜的典籍有（　　）。

    A.《华阳国志》　　B.《齐民要术》　　C.《艺文类聚》　　D.《本草纲目》

7.《华阳国志》指出川菜的特色是（　　）。

    A. 尚滋味　　　　　B. 味美妙　　　　　C. 类丰富　　　　　D. 好辛辣

8. 以下为川菜历史上著名的美食家和烹饪评论家的是（　　）。

    A. 扬雄　　　　　　B. 杜甫　　　　　　C. 陆游　　　　　　D. 苏洵

9. 以下（　　）是川菜历史上著名的烹饪实践家。

    A. 关正兴　　　　　B. 黄晋临　　　　　C. 孔道生　　　　　D. 苏轼

10. 下列属于四川传统名菜的是（　　）。

    A. 东坡肉　　　　　B. 水煮牛肉　　　C. 毛肚火锅　　　D. 诸葛菜

11. 下列白酒属于浓香型的有（　　）。

    A. 五粮液　　　　　B. 泸州老窖特曲　　C. 全兴大曲　　　D. 剑南春

12. 川酒中著名的"六朵金花"是指（　　）。

    A. 五粮液、泸州老窖　　　　　　B. 郎酒、沱牌曲酒

    C. 全兴大曲、粮食白酒　　　　　D. 剑南春、全兴大曲

13. "上流是茅台，下游望泸州，船过二郎滩，又该喝郎酒"是赤水河流域至今流传甚广的民谣，郎酒"四宝"是指（　　）。

    A. 美景、郎泉　　　　　　　　　B. 宝洞、工艺

    C. 美景、技艺　　　　　　　　　D. 天宝洞、地宝洞

14. 五粮液的特点是（　　）。

    A. 浓香悠长、味醇厚　　　　　　B. 入口甘美、入喉净爽

    C. 各味协调、恰到好处　　　　　D. 窖藏时间久

15. 郎酒三大宝指的是（　　）。

    A. 郎泉　　　　　　B. 宝洞　　　　　C. 窖池老　　　　D. 窖藏久

16. 四川茶馆所用茶具"三件头"指的是（　　）。

    A. 茶碗　　　　　　B. 茶盖　　　　　C. 茶船　　　　　D. 茶杯

（三）判断题

1. 川菜系是一个历史悠久的菜系，其发源地是古代的巴国、蜀国。（　　）

2. 四川是我国最早饮茶、植茶和出现茶叶市场的地区。川茶最大的特色是它的经济属性，具体表现是"边茶生产"和"茶马互市"。（　　）

3. 蜀绣是四川成都地区盛行的刺绣工艺，早在公元 3 世纪末，晋代史学家常璩在《华阳国志》中就把蜀绣和蜀锦并列，作为蜀中之宝加以赞扬。（　　）

4. 名菜太白鸭之名与诗仙李白没有什么关系。（　　）

5. 成都风味菜"夫妻肺片"有"车行半边路，肉香一条街"之誉。（　　）

6. 白酒中的清香型又称为汾香型，属大曲酒类，以山西汾酒为代表。（　　）

7. 川菜以成都和重庆两地的菜肴为代表。（　　）

二、四川土特产

（一）单项选择题

1. 四川缬染的主要产地是（　　）。

    A. 自贡　　　　　　B. 广安　　　　　C. 成都　　　　　D. 邛崃

2. 四川石刻艺术源远流长，其中最著名的石刻工艺品是（　　）。

    A. 广元百花石刻　　　　　　　　B. 大足石刻

    C. 安岳石窟　　　　　　　　　　D. 乐山摩崖石刻

3. 1989 年，著名糖画艺人蔡树全等人创造的轰动一时的艺术品是（　　）。

    A.《糖龙》　　　　B.《水漫金山》　　C.《战马超》　　　D.《凤仪亭》

4. 中国盆景艺术起源于（　　　）。

    A. 汉代　　　　　　　B. 唐代　　　　　　　C. 秦代　　　　　　　D. 明代

5. 四川盆景以（　　　）为代表。

    A. 成都　　　　　　　B. 自贡　　　　　　　C. 绵阳　　　　　　　D. 邛崃

6. 下列有关中草药描述正确的是（　　　）。

    A. 天麻是兰科天麻属植物，因其茎色赤，直立似剑杆，故又名赤箭，亦称明天麻

    B. 川贝母属伞形科多年生草本植物，根茎呈不规则的结节状团块，具有特异的
       气味

    C. 虫草属百合科多年生草本植物，产量居全国首位，是传统出口商品之一

    D. 川芎属囊菌刚麦角菌科，寄生在鳞翅目蝙蝠蛾科昆虫缘蝙蝠蛾的幼虫体上

7. 四川漆器产生于（　　　）。

    A. 秦汉时期　　　　　B. 唐宋时期　　　　　C. 明清时期　　　　　D. 隋唐时期

8. 成都漆器的工艺特色是（　　　）。

    A. 经久耐用　　　　　B. 工艺精巧　　　　　C. 透明如水　　　　　D. 雕花填彩

9. 下列选项中，（　　　）是蜀锦正确的织造工艺。

    A. 纹制工艺、绞丝炼染工艺、丝织的准备工艺、上机织造

    B. 绞丝炼染工艺、丝织的准备工艺、上机织造、纹制工艺

    C. 丝织的准备工艺、纹制工艺、绞丝炼染工艺、上机织造

    D. 绞丝炼染工艺、丝织的准备工艺、纹制工艺、上机织造

10. 被誉为"东方艺术之花"的四川竹木工艺品是（　　　）。

    A. 竹手杖　　　　　　B. 竹丝扇　　　　　　C. 瓷胎竹编　　　　　D. 竹簧工艺品

（二）多项选择题

1. 下列选项中，四川陶瓷的主要产地有（　　　）。

    A. 邛崃　　　　　　　B. 隆昌　　　　　　　C. 大竹　　　　　　　D. 金堂

2. 缬染主要分为以下（　　　）类。

    A. 绞缬　　　　　　　B. 拨染　　　　　　　C. 夹缬　　　　　　　D. 蜡缬

3. 糖画艺术表现手法丰富多彩，可分为以下（　　　）类别。

    A. 大货　　　　　　　B. 小货　　　　　　　C. 子子货　　　　　　D. 丝丝货

4. 下列对四川盆景的描述正确的有（　　　）。

    A. 四川盆景以桩头盆景为主，多以孤树为主体，不配山石

    B. 四川盆景盘根错节，以蟠虬技艺见长

    C. 四川的山水盆景将树桩与日本水石相结合，将盆景艺术推向"移天缩地、盆立大
       千"的境界

    D. 四川山木盆景多以瘦、漏、奇、皱的石头砌成，不用人物、桥亭等点缀物，仅
       以主树、水相配合，咫尺盆间，缩聚万里之景

5. 下列选项中，属于四川盆景艺术代表作的有（　　　）。

    A. 青城天下幽　　　B. 剑门雄关　　　　C. 巫山十二峰　　　D. 蜀江水碧蜀山青

6. 下列选项中，属于四川名贵的地道药材的是（　　　）。

    A. 天麻　　　　　　　B. 川贝母　　　　　　C. 虫草　　　　　　　D. 芍药

7. 四川制作漆器的主要原料有（　　）。

    A. 生漆   B. 丹珠   C. 塑料   D. 木胎

8. 四川成都的漆器的主要特点有（　　）。

    A. 工艺精巧   B. 造型大方   C. 透明如水   D. 光亮如镜

    E. 经久耐用

9. 下列有关四川成都漆器的说法正确的有（　　）。

    A. 现在，四川漆器的主要产地成都多用木胎、麻布脱胎、纸胎、塑料等作为底胎

    B. 制作漆器时，艺人们用刀如笔，在胎底上雕刻各种花纹图案、填以色漆，经反复打磨、抛光而成

    C. 1986 年的首届全国漆画展中，成都漆器有 5 件作品被选入中国美术馆收藏

    D. 成都工艺人开发了暗花、隐花、描绘等新工艺

10. 下列有关瓷胎竹编的说法正确的有（　　）。

    A. 成都瓷胎竹编工艺品又称"竹丝扣瓷"，是一种工艺精巧的特种编织艺术品

    B. 竹丝瓷胎是用纤细如发的竹丝、柔软如绸的竹篾依胎编织而成

    C. 竹丝瓷胎是由竹丝扣漆、竹丝扣锡发展而来的，以后逐步推向了陶胎、纸胎和无胎编织

    D. 瓷胎竹编在编织技术上，除了保持传统的细密编之外，又创新了特细编、疏编、疏密结合、无心起花、别花等新技艺

11. 下列有关竹丝扇的说法正确的有（　　）。

    A. 竹丝扇是自贡民间艺人龚氏家族的家传特技工艺品

    B. 竹丝扇薄如丝绢，柔如绫绸

    C. 竹丝扇是 19 世纪中叶自贡竹编艺人龚爵伍首创的，由他儿子龚玉璋继承下来，竹丝扇的图案、造型、工艺等实际上是在龚玉璋一代完成的

    D. 丝竹扇艺人在扇团上，可以编织出人物、花卉、山水及各种字画等多种美术图案

12. 以下有关四川银丝工艺品的说法正确的有（　　）。

    A. 银丝工艺品是以白银为原材料

    B. 银丝工艺品的主要产品有瓶、盘、盒，茶、酒、烟具，花熏，挂屏等

    C. 银丝工艺品由于采取了防腐新工艺，能在较长时间内保持柔和光泽，不变颜色，给人以舒适的美感

    D. "麻姑献寿"和"仙鹤行云"挂屏是老艺人张永昌所做

13. 下列选项中属于银丝工艺的特点的有（　　）。

    A. 结构严谨   B. 亮膜交错   C. 虚实相间   D. 富丽堂皇

14. 下列属于四川名优特产的有（　　）。

    A. 银耳、木耳   B. 黄花、雪魔芋   C. 竹蒜、黄花   D. 冬菜、芽菜

15. 下列有关蜀绣的说法正确的有（　　）。

    A. 蜀绣以软缎和彩丝为主要原料，针法包括 12 大类共 122 种，如晕针、铺针、滚针、截针、掺针、盖针、切针、拉针、沙针、汕针等，讲究"针脚整齐，线片光亮，紧密柔和，车拧到家"

    B. 蜀绣题材多为花鸟、走兽、山水、虫鱼、人物，品种除纯欣赏品绣屏以外，还有被面、枕套、衣、鞋、靠垫、桌布、头巾、手帕、画屏等

    C. 蜀绣既有巨幅条屏，又有袖珍小件，是观赏性与实用性兼备的精美艺术品

    D. 蜀绣集中于四川成都，在宋代被称蜀中之宝

16. 下列有关蜀绣的历史说法正确的有（　　　）。

    A. 新中国成立后，在四川设立了成都蜀绣厂，使蜀绣工艺的发展进入了一个新阶段，技术上不断创新

    B. 清朝中叶以后，蜀绣逐渐形成行业，当时各县官府均设"劝工局"以鼓励蜀绣生产

    C. 宋代，蜀绣的发展达到鼎盛时期，绣品在工艺、产销量和精美程度上都独步天下

    D. 早在汉代，蜀绣之名就已誉满天下，汉朝政府还在成都专门设置了"锦官"进行管理

17. 下列有关蜀绣的工艺特点的说法正确的有（　　　）。

    A. 蜀绣以软缎、彩丝为主要原料，其绣刺技法甚为独特，至少有 100 种以上精巧的针法绣技

    B. 当今绣品中，既有巨幅条屏，也有袖珍小件；既有高精欣赏名品，也有普通日用消费品

    C. 蜀绣的技艺特点有线法平顺光亮、针脚整齐、施针严谨、掺色柔和、车拧自如、劲气生动、虚实得体。任何一件蜀绣都淋漓地展示了这些独到的技艺。据统计，蜀绣的针法有 12 大类、122 种

    D. 蜀绣绣法灵活，适应力强。一般绣品都采用绸、缎、绢、纱、绉作为面料，并根据绣物的需要，制作程序、配色、用线各不相同

18. 下列有关蜀锦的说法正确的有（　　　）。

    A. 成都是蜀锦的故乡。公元前 316 年秦灭蜀后，便在成都夷里桥南岸设"锦官城"，置"锦官"管理织锦刺绣

    B. 十样锦是蜀锦的主要品种之一，简称"什锦"

    C. 蜀锦已有两千年的历史

    D. 蜀锦兴于春秋战国而盛于汉唐，因产于蜀地而得名，在中国传统丝织工艺锦缎的生产中，历史最悠久，影响最深远

19. 下列有关蜀锦的艺术特色说法正确的有（　　　）。

    A. 蜀锦具有古老的民族传统风格、浓郁的四川地方特色、厚重的历史文化底蕴

    B. 蜀锦的艺术特点是"凡锦样必有寓意"，往往代表着对生活的愿景和祝福

    C. 织造工艺细腻严谨，配色典雅富丽

    D. 蜀锦大多以经线彩色起彩，彩条添花，经纬起花，先彩条后锦群，方形、条形、几何骨架添花，对称纹样、四方连续，色调鲜艳，对比强烈，别具一格

20. 下列属于竹木工艺品的有（　　　）。

    A. 瓷胎竹编　　　　B. 竹丝扇　　　　　C. 竹手杖　　　　　D. 竹簧工艺品

(三)判断题

1. 被誉为"东方艺术瑰宝"的成都竹丝瓷胎工艺品又称"竹丝扣瓷",是一种工艺精巧的特种编织艺术品。 （   ）

2. 四川道琴又称"竹琴",俗称"隔壁戏",一般由一人扮演多个角色。 （   ）

3. 四川漆器产生于秦汉时期,在新都战国墓中出土的《巴蜀图语》图形的漆耳环,是考古中发现的最早的成都漆器。 （   ）

4. 蛇胆川贝枇杷膏原产于四川,是选用蛇胆和四川特产川贝醇、枇杷叶等名贵中药材配制而成。 （   ）

第三部分　近三年真题分值比例(以四川省为例)

考试内容	分值分布											
	单项选择题			多项选择题			判断题			合计		
	2012 年	2013 年	2014 年	2012 年	2013 年	2014 年	2012 年	2013 年	2014 年	2012 年	2013 年	2014 年
风味特产	6	2	4	3	0	2	3	0	3	12	2	9

第四部分　真题解析

一、单项选择题

1. 峨眉"竹叶青"茶的命名人是(　　)。

A. 邓小平　　　　B. 郭沫若　　　　C. 张大千　　　　D. 陈毅

答案: D

解析: 峨眉竹叶青是在总结峨眉山万年寺僧人长期种茶制茶的基础上发展而成,在1964 年由陈毅命名,此后开始批量生产。

2. 据唐代文史记载,宫廷饮酒"剑南春"取(　　)泉水酿成。

A. 绵竹玉妃泉　　B. 泸定药王泉　　C. 松潘翡翠泉　　D. 达古冰川泉

答案: A

解析: 绵竹剑南春酒,产于四川省绵竹市,因绵竹在唐代属剑南道,故称"剑南春"。剑南春酿酒用水全部取自城西的中国名泉——玉妃泉,该泉经国家地矿专家鉴定,低钠无杂质,富含硅、锶等有益人体的微量元素和矿物质。

二、多项选择题

1. 川菜味型中的"三味"是指(　　)。

　　A. 麻辣味　　　　　B. 红油味　　　　　C. 怪味　　　　　D. 鱼香味

　　E. 家常味

答案: CDE

解析: 川菜是中国八大菜系之一,素来享有"一菜一格,百菜百味"的声誉,它历史悠久,源远流长。川菜历经几千年的发展,至今品种已有三四千个,其中名菜就有几百种。川菜调味多变,菜式多样,口味清鲜醇浓并重,以善用麻辣著称,川菜味型多达 30 余种,其中,怪味、鱼香味、家常味是川菜著名的"三味"。

2. 下列名酒,原产地在四川的有(　　)。

　　A. 茅台酒　　　　　B. 泸州老窖　　　　　C. 汾酒　　　　　D. 全兴大曲

　　E. 枝江大曲

答案: BD

解析: 四川名酒众多,如泸州老窖、五粮液、全兴大曲、剑南春、沱牌曲酒等。茅台酒产于贵州,汾酒产于山西,枝江大曲产于湖北。

三、判断题

1. 冬虫夏草有"百草之王""中药之王""药中之宝"的美誉。　　　　　　(　　)

答案: ×

解析: 人参有"百草之王""中药之王""药中之宝"的美誉。

2. 现代成都盆景仍以桩头盆景为主,多以孤树为主体,以盘虬技艺见长。　(　　)

答案: ×

解析: 现在的四川盆景仍以桩头盆景为主,多以孤树为主体,不配山石,盘根错节,悬根露爪,以蟠虬技艺见长,且多用棕丝蟠虬,表现出三弯九拐的特点。

3. 蛇胆川贝枇杷膏原产于四川,是选用蛇胆和四川特产川贝醇、枇杷叶等名贵中药材配制而成。　　　　　　　　　　　　　　　　　　　　　　　　　(　　)

答案: ×

解析: 蛇胆川贝枇杷膏产于广东省广州市,系选用蛇胆、川贝醇、枇杷叶、桔梗等中药材配制而成的纯中药煎膏剂,具有润肺止咳、祛痰定喘的功效;主治咳嗽痰多、胸闷气喘、声音沙哑等症。

4. 成都风味菜"夫妻肺片"有"车行半边路,肉香一条街"之誉。　　　　(　　)

答案: √

解析: 成都夫妻肺片因调制得法,味道鲜美,被赞誉为"车行半边路,肉香一条街"。

5. 成都的织锦业早在汉代就很发达,宋元时期蜀锦成为著名品种。　　　(　　)

答案: √

解析: 成都的织锦业早在汉代就很发达,四川成都的蜀锦与江苏南京的云锦、江苏苏州的宋锦,并称为中国"当代三大名锦"。

6. 天麻又名赤箭、明天麻，四川分布最大、产量最大，约占全国一半。　　　（　　）

答案： ✓

7. 蜀绣的代表作有《熊猫》《芙蓉鲤鱼》。　　　（　　）

答案： ✓

解析： 蜀绣又称"川绣"，是以四川成都为中心的刺绣品的总称，产于四川成都，绵阳等地。蜀绣题材多为花鸟、走兽、山水、虫鱼、人物，尤以熊猫、芙蓉、鲤鱼形象最为出名。

8. 四川盆地属于湿润的亚热带季风气候，具有冬冷、春旱、夏热、秋雨的特点。

（　　）

答案： ×

解析： 四川盆地属温润的亚热带季风气候，具有冬暖、春旱、夏热、秋雨的特点。

第五部分　模拟考试

提示：以下单项选择题40题，多项选择题10题，共计50题，每题2分，总分100分。

(一)单项选择题

1. 川味菜点的艺术风格是（　　）。
   A. 价廉物美　　　　B. 制法奇巧　　　　C. 味道美妙　　　　D. 品类丰富

2. 川菜以（　　）见长。
   A. 红汤、鱼汤　　　B. 毛汤、奶汤　　　C. 红汤、鱼汤　　　D. 清汤、奶汤

3. 下列选项中，属于四川名小吃的有（　　）。.
   A. 灯影牛肉、担担面、川北凉粉、珍珠圆子
   B. 龙抄手、回锅肉、干烧鲤鱼
   C. 赖汤圆、麻婆豆腐、樟茶鸭子、锅巴鱿鱼
   D. 韩包子、古月胡三合泥、清蒸江团

4. 目前中国唯一采用山泉水酿造的白酒是（　　）。
   A. 郎酒　　　　　　B. 泸州老窖　　　　C. 剑南春　　　　　D. 全兴大曲

5. （　　）是五粮液的产地。
   A. 邛崃　　　　　　B. 眉山　　　　　　C. 泸州　　　　　　D. 宜宾

6. 中国最大的白酒原酒基地是（　　）。
   A. 绵竹　　　　　　B. 泸州　　　　　　C. 宜宾　　　　　　D. 邛崃

7. 四川沱牌舍得酒业位于（　　）。
   A. 遂宁　　　　　　B. 邛崃　　　　　　C. 宜宾　　　　　　D. 泸州

8. 峨眉毛峰产自（　　）。
   A. 雅安　　　　　　B. 峨眉　　　　　　C. 自宫　　　　　　D. 邛崃

9. 我国名茶中，有"仙茶"之称的是（　　）。
   A. 西湖龙井　　　　B. 太湖碧螺春　　　C. 蒙山茶　　　　　D. 铁观音

10. 只选用产自四川邛崃山脉的慈竹为生产原料的竹木工艺品是(　　)。

    A. 竹丝扇　　　　　B. 瓷胎竹编　　　　　C. 竹杖　　　　　D. 竹凉席

11. 下列菜品中，属于淮扬菜的是(　　)。

    A. 糖醋黄河鲤鱼　　　　　　　　B. 糖醋鲑鱼

    C. 鸡汁燕丸　　　　　　　　　　D. 葡萄鱼

12. 下列名酒中，属于酱香型的是(　　)。

    A. 贵州茅台　　　　B. 泸州老窖　　　　C. 山西汾酒　　　　D. 宜宾五粮液

13. 川菜著名的"三味"是指(　　)。

    A. 麻辣味、家常味、鱼香味　　　　B. 怪味、鱼香味、家常味

    C. 怪味、麻辣味、家常味　　　　　D. 鱼香味、麻辣味、怪味

14. 四川竹丝扇编制技艺由(　　)民间艺人龚氏家族首创并传承下来。

    A. 内江　　　　　　B. 自贡　　　　　　C. 阆中　　　　　　D. 泸州

15. 位于蜀道南路"咽喉之地"的国家级历史文化名城是(　　)。

    A. 遂宁　　　　　　B. 泸州　　　　　　C. 阆中　　　　　　D. 宜宾

16. 下列景区中，列入联合国《世界遗产名录》"世界文化和自然遗产"的是(　　)。

    A. 峨眉山—乐山大佛　　　　　　B. 都江堰—青城山

    C. 九寨黄龙　　　　　　　　　　D. 三星堆

17. 具有"蜀中第一菜"美誉的是(　　)。

    A. 麻婆豆腐　　　　B. 四川火锅　　　　C. 回锅肉　　　　　D. 樟茶鸭

18. 以下不属于四川"四大腌菜"系列的菜品是(　　)。

    A. 宜宾芽菜　　　　B. 新繁泡菜　　　　C. 南充冬菜　　　　D. 内江大头菜

19. 下列关于川茶的描述错误的是(　　)。

    A. 中国的茶业，最初始于巴，巴为中国茶业文化的摇篮

    B. 青城雪芽是近几年发掘古代名茶生产技艺，按照青城茶的特点，吸取传统制茶
技术的优点，提高、发展、创制而成的

    C. 峨眉山茶产于山势雄伟、风景秀丽的四川省峨眉山

    D. 屏山炒青产于屏山县名优茶总公司，该公司出产的名茶"龙湖翠"，优质茶"屏
山炒青"出口绿茶、花茶及精制茶杯系列

20. 中国盆景艺术起源于(　　)。

    A. 汉代　　　　　　B. 唐代　　　　　　C. 秦代　　　　　　D. 明代

21. 下列四川名酒中，历史最悠久的是(　　)。

    A. 泸州老窖特曲　　　　　　　　B. 剑南春

    C. 沱牌曲酒　　　　　　　　　　D. 郎酒

22. (　　)是川菜中麻、辣、烫的代表，源于自贡。

    A. 夫妻肺片　　　　B. 水煮牛肉　　　　C. 灯影牛肉　　　　D. 毛肚火锅

23. 现代川剧的五大声腔中，最具地方特色的是(　　)。

    A. 昆曲　　　　　　B. 高腔　　　　　　C. 灯戏　　　　　　D. 弹戏

24. 四川火锅源于(　　)。

    A. 成都　　　　　　B. 重庆　　　　　　C. 自贡　　　　　　D. 达川

25. 四川泸州老窖特曲和五粮液是(　　)。
    A. 酱香型　　　　B. 浓香型　　　　C. 清香型　　　　D. 混香型
26. 有"素丝织锦"美誉的四川传统工艺品是(　　)。
    A. 自贡竹丝扇　　B. 蜀锦　　　　　C. 成都瓷胎竹编　　D. 青城丝毯
27. 有茅台姊妹酒之称的是(　　)。
    A. 郎酒　　　　　B. 全兴大曲　　　C. 沱牌曲酒　　　　D. 剑南春
28. (　　)有"车行半边路，肉香一条街"之誉。
    A. 清蒸江团　　　B. 夫妻肺片　　　C. 樟茶鸭子　　　　D. 水煮牛肉
29. 有"七滋八味"之说的菜系是(　　)。
    A. 鲁菜　　　　　B. 川菜　　　　　C. 粤菜　　　　　　D. 淮扬菜
30. 川菜制作中有"九大碗"或"三蒸九扣"之说的是(　　)。
    A. 高级筵席　　　B. 大众便餐　　　C. 普通筵席　　　　D. 家常风味
31. (　　)记有"郫县仔鱼，黄鳞赤尾，出稻田，可以为酱"。
    A. 常璩的《华阳国志》　　　　　　B. 左思的《蜀都赋》
    C. 曹操的《四时食制》　　　　　　D. 李调元的《函海·醒园录》
32. 在四川分布最广、产量最大、约占全国产量的一半的中药材是(　　)。
    A. 麝香　　　　　B. 天麻　　　　　C. 虫草　　　　　　D. 川贝
33. 下列土特产品中，曾获巴拿马万国博览会金奖的是(　　)。
    A. 通江银耳　　　B. 郫县豆瓣　　　C. 保宁醋　　　　　D. 青川木耳
34. 成都漆器已有二百多年的历史，以(　　)为其工艺特色。
    A. 推光　　　　　B. 脱胎　　　　　C. 雕花填彩　　　　D. 雕填
35. 享有"美酒如诗"的盛誉，被郭沫若称为"延年酒"的是(　　)。
    A. 泸州老窖特曲　　　　　　　　　B. 剑南春
    C. 全兴大曲　　　　　　　　　　　D. 郎酒
36. 有"小五粮液"之称的是(　　)。
    A. 泸州老窖特曲　　　　　　　　　B. 剑南春
    C. 全兴大曲　　　　　　　　　　　D. 郎酒
37. 四川省名酒中唯一的酱香型名酒是(　　)。
    A. 泸州老窖特曲　　　　　　　　　B. 剑南春
    C. 全兴大曲　　　　　　　　　　　D. 郎酒
38. 被誉为"东方艺术瑰宝"的是(　　)。
    A. 青城丝毯　　　B. 瓷胎竹编　　　C. 竹丝扇　　　　　D. 成都漆器
39. 下列竹木工艺品中，曾获巴拿马万国博览会金奖的是(　　)。
    A. 瓷胎竹编　　　　　　　　　　　B. 竹丝扇
    C. 江安竹簧工艺品　　　　　　　　D. 火绘艺术品
40. 出产花椒品质最好的地方是(　　)。
    A. 绵阳　　　　　B. 甘孜　　　　　C. 雅安　　　　　　D. 阿坝

(二)多项选择题

1. 川菜的筵席一般分为(　　)。

A. 高级筵席　　　　B. 普通筵席　　　　C. 大众便餐　　　　D. 家常风味

E. 流水席

2. 下列(　　)菜肴是川菜中的名菜。

A. 麻婆豆腐、东坡墨鱼　　　　　　　B. 清蒸江团、宫保鸡丁

C. 口袋豆腐、开水白菜　　　　　　　D. 鸡豆花、水煮牛肉

3. 以下选项中，属于泸州老窖独特风格的是(　　)。

A. 醇香浓郁　　　　B. 饮后留香　　　　C. 清冽甘爽　　　　D. 回味悠长

4. 川茶种类繁多，下列属于唐时八大名茶的有(　　)。

A. 雅洲之蒙顶、蜀州之味江　　　　　B. 汉州之杨村、绵州之善目

C. 嘉州之中峰、邛州之火井　　　　　D. 利州之罗村、彭州之堋口

5. 下列有关四川特产的说法正确的有(　　)。

A. 保宁醋是成都特产

B. 茂县生产的大红袍花椒色味鲜浓，省内外闻名

C. 木耳又名黑木耳，是四川省盆周山区重要的菌类特产

D. 冬菜主要产于四川省资中、南充等地，也是四川省著名腌菜之一，畅销省内外

6. 四川"三椒"指的是(　　)。

A. 胡椒　　　　　　B. 辣椒　　　　　　C. 花椒　　　　　　D. 椒盐

7. 下列选项中，有关四川茶馆文化的正确说法有(　　)。

A. 茶馆中形成了一些习惯，人们在茶馆里形成因茶聚会的团体，称"茶轮"，一般是二三十个朋友、熟人或同行，定期在一家茶馆碰面，轮流坐庄付茶钱

B. 茶馆中使用大家都理解的"行话"，例如，在一个茶馆开张的前一晚，要举行仪式，称"洗茶碗"，或叫"亮堂"，当晚提供免费茶给客人，他们大多是老板的亲戚朋友或地方的头面人物

C. 成都茶馆一般也允许穷人或小孩到那里去喝客人留下的剩茶，称之为"喝加班茶"

D. 四川茶馆有一项极特殊的功能，有人叫它"民间法院"。乡民们起了纠纷，逢"场"时可以到茶馆里去"讲理"，由当地有势力的保长、乡绅或袍哥大爷来"断案"

8. 下列关于蒙顶茶描述正确的有(　　)。

A. 蒙顶茶是中国十大名茶之一，从西汉时起，蜀人就开始在蒙山种植茶树

B. 蒙顶茶品种较多，按大类分有散茶和成型茶，散茶中有雷鸣、雀舌、白毫等；成型茶中有龙团、凤饼等

C. 蒙顶茶是蒙山各类名茶的总称，其中品质最佳的如蒙顶甘露、蒙顶黄芽，不仅供国内销售，国外也享盛名

D. 唐代元和年间，蒙顶五峰被辟为"皇茶园"，蒙顶茶被列为贡茶，奉献皇室享用

9. 四川银耳出产最丰的三市是(　　)。

A. 巴中　　　　　　B. 通江　　　　　　C. 广元　　　　　　D. 宜宾

10. 保宁醋以(　　)为原料。

A. 高粱　　　　　　B. 糯米　　　　　　C. 大米　　　　　　D. 玉米

E. 麸皮

第六部分　参考答案

习题攻略解析及答案

一、川菜、川酒和川茶

(一)单项选择题

1. **答案**：D

解析：赖汤圆创于1894年；韩包子创立于20世纪20年代；龙抄手创立于20世纪40年代；谭豆花创立于20世纪40年代初。

2. **答案**：B

解析：川菜味型多达30余种，怪味、鱼香味、家常味是川菜著名的"三味"。

3. **答案**：A

解析：川菜的蓬勃发展是在唐宋时期。

4. **答案**：C

解析：唐代杜甫描述了绵阳一带"肥鱼知第一"的鲂鱼、鲤鱼，赞美了岷江的优质特产丙穴鱼、长江三峡产的黄鱼等，他称绵阳的江上"渔人漾舟沉大网，截江一拥数百鳞"(《观打鱼歌》)。

5. **答案**：A

解析：人们曾说川菜调味的灵魂是郫县豆瓣，而郫县豆瓣则创始于清代嘉庆年间，因产自郫县而得名。

6. **答案**：B

解析：田席是清代中叶开始在四川农村流行的一种筵席，因常设在田间院坝而得名。

7. **答案**：B

解析：全兴大曲产于成都，以高粱、小麦为原料酿成，素有"美酒如诗"的盛誉。

8. **答案**：A

解析：泸州因出产泸州老窖和古蔺郎酒而享有"酒城"的美誉，是中国唯一拥有两个国家名酒的地区。

9. **答案**：A

解析：剑南春属浓香型曲酒，1979年跻身中国名酒行列。

10. **答案**：A

解析：五粮液1991年被评为首届中国"十大驰名商标"。

11. **答案**：C

解析：1916年除夕，朱德在泸州写了这样一首诗："护国军兴事变迁，烽烟交警振阗阆；酒城幸保身无恙，检点机韬又一年。"在这里，朱德把泸州命名为酒城。

　　12. **答案**：A

　　解析：蒙顶山茶，产于雅安名山县蒙山，始于汉代，有"仙茶"之称，现在仍是我国十大名茶之一。

　　13. **答案**：D

　　解析：川茶闻名古今，如今，尤其以峨眉竹叶青、蒙顶山茶、峨眉毛峰、屏山炒青等最为有名。大佛龙井乃浙江名茶。

　　(二)多项选择题

　　1. **答案**：ABCD

　　解析：四川菜的初步形成是在秦汉至魏晋时期；蓬勃发展是在唐宋时期；成熟定型是在明清时期；繁荣创新是在新中国成立以后。

　　2. **答案**：ABCD

　　解析：在成熟定型时期，四川菜的特点主要表现在以下几个方面：菜点个性突出，菜点结构完整，筵宴持续兴盛，饮食市场日益发达。

　　3. **答案**：ABC

　　解析：保宁醋、山西老陈醋和镇江香醋是中国三大名醋。

　　4. **答案**：ABC

　　解析：川菜初步形成时期，主要表现出三个特点：一是原料量多且有独特之品；二是菜点颇丰且显基本风格；三是筵宴初呈规模。

　　5. **答案**：ABCD

　　解析：川菜在艺术风格上有其独特之处，概括起来就是价廉物美，具体表现在四个方面，即廉价、奇巧、美妙、丰富。价廉主要指价格低廉；奇巧主要指制法奇巧；美妙指风味美妙；丰富主要指品类丰富。

　　6. **答案**：ABC

　　解析：在魏晋南北朝时期，川菜已基本形成了自己的特色，涉及川菜的典籍主要有《华阳国志》和《齐民要术》，到唐五代，川菜进入蓬勃发展时期，有关典籍增多，主要有《艺文类聚》《太平广记》等。《本草纲目》是由明朝伟大的医药学家李时珍(1518—1593 年)为修改古代医书中的错误而编。

　　7. **答案**：AD

　　解析：《华阳国志》记述当时书中的食俗为"尚滋味"和"好辛辣"。

　　8. **答案**：ABC

　　解析：四川美食家和烹饪家有扬雄、杜甫、苏易简、苏轼、陆游、张大千。

　　9. **答案**：ABC

　　解析：川菜历史上著名的烹饪实践家是关正兴、黄晋临、蓝光鉴、孔道生、罗国荣、曾国华、黄子云、史正良。

　　10. **答案**：ABCD

　　解析：四川传统名菜有东坡肉、水煮牛肉、宫保鸡丁、毛肚火锅、蒜泥白肉、诸葛菜、大头菜。

　　11. **答案**：ABCD

解析：五粮液、泸州老窖特曲、全兴大曲和剑南春都是浓香型酒。

12. 答案：ABD

解析：川酒"六朵金花"享誉海内外，它们是：五粮液、泸州老窖特曲、全兴大曲、剑南春、郎酒和沱牌曲酒。

13. 答案：AB

解析：郎酒"四宝"即美景、郎泉、宝洞和工艺。

14. 答案：ABC

解析：五粮液是浓香型白酒，特点是：浓香悠长、味醇厚、入口甘美、入喉净爽、各味协调、恰到好处。

15. 答案：ABD

解析：郎酒有三大宝：郎泉、宝洞、窖藏久，有"茅台姊妹酒"之称。

16. 答案：ABC

解析：成都茶馆形成的习惯成为地方大众文化的重要组成部分，从茶具使用、喝茶方式、茶馆术语到顾客言行等等，都是茶馆文化之展示。茶具作为茶馆文化和物质文化的一部分，反映了生态环境以及物质资源的状况。四川茶馆所用茶具为"三件头"，即茶碗、茶盖、茶船，去茶馆喝茶称之为"喝盖碗茶"。

(三)判断题

1. 答案：√

2. 答案：×

解析：川茶最大的特色是它的政治属性，具体表现是"边茶生产"和"茶马互市"。

3. 答案：√

4. 答案：×

解析：四川太白鸭相传始于唐朝，与诗人李白相关，源于李白献菜给玄宗。

5. 答案：√

6. 答案：√

解析：清香型白酒：亦称汾香型，以山西汾酒、河南宝丰酒、河南龙兴酒、厦门高粱酒、天长帝酒等为代表，属大曲酒类，它入口绵、落口甜、香气清正。

7. 答案：√

二、四川土特产

(一)单项选择题

1. 答案：A

解析：四川缬染主要产地是自贡手工拔染厂。

2. 答案：A

解析：作为艺术品收藏的石刻工艺品中，以广元百花石刻最为有名。

3. 答案：A

解析：1989年，著名糖画艺人蔡树全等人创造的《糖龙》轰动一时。

4. 答案：B

解析：中国盆景艺术起源于唐代。

5. 答案：A

解析：四川盆景以成都为代表。

6. 答案：A

解析：川贝母属百合科多年生早本植物；虫草属囊菌刚麦角菌科；川芎属伞形科多年生草本植物。

7. 答案：A

解析：四川漆器产生于秦汉时期。

8. 答案：D

解析：成都漆器的工艺特色是雕花填彩，其经久耐用、工艺精巧、透明如水。

9. 答案：A

解析：以时间顺序为逻辑，蜀锦织造工序：第一部分是纹制工艺；第二部分是绞丝炼染工艺；第三部分是丝织的准备工艺；第四部分是上机织造。

10. 答案：C

解析：1975 年，成都竹编艺人随中国贸易小组访问日本，在东京、大阪、名古屋、横滨等 8 个城市进行数十次编织表演，观众反响热烈，誉之为"东方艺术之花"。

(二)多项选择题

1. 答案：ABCD

解析：四川陶瓷的主要产地有邛崃、大竹、隆昌、犍为、会理、金堂等。

2. 答案：ACD

解析：从工艺上看，缬染主要有绞缬、夹缬、蜡缬。拔染就是缬染。

3. 答案：ABC

解析：大货，较大型的作品，制作工艺较复杂，如龙、凰、孔雀、狮、虎及立体的花篮等；小货，较小型的作品，制作工艺相对简单，如各种单个的花、小型动物、水果等；子子货，又称"倾子子"，即倒一个个"糖饼儿"。

4. 答案：ABCD

解析：四川盆景以桩头盆景为主，多以孤树为主体，不配山石，盘根错节，以蟠虬技艺见长；山水盆景将树桩与日本水石相结合，将盆景艺术推向"移天缩地、盆立大千"的境界。四川山木盆景多以瘦、漏、奇、皱的石头砌成，不用人物、桥亭等点缀物，仅以主树、水相配合，咫尺盆间，缩聚万里之景。

5. 答案：ABCD

解析：四川盆景艺术家制作的"青城天下幽""剑门雄关""巫山十二峰""蜀江水碧蜀山青"等代表作在全国美展中获得轰动效应，蜚声国内艺坛。

6. 答案：ABC

解析：四川的中药材资源极其丰富，其大宗的主流商品药材产量约占全国的 1/3，不少中药是四川独有的特产，主要名贵品种有：天麻、川贝母、虫草、麝香等。

7. 答案：AB

解析：四川生产生漆和丹珠，是制作漆器的主要原料，塑料和木胎常常作为底胎。

8. 答案：ABCDE

解析：四川漆器以工艺精巧、造型大方、透明如水、光亮如镜和经久耐用的特点著称于世，是我国漆器中独具特色的工艺美术品。

9. **答案：**ABD

解析：1986年的首届全国漆画展中，成都漆器有3件作品被选入中国美术馆收藏，而非5件。

10. **答案：**ABCD

解析：成都瓷胎竹编工艺品又称"竹丝扣瓷"，是一种工艺精巧的特种编织艺术品，用纤细如发的竹丝、柔软如绸的竹篾依胎编织而成。竹丝瓷胎由竹丝扣漆、竹丝扣锡发展而来，以后逐步推向了陶胎、纸胎和无胎编织。在编织技术上，瓷胎竹编除了保持传统的细密编之外，又创新了特细编、疏编、疏密结合、无心起花、别花等新技艺。

11. **答案：**ABCD

解析：竹丝扇是19世纪中叶自贡民间艺人龚氏家族的家传特技工艺品，由龚爵伍首创，他儿子龚玉璋继承下来。竹丝扇的图案、造型、工艺等实际上是在龚玉璋一代完成。竹丝扇薄如丝绢，柔如绫绸，在扇团上可以编织出人物、花卉、山水及各种字画等多种美术图案。

12. **答案：**ABCD

解析：银丝工艺品是以白银为原材料，主要产品有瓶、盘、盒，茶、酒、烟具，花熏，挂屏等，由于采取了防腐新工艺，能在较长时间内保持柔和光泽，不变颜色，给人以舒适的美感。著名的"麻姑献寿"和"仙鹤行云"挂屏是老艺人张永昌所做。

13. **答案：**ABCD

解析：银丝工艺具有结构严谨、亮膜交错、虚实相间、富丽堂皇的特点。

14. **答案：**ABCD

解析：银耳、木耳、黄花、雪魔芋、竹蒜、冬菜、芽菜都属于四川名优土特产。

15. **答案：**ABC

解析：蜀绣集中于四川成都，在晋代被称蜀中之宝；蜀绣以软缎和彩丝为主要原料，针法包括12大类共122种，如晕针、铺针、滚针、截针、掺针、盖针、切针、拉针、沙针、汕针等，讲究"针脚整齐，线片光亮，紧密柔和，车拧到家"；蜀绣题材多为花鸟、走兽、山水、虫鱼、人物，品种除纯欣赏品绣屏以外，还有被面、枕套、衣、鞋、靠垫、桌布、头巾、手帕、画屏等；锦绣既有巨幅条屏，又有袖珍小件，是观赏性与实用性兼备的精美艺术品。

16. **答案：**ABCD

解析：蜀绣的生产具有悠久的历史。早在汉代（公元前202—公元220年），蜀绣之名就已誉满天下，汉朝政府还在成都专门设置了"锦官"进行管理；到了宋代（960—1279年），蜀绣的发展达到鼎盛时期，绣品在工艺、产销量和精美程度上都独步天下；清朝（1644—1911年）中叶以后，蜀绣逐渐形成行业，当时各县官府均设"劝工局"以鼓励蜀绣生产；新中国成立后，在四川设立了成都蜀绣厂，使蜀绣工艺的发展进入了一个新阶段，技术上不断创新。

17. **答案：**ABCD

解析：蜀绣以软缎、彩丝为主要原料，其绣刺技法甚为独特，至少有100种以上精巧的针法绣技,如五彩缤纷的衣锦纹满绣、绣画合一的线条绣、精巧细腻的双面绣和晕针、纱针、点针、覆盖针等都是十分独特而精湛的技法。

当今绣品中,既有巨幅条屏,也有袖珍小件;既有高精欣赏名品,也有普通日用消费品。

蜀绣的技艺特点有线法平顺光亮、针脚整齐、施针严谨、掺色柔和、车拧自如、劲气生动、虚实得体。任何一件蜀绣都淋漓地展示了这些独到的技艺。据统计,蜀绣的针法有12 大类、122 种。常用的针法有晕针、铺针、滚针、截针、掺针、沙针、盖针等。蜀绣常用晕针来表现绣物的质感,体现绣物的光、色、形,把绣物绣得惟妙惟肖,如鲤鱼的灵动、金丝猴的敏捷、人物的秀美、山川的壮丽、花鸟的多姿、熊猫的憨态等。

蜀绣绣法灵活,适应力强,一般绣品都采用绸、缎、绢、纱、绉作为面料,并根据绣物的需要,制作程序、配色、用线各不相同。

18. 答案: ABCD

解析: 成都是蜀锦的故乡。公元前 316 年秦灭蜀后,便在成都夷里桥南岸设"锦官城",置"锦官"管理织锦刺绣。汉朝时成都蜀锦织造业便已经十分发达,朝廷在成都设有专管织锦的官员,因此成都被称为"锦官城",简称"锦城"。而环绕成都的锦江,也因有众多织工在其中洗濯蜀锦而得名。

十样锦是蜀锦的主要品种之一,简称"什锦"。锦是"织彩为文"的彩色提花丝织品,是丝织品中最为精致、绚丽的珍品,因其制作工艺复杂,耗时费力,故《释名》云:"锦,金也,作之用功重,其价如金,故其制字从帛与金也。"由此可见"寸锦寸金"的说法自古时以来便已有之。

四川古称"蜀""蜀国""蚕丛之国"。这里桑蚕丝绸业起源最早,是中国丝绸文化的发祥地之一。蜀锦兴于春秋战国而盛于汉唐,因产于蜀地而得名,在中国传统丝织工艺锦缎的生产中,历史最悠久,影响最深远。

蜀锦已有两千年的历史。山谦之《丹阳记》说:"历代尚未有锦,而成都独称妙,故三国时魏则市于蜀,吴亦资西蜀,至是乃有之。"汉至三国时蜀郡(今四川成都一带)所产特色锦的通称,以经向彩条和彩条添花为特色。

19. 答案: ABCD

解析: 蜀锦具有古老的民族传统风格,浓郁的四川地方特色,厚重的历史文化底蕴。"凡锦样必有寓意"是蜀锦的艺术特点,往往代表着对生活的愿景和祝福。织造工艺细腻严谨,配色典雅富丽,大多以经线彩色起彩,彩条添花,经纬起花,先彩条后锦群,方形、条形、几何骨架添花,对称纹样,四方连续,色调鲜艳,对比强烈,别具一格。

20. 答案: ABCD

解析: 瓷胎竹编、竹丝扇、竹手杖、竹簧工艺品都是四川竹木工艺品。

(三)判断题

1. 答案: ×

解析: 成都生产的竹编工艺品"瓷胎竹编"又称"竹丝扣瓷",是竹编工艺品中一种独具特色的品种。它是以瓷器器皿为胎,用纤细如发的竹丝,柔软如绸的竹篾,依胎编织而成,被誉为"东方艺术之花"。

2. 答案: ×

解析： 隔壁戏是杭州的古老曲种之一，形成于清代，以"叫声（亦名吟叫）""学乡谈"作为自己的主要表演技艺。四川竹琴又称"道琴"，因其伴奏的乐器是竹制的渔鼓筒，故又称"渔鼓道琴"或"道筒"。

3. **答案：** √

4. **答案：** ×

解析： 蛇胆川贝枇杷膏产于广东省广州市，系选用蛇胆、川贝醇、枇杷叶、桔梗等中药材配制而成的纯中药煎膏剂。具有润肺止咳、祛痰定喘的功效；主治咳嗽痰多、胸闷气喘、声音沙哑等症。

📝 模拟考试解析及答案

（一）单项选择题

1. **答案：** A

解析： 川菜在艺术风格上有其独特之处，概括起来就是价廉物美，具体表现在四个方面，即廉价、奇巧、美妙、丰富。

2. **答案：** D

解析： 川菜对汤特别讲究，汤有清汤、奶汤、红汤、鱼汤、毛汤。川菜素以清汤和奶汤见长。

3. **答案：** A

解析： 四川著名的小吃有赖汤圆、龙抄手、夫妻肺片、钟水饺、珍珠圆子、韩包子、古月胡三合泥、担担面、灯影牛肉、川北凉粉、谭豆花。

4. **答案：** A

解析： 郎酒，始于1903年，产自川黔交界有"中国美酒河"之称的赤水河畔，是目前唯一一家采用山泉水酿造的白酒企业。

5. **答案：** D

解析： 五粮液产自酒都宜宾。

6. **答案：** D

解析： 邛崃是中国最大白酒原酒基地。

7. **答案：** A

解析： 沱牌曲酒产自四川遂宁射洪县，是四川名酒中的后起之秀。

8. **答案：** A

解析： 峨眉毛峰，产于雅安凤鸣山。

9. **答案：** C

解析： 蒙山种茶历史悠久，据有关史料记载，早在西汉时一位名叫吴理真的农民"携灵茗之种，植于五峰之中，高不盈尺，不生不灭，迥异寻常"，"其叶细长，网脉对分，味甘而清，色黄而碧"，故名"仙茶"。

10. **答案：** B

解析： 瓷胎竹编用的竹丝选料非常严格，在四川100多种竹子中只选了产自邛崃山脉的慈竹。

11. **答案**：B

解析：糖醋黄河鲤鱼属于鲁菜；鸡汁燕丸属于闽菜；葡萄鱼属于淮北菜；糖醋鲑鱼属于淮扬菜。

12. **答案**：A

解析：贵州茅台属于酱香型，泸州老窖属于浓香型，山西汾酒属于清香型，宜宾五粮液属于浓香型。

13. **答案**：B

解析：川菜著名的"三味"指怪味、鱼香味、家常味。

14. **答案**：B

解析：竹丝扇是 19 世纪中叶自贡民间艺人龚氏家族的家传特技工艺品，由龚爵伍首创，他儿子龚玉璋继承下来，竹丝扇的图案、造型、工艺等实际上是在龚玉璋一代完成。

15. **答案**：C

解析：阆中，坐落在四川东北部嘉陵江中游，东枕巴山、西倚剑门、雄峙川北。县城坐落在嘉陵江西岸，山围四面，水绕三方，形成天然屏障，2 000 多年来，一直为蜀道南路的"咽喉之地"，早在 1 300 多年前阆中就是著名的旅游胜地，有"阆苑仙境""阆州天下胜"之誉。

16. **答案**：A

解析：1996 年 12 月 6 日，乐山大佛被联合国教科文组织批准为"世界文化与自然遗产"，正式列入《世界遗产名录》。

17. **答案**：C

解析：回锅肉是中国川菜中一种烹调猪肉的传统菜式，具有"蜀中第一菜"的美誉，川西地区还称之为熬锅肉，四川家家户户都能制作。回锅肉的特点是口味独特，色泽红亮，肥而不腻。所谓回锅，就是再次烹调的意思。回锅肉作为一道传统川菜，在川菜中的地位是非常重要的，川菜考级经常用回锅肉作为首选菜肴。回锅肉一直被认为是川菜之首，川菜之化身，提到川菜必然想到回锅肉。

18. **答案**：B

解析：四川四大腌菜是指涪陵榨菜、四川芽菜、四川冬菜及腌大头菜等汉族传统名产。四大腌菜中，榨菜是世界三大名腌菜之一，其余三种则被熊四智(2003)列入川料辅料八珍，并认为是四川的"珍奇、珍稀、珍贵、珍宝"。

19. **答案**：A

解析：中国的茶业，最初始于蜀，蜀为中国茶业文化的摇篮。

20. **答案**：B

解析：中国盆景艺术起源于唐代。

21. **答案**：B

解析：泸州老窖特曲酒，作为浓香型大曲酒的典型代表，以醇香浓郁、清冽甘爽、饮后尤香、回味悠长的独特风格闻名于世。

绵竹剑南春酒，产于四川省绵竹市，因绵竹在唐代属剑南道，故称"剑南春"；四川的绵竹市素有"酒乡"之称，绵竹市因产竹产酒而得名；剑南春文化底蕴最深厚，历史最悠久。

成都全兴大曲的前身是成都府大曲，以酒香醇甜、爽口尾净而远近传闻，畅销各地。全兴老字号作坊正式建于清道光四年(1824)，享有"美酒如诗"的盛誉，被郭沫若称为"延年酒"。

郎酒，拥有百年历史的中国白酒知名品牌，是我国名酒园中的一株新秀。

22. 答案：B

解析： 自贡水煮牛肉，源于自贡，是一道地道的盐工菜。古时一无所有的盐工们，只能将牛肉在清水中加盐煮食，为减少腥膻，加点辣椒、花椒等佐料，既经济又可口；20世纪30年代后，经自贡名厨范吉安改为将各种佐料和牛肉片一锅同煮，遂成为独具地方风味的名菜，1981年被选入《中国菜谱》。

23. 答案：B

解析： 川剧，是四川文化的一大特色。成都，是戏剧之乡，早在唐代就有"蜀戏冠天下"的说法。清代乾隆时在本地车灯戏基础上，吸收融汇苏、赣、皖、鄂、陕、甘各地声腔，形成含有高腔、胡琴、昆腔、灯戏、弹戏五种声腔的用四川话演唱的"川剧"。其中川剧高腔曲牌丰富，唱腔美妙动人，最具地方特色，是川剧的主要演唱形式。川剧帮腔为领腔、合腔、合唱、伴唱、重唱等方式，意味隽永，引人入胜。川剧语言生动活泼，幽默风趣，充满鲜明的地方色彩，浓郁的生活气息和广泛的群众基础。

24. 答案：B

解析： 四川火锅是清代道光年间由当时的苦力与船工所首创的，广泛分布于重庆境内的沿江码头。由于重庆是东川水陆要道，火锅食俗在此发扬并创新。抗日战争时期，民国政府迁都至重庆，火锅借此机会传播至全国各地。

25. 答案：B

解析： 泸州老窖特曲酒，作为浓香型大曲酒的典型代表，以醇香浓郁，清冽甘爽、饮后尤香、回味悠长的独特风格闻名于世；1915年曾获巴拿马国际博览会金质奖，历届国家评酒均获"国家名酒"的称号。

五粮液为大曲浓香型白酒，产于四川宜宾市，用小麦、大米、玉米、高粱、糯米5种粮食发酵酿制而成，在中国浓香型酒中独树一帜。其香气悠久，滋味醇厚，进口甘美，入喉净爽，各味谐调，恰到好处。

清香型白酒以山西杏花村的汾酒为代表；酱香型白酒以贵州茅台酒为代表；米香型白酒以桂林的三花酒和全州的湘山酒为代表；复香型白酒以贵州董酒为代表。

26. 答案：A

解析： 竹丝扇，俗称"龚扇"，扇面多是桃形，形似纨扇，是用细如绢丝的竹丝精心编织而成的。它颜色嫩黄，薄而透光，绵软而细腻，恍若织锦，图案或山水人物，或花鸟虫鱼，无不惟妙惟肖，加上象牙或者牛骨做的扇柄，丝质扇坠，玲珑别透，精美绝伦，被誉为"素丝织锦"。

蜀锦，是指中国四川省成都市所出产的锦类丝织品，大多以经向彩条为基础起彩，并彩条添花，其图案繁华、织纹精细，配色典雅，独具一格，是一种具有民族特色和地方风格的多彩织锦。

成都瓷胎竹编，是成都地区的地方独特手工艺品，也是四川特产的一种，产品技艺独特，以精细见长，具有精选料、特细丝、紧贴胎、密藏头、五彩图的技艺特色，被誉为"东方艺术之花"。

青城丝毯,是用蚕丝和绢丝为原料,按传统加工工艺,经手工纺织而成的工艺品。

27. 答案: A

解析: 郎酒,拥有百年历史的知名品牌,是我国名酒园中的一株新秀,1979年评为全国优质酒;1984年在第四届全国名酒评比中,郎酒以"酱香浓郁,醇厚净爽,幽雅细腻,回甜味长"的独特香型和风味而闻名全国,首次荣获全国名酒的桂冠,并获金奖;1985年参加亚太博览会展出。郎酒,始于1903年,产自川黔交界有"中国美酒河"之称的赤水河畔。贵州茅台酒、四川郎酒,被称为"赤水河畔的姐妹花",闪闪发光的一对明珠。

28. 答案: B

解析: 夫妻肺片实为牛头皮、牛心、牛舌、牛肚、牛肉,并不用肺,注重选料,制作精细,调味考究,有"车行半边路,肉香一条街"之誉。夫妻肺片片大而薄,麻辣鲜香,深受群众喜爱;为区别于其他肺片,便以"夫妻肺片"称之,在用料上更为讲究,质量日益提高。

29. 答案: B

解析: 川菜最大的特点是"一菜一格,百菜百味"。川菜以成都、重庆、川南三个地方菜为代表,选料讲究,规格划一,层次分明,鲜明协调,以用料广博、味道多样、菜肴适应面广而著称,尤以麻辣、鱼香、怪味等味型独擅其长,有"七滋八味"之说;烹调手法上擅长小炒、小煎、干烧、干煸。

30. 答案: C

解析: 川菜共分高级筵席、普通筵席、市肆便餐及家常风味四大类。普通筵席,又称"九大碗"或"三蒸九扣",就地取材,讲究实惠,保留传统技艺,辣味也不多,汤菜并重,荤素皆有,代表菜有清蒸杂烩、粉蒸肉、咸甜烧白、清蒸肘子等。

31. 答案: C

解析: 烹饪业的进步和发展,使蜀中的专业食店、酒肆增多,聚居于城市的达官显宦、豪商巨富、名流雅士对菜的式样、口味要求很高,对川菜的形成和发展起了很大的推动作用。川菜特别重视鱼和肉的烹制,曹操在《四时食制》中,特别记有"郫县仔鱼,黄鳞赤尾,出稻田,可以为酱";黄鱼"大数百斤,骨软可食,出江阳、犍为",还提到"蒸鲇",表明当时已有清蒸鲇鱼的菜式。

32. 答案: B

解析: 天麻为多年生草本植物,分布于全国大部分地区。其干燥块茎又称天麻,是一味常用而较名贵的中药,临床多用于头痛眩晕、肢体麻木、小儿惊风、癫痫、抽搐、破伤风等症。天麻过去一直依赖野生资源,20世纪70年代野生变家种成功后,家种天麻成为主要商品来源。天麻主要分布于川、云、贵及湖北、陕西等省,其中四川分布最广,产量最大,约占全国产量的一半。麝香、虫草主要产自青海;川贝分为很多种,产自云南、西藏、甘肃等地。

33. 答案: C

解析: 保宁醋,是四川阆中的传统名产,为中国"四大名醋"之一,始创于明末清初,迄今已有400多年历史,因产于阆中(古称保宁府),故称之为"保宁醋"。保宁醋以大米、玉米、麸皮为原料,用砂仁、白蔻、黄连、杜仲等70余味中药为曲药,取观音寺莹洁甘洌、沸而无沉之唐代古"松华井"之优质泉水(古称观音圣水),精酿而成。"吃好醋,保宁醋;保宁醋香,绿色健康。"1915年,阆中酿醋名师田福顺将精酿的保宁醋,送往国外比

赛，获巴拿马"太平洋万国博览会"金质奖章。

34. 答案：C

解析： 四川是著名的生漆产区，四川漆器是著名的工艺品。现代漆器在继承传统风格上又有许多创新，其中尤以雕填、彩绘、堆漆、变涂等品种为独特；成都漆器有木胎、麻布脱胎、纸胎、塑料胎等多个品种，其造型美观大方、工艺精巧，漆面透明如水、光亮如镜。"雕花填彩"是成都漆器的主要工艺特色。

35. 答案：C

解析： 泸州老窖特曲酒，作为浓香型大曲酒的典型代表，以醇香浓郁、清冽甘爽、饮后尤香、回味悠长的独特风格闻名于世。

绵竹剑南春酒，产于四川省绵竹市，因绵竹在清代属剑南道，故称"剑南春"。四川的绵竹市素有"酒乡"之称，绵竹市因产竹产酒而得名。

成都全兴大曲的前身是成都府大曲，以酒香醇甜、爽口尾净而远近传闻，畅销各地；全兴老字号作坊正式建于清道光四年(1824)，迄今已有160多年的历史了，享有"美酒如诗"的盛誉，被郭沫若称为"延年酒"。

郎酒，拥有百年历史的中国白酒知名品牌，是我国名酒园中的一株新秀。

36. 答案：B

解析： 剑南春产于绵竹，唐代就以"剑南之烧春"名闻遐迩，宋代称"蜜酒""鹅黄"，前身为绵竹大曲，1958年正式命名为"剑南春"。因以高粱、糯米、大米、小麦、玉米五种粮食为原料制成，故有"小五粮液"之称；特点是芳香浓郁、醇和回甜、清冽净爽、余香悠长，属浓香型曲酒。

37. 答案：D

解析： 郎酒，一个拥有百年历史的中国白酒知名品牌，是我国名酒园中的一株新秀。1979年评为全国优质酒；1984年在第四届全国名酒评比中，郎酒以"酱香浓郁，醇厚净爽，幽雅细腻，回甜味长"的独特香型和风味而闻名全国，首次荣获全国名酒的桂冠，并获金奖；1985年参加亚太博览会展出。

38. 答案：D

解析： 青城丝毯，是用蚕丝和绢丝为原料，按传统加工工艺，经手工纺织而成的工艺品。瓷胎竹编工艺品，具有精选料、特细丝、紧贴胎、密藏头、五彩图的技艺特色，被誉为"东方艺术之花"。竹丝扇，俗称"龚扇"，扇面多是桃形，形似纨扇，是用细如绢丝的竹丝精心编织而成的，被誉为"素丝织锦"。成都漆器，又称卤漆，是我国最早的漆艺之一，集艺术性和实用性为一体，被誉为"东方艺术瑰宝"，也是成都传统工艺美术"四绝"之一。

39. 答案：C

解析： 瓷胎竹编工艺品，又称细丝工艺品，是成都地区的地方独特手工艺品，也是四川特产的一种，起源于清代中叶。竹丝扇，俗称"龚扇"，有"灿若云锦、薄如蝉翼"的美评，被誉为巧夺天工的国宝。宜宾江安县盛产楠竹，江安竹簧已有300多年历史，竹簧工艺品古朴、高雅，具有显著的民族风格，曾在巴拿马万国博览会上获奖；产品种类多，质量高，曾先后八次在北京州展出，六次到国外展出，多次获奖，远销欧美。火绘艺术，于20世纪20年代在西昌地区初创，其表现的细腻，色调的和谐，画面的清晰生动均不亚于宣纸水墨画，有极佳的艺术效果。

40. 答案： C

解析： 四川汉源(汉源县，位于四川省西南山区，雅安地区南部)花椒，古称"贡椒"，自唐代元和年间就被列为贡品，长达一千余年，史籍多有记载。汉源花椒主要用于火锅主料、烧菜、炖菜等佳肴的制作。

(二)多项选择题

1. 答案： ABCD

解析： 川菜的筵席一般分为：高级筵席、普通筵席、大众便餐、家常风味。

2. 答案： ABCD

解析： 川菜代表菜有东坡墨鱼、清蒸江团、宫保鸡丁、口袋豆腐、开水白菜、鸡豆花、回锅肉、水煮牛肉、麻婆豆腐、樟茶鸭子、干烧鲤鱼、锅巴鱿鱼。

3. 答案： ABCD

解析： 泸州老窖具有"醇香浓郁，饮后留香，清冽甘爽，回味悠长"的独特风格，是浓香型的代表。

4. 答案： ABCD

解析： 川茶闻名古今，西晋张孟杨在《登成都白菟楼》诗中有"芳茶冠六清，溢味播九州"的赞誉。川茶品种繁多，唐时蜀中就有八大名茶，即"雅洲之蒙顶、蜀州之味江、汉州之杨村、绵州之善目、嘉州之中峰、邛州之火井、利州之罗村、彭州之堋口"。

5. 答案： BCD

解析： 保宁醋产自四川南充阆中。

6. 答案： ABC

解析： 四川"三椒"指的是胡椒、辣椒和花椒。

7. 答案： ABCD

解析： 人们在茶馆里形成因茶聚会的团体，称"茶轮"，一般是二三十个朋友、熟人或同行，定期在一家茶馆碰面，轮流坐庄付茶钱。这些茶馆，特别是城外乡场上的茶馆，在墙上的木板上写着参加者的姓名。这些小团体建立起紧密的社会网络，可以在经济、社会生活甚至政治活动上互相帮助或支持；他们交换关于生意、政府政策、地方新闻等信息，如果某成员有了麻烦，也首先在成员内部寻求支持。

茶馆形成了独特的语言和词汇。茶博士用他们特有的声调来迎送客人，增进了茶馆的热闹气氛，路过的行人也被感染，被吸引过来。茶馆中还使用大家都理解的"行话"，例如，在一个茶馆开张的前一晚，要举行仪式，称"洗茶碗"，或叫"亮堂"，当晚提供免费茶给客人，他们大多是老板的亲戚朋友或地方的头面人物，这个仪式不仅是为了开张大吉，也是为了争取地方权势人物的保护。

成都茶馆一般也允许穷人或小孩到那里去喝客人留下的剩茶，称之为"喝加班茶"。一些成都老人对过去喝加班茶的情景记忆犹新。据刘振尧回忆，他孩提时代经常去安澜茶馆，这是一个有三间房的两层楼茶馆，老板人不错，从不驱赶喝加班茶的小孩。当他在街上玩累了渴了，便经常径直跑进茶馆，叫一声"爷爷"或者"叔叔"，"让我喝点加班茶"，不等对方反应，便已经端起茶碗一阵狂饮，放下茶碗也不说声谢谢，便一阵风似的跑掉了。

四川茶馆社会功能突出——"断案"功能。四川茶馆还有一项极特殊的功能，有人叫它"民间法院"。乡民们起了纠纷，逢"场"时可以到茶馆里去"讲理"，由当地有势力的保长、

乡绅或袍哥大爷来"断案"。四川茶馆的"政治"与"社会"功能似乎比其他地区更为突出。

8. 答案：ABCD

解析： 蒙顶茶是中国十大名茶之一。从西汉时起，蜀人就开始在蒙山种植茶树；唐白居易咏蒙顶茶曰："扬子江中水，蒙山顶上茶"，蒙顶茶因而得名；陆羽也在《茶经》中品评天下名茶曰："蒙顶第一，顾渚第二。"可见，蒙顶茶是中国最古老的名茶品种之一，因此，人们称它为"茶中故旧，名茶先驱"。

蒙顶茶品种较多，按大类分有散茶和成型茶。散茶中有雷鸣、雀舌、白毫等；成型茶中有龙团、凤饼等。现在，蒙顶茶名茶种类有甘露、黄芽、石花、玉叶长春、万春银针等；其中"甘露"在蒙顶茶中品质最佳，它形状纤细，叶整芽全，身披银毫，色绿微黄，冲泡后汤色绿黄，透明清亮，饮之清香爽口，沏二遍水时，越发鲜醇，齿颊留香。

蒙顶茶是蒙山各类名茶的总称，不仅供国内销售，国外也享盛名，正是"万紫千红花色新，春报极品味独新；银毫金光冠全球，叶凝琼香胜仙茗"。除蒙顶茶外，雅安的峨眉毛峰、金尖茶、雨城银芽、雨城云雾、雨城露芽，成都市的青城雪芽、文君嫩绿等均获得茶业界的好评。

蒙山所在的雅安，名山地区常年阴雨连绵，云雾覆盖，气候和土壤条件都适合于茶叶的生长。蒙山种茶历史悠久，据有关史料记载，早在西汉时一位名叫吴理真的农民"携灵茗之种，植于五峰之中，高不盈尺，不生不灭，迥异寻常"，"其叶细长，网脉对分，味甘而清，色黄而碧"，故名"仙茶"。唐代元和年间，蒙顶五峰被辟为"皇茶园"，蒙顶茶被列为贡茶，奉献皇室享用。

9. 答案：ACD

解析： 银耳为真菌类银耳科，银耳属植物，又称白木耳、雪耳、银耳子等，有"菌中之冠"的美称。夏秋季生于阔叶树腐木上，分布于中国浙江、福建、江苏、江西、安徽等十几个省份。目前国内人工栽培使用的树木有一百多种。银耳是名贵的营养滋补佳品，历代皇室贵族都将银耳看作是"延年益寿之品""长生不老良药"，在四川巴中、广元、宜宾出产银耳最丰。

10. 答案：CDE

解析： 保宁醋是四川阆中的传统名产，为中国"四大名醋"之一，始创于明末清初，迄今已有400多年历史，因产于阆中（古称保宁府），故称之为"保宁醋"。保宁醋以大米、玉米、麸皮为原料，用砂仁、白蔻、黄连、杜仲等70余味中药为曲药，取观音寺莹洁甘冽，沸而无沉之唐代古"松华井"之优质泉水（古称观音圣水），精酿而成。

本章小结

四川风味特产是四川导游基础知识的第四章内容。根据国家旅游局颁布的《全国导游人员资格考试大纲》，考生应提高对四川饮食风味和特有物产的认识水平和掌握程度，尤其是要增强对四川特色饮食和特有物产历史文化内涵的理解。同时，考生应学会把相关知识应用到实地导游讲解之中去，以增强讲解的文化性与趣味性，更好地宣传、推介四川的风物特产，妥善安排好游客购物、品尝四川风味等旅游活动。

第5章

四川旅游产业与旅游资源

学习目标

　　根据国家旅游局颁布的《全国导游人员资格考试大纲》，本章设计了相应考评内容，以检测考生对四川旅游资源状况及旅游产业发展现状的了解程度与认识水平，尤其是要提高考生对四川旅游资源价值与特色认识水平。同时，通过对四川旅游市场及旅游产品等相关知识的学习，使考生能在今后的导游工作中，知己知彼，能更好地针对市场需求进行讲解，能更好地针对不同区域的市场，推介、宣传四川的旅游产品。

第一部分　考试津要

一、考试大纲

章节	考试要点
旅游产业概况	1. 四川旅游业的发展情况；四川五星级酒店的分布；抗震救灾专题旅游的分布格局（了解） 2. 四川乡村旅游的类型及代表；四川中国优秀旅游城市及其主要特点（熟悉） 3. 四川主要旅游线路的分布及沿线旅游资源（掌握）
主要旅游资源	1. 四川国家重点文物保护单位的基本情况；四川国家地质公园的分布和类型；四川国家森林公园的分布及其资源特色（了解） 2. 四川国家级自然保护区的名称、所在地及特色；四川生态旅游、红色旅游、三国文化旅游（熟悉） 3. 四川五大世界遗产；四川主要旅游线路的分布及沿线旅游资源；四川国家级景区的名称、所在地、特色等（掌握）
旅游精品战略	1. 大成都旅游增长极；四川3个旅游经济带的基本情况；四川5个特色旅游经济区的所在区域、特色及发展目标（了解） 2. 四川5条旅游环线的构成及沿线旅游资源分布及产业情况（熟悉） 3. 四川的旅游形象口号；四川旅游的三大品牌（掌握）

二、应考经验

1. 四川主要旅游线路、特色及沿线情况要重点掌握。世界遗产游、川南生态文化游、将帅故里游、古蜀文化探秘游等路线要熟记。

2. "立城优城""三圈一体""四态合一"这类说法很可能出现在单选题或多选题中，考生务必注意。

3. 掌握四川五大世界遗产的所在地、风景及特色；四川主要游览线路及景点分布情况，这些内容是本章重点。

4. "第一个""自然保护区之一""三大旅游精品""世界自然遗产""六绝""最高峰""中国之最""唯一"这类说法很可能出现在单选题或多选题中，考生务必注意。

5. 凡是教材中涉及时间、数量、方位等的知识点都要熟记，这些是考查知识要点。

6. 本章内容与出境旅游、世界主要客源地、世界文化遗产、民族民俗等章节相关联，考生复习时应前后对应，学习相关内容。

7. 目前国家旅游局颁布的考试大纲中没有判断题，但这种题型有助于更好地学习四川导游基础知识。根据以往多年的考评经验，这种题型将来有可能纳入全国导游资格考试的题型，故本攻略中有判断题的练习。

第二部分　习题攻略

一、旅游产业概况

(一)单项选择题

1. 成都在中西部地区率先基本实现现代化和国际化的战略举措是(　　)。
   A. 五大兴市战略　　　　　　　　　　B. 城乡一体化
   C. 交通先行　　　　　　　　　　　　D. 打造西部经济核心增长极

2. 下列(　　)是成都实施"立城优城"战略的典型。
   A. 二环路改造　　　　　　　　　　　B. 筹建第二国际机场
   C. "北改"工程　　　　　　　　　　　D. 地铁全面开工

3. 成都实施"产业倍增"战略，目的是加快构建(　　)。
   A. 便捷化的基础设施　　　　　　　　B. 高端化的产业格局
   C. 现代化的城市体系　　　　　　　　D. 一体化的市域经济

4. 基础设施是现代化、国际化的(　　)。
   A. 信息保障　　　B. 软件支撑　　　C. 综合实力　　　D. 硬件支撑

5. 实施"三圈一体"战略，其中第一圈层应该做到(　　)。
   A. 转二优三　　　B. 强二兴三　　　C. 兴二优一　　　D. 一二三互动

6. 旅游业涉及的行业和部门较多，其体现出的产业特征是（　　）。
　　A. 大旅游、小市场、小综合　　　　　B. 大旅游、大市场、小综合
　　C. 大旅游、大市场、大综合　　　　　D. 小旅游、大市场、大综合
7. 成都实施全域开放战略的经济区经济合作架构模式为（　　）。
　　A. "1+6"　　　　B. "1+5"　　　　C. "1+7"　　　　D. "1+8"
8. 坚持"四态合一"的城市规划理念可以促使城市生态实现（　　）。
　　A. 现代化　　　　B. 高端化　　　　C. 优美化　　　　D. 特色化
9. 成都旅游业"一区两带"中的"一区"是指（　　）。
　　A. 乡村旅游度假区　　　　　　　　　B. 城市休闲旅游区
　　C. 城市游憩区　　　　　　　　　　　D. 城乡统筹试验区
10. 根据《成都市旅游业"十二五"发展规划》，"十二五"末成都旅游业总收入预期目标
为（　　）。
　　A. 1 000 亿元　　　B. 1 500 亿元　　　C. 2 000 亿元　　　D. 2 500 亿元
11. 推进旅游综合改革，首先要做到（　　）。
　　A. 加快旅游管理体制改革　　　　　　B. 多元融资
　　C. 综合管理　　　　　　　　　　　　D. 政府主导
12. 坚持"四态合一"的城市规划理念，使城市形态实现（　　）。
　　A. 现代化　　　　B. 高端化　　　　C. 特色化　　　　D. 优美化
13. DMS 的含义是（　　）。
　　A. 客源地营销系统　　　　　　　　　B. 目的地营销系统
　　C. 票务营销系统　　　　　　　　　　D. 信息化营销系统
14. 实施"三圈一体"战略，其中第三圈层应该做到（　　）。
　　A. 转二优三　　　B. 强二兴三　　　C. 兴二优一　　　D. 一二三互动
15. 坚持"四态合一"的城市规划理念，使城市文态实现（　　）。
　　A. 现代化　　　　B. 高端化　　　　C. 特色化　　　　D. 优美化
16. 实施"三圈一体"战略，其中第二圈层应该做到（　　）。
　　A. 转二优三　　　B. 强二兴三　　　C. 兴二优一　　　D. 一二三互动
17. 坚持"四态合一"的城市规划理念，使城市业态实现（　　）。
　　A. 现代化　　　　B. 高端化　　　　C. 特色化　　　　D. 优美化

（二）多项选择题

1. 成都培养都市现代农业的基本思路包括（　　）。
　　A. 以工促农　　　B. 以贸带农　　　C. 以旅助农　　　D. 以商惠农
　　E. 科技强农
2. 新时期成都旅游业的重要发展机遇包括（　　）。
　　A. 市场存在新需求　　　　　　　　　B. 战略出现新支撑
　　C. 交通获得新发展　　　　　　　　　D. 经济发展有新目标
　　E. 改革获得新契机
3. 成都实施全域开放战略，主要的做法应包括（　　）。
　　A. 构建大开放格局　　　　　　　　　B. 发展外向型经济

C. 营造国际化环境　　　　　　　　　　D. 建设高端化物流

E. 发展绿色环保产业

4. 成都建设世界生态田园城市，需要做到（　　　）。

A. 城乡一体化　　　B. 全面现代化　　　C. 充分国际化　　　D. 产业高端化

E. 旅游密集化

5. 创新旅游项目管理的基本原则包括（　　　）。

A. 统一规划　　　B. 分级设置　　　C. 科学可行　　　D. 动态管理

E. 农旅结合

6. 成都乡村旅游发展的"656"工程包括（　　　）。

A. 6 个国家 A 级景区　　　　　　　　B. 5 个市级旅游特色村

C. 6 条特色旅游线路　　　　　　　　D. 5 道乡村美食

E. 6 个天府古镇

7. 根据成都市乡村旅游提升计划，目标包括（　　　）。

A. 服务人性化　　　　　　　　　　　B. 产品特色化

C. 经营规范化　　　　　　　　　　　D. 设施标准化

E. 城乡一体化

8. 四川出境游客超过万人以上的目的地分别是（　　　）。

A. 中国香港　　　B. 泰国　　　C. 中国澳门　　　D. 新加坡

(三)判断题

1. 据国家及部分省市统计快报统计，四川省旅游总收入增速明显快于全国平均水平（15%）。　　　　　　　　　　　　　　　　　　　　　　　　　　　　（　　　）

2. 2001 年，四川省旅游总收入达 314 亿元，相当于全省 GDP 的 7.1%，超过云南省旅游总收入，居西部第一。　　　　　　　　　　　　　　　　　　　　　　（　　　）

3. 天府新区成都分区中涉及地域面积最大的是高新区。　　　　　　　　　（　　　）

二、主要旅游资源

(一)单项选择题

1. 中国唯一拥有"世界自然遗产"和"世界生物圈保护区"两项国际桂冠的旅游区是（　　　）。

A. 峨眉山　　　B. 黄龙　　　C. 九寨沟　　　D. 碧峰峡

2. 大熊猫喜食竹子，与外界和平相处，又被称为（　　　）。

A."森林隐士"　　B."竹林隐士"　　C."竹林侠士"　　D."森林侠士"

3. 九寨沟风景名胜区位于（　　　）。

A. 阿坝羌族自治州南坪县　　　　　　B. 阿坝羌族自治州松潘县

C. 甘孜藏族自治州　　　　　　　　　D. 成都大邑县

4. 西岭雪山风景名胜区位于（　　　）。

A. 成都大邑县　　　B. 成都汶川县　　　C. 宜宾兴文县　　　D. 绵阳北川县

5. 光雾山——诺水河风景名胜区的核心景区是(　　)。

    A. 小巫峡　　　　　B. 神门　　　　　C. 大坝　　　　　D. 桃园

6. 下列有关国家级自然保护区的定义正确的是(　　)。

    A. 具有观赏、文化或者科学价值，自然景观、人文景观比较集中，环境优美、可供人们进行游览或者进行科学、文化活动的区域

    B. 指对有代表性的自然生态系统、珍稀濒危野生动植物物种的天然集中分布区，环境优美、可供人们进行游览或者进行科学、文化活动的区域

    C. 指对有代表性的自然生态系统、珍稀濒危野生动植物物种的天然集中分布区，有特殊意义的自然遗迹等保护对象所在的陆地、陆地水体或者海域，依法划出一定面积予以特殊保护和管理的区域

    D. 具有观赏、文化或者科学价值，自然景观、人文景观比较集中，有特殊意义的自然遗迹等保护对象所在的陆地、陆地水体或者海域

7. 在四川的国家级自然保护区中，保护对象为高寒沼泽地生态系统和黑颈鹤的是(　　)。

    A. 蜂桶寨自然保护区　　　　　　　B. 唐家河自然保护区

    C. 若尔盖自然保护区　　　　　　　D. 大风顶自然保护区

8. 1984 年，被列入我国第一批珍稀濒危保护植物名录，属于世界珍稀濒危残遗物种，被称为植物界的"活化石"的物种属于下列(　　)自然保护区。

    A. 白水河国家级自然保护区　　　　B. 攀枝花苏铁国家级自然保护区

    C. 龙溪——虹口国家级自然保护区　　D. 九寨沟国家级自然保护区

9. 下列为我国建立的最早的四个以保护大熊猫等珍稀生物及栖息地为主的自然保护区之一的是(　　)。

    A. 攀枝花苏铁国家级自然保护区　　B. 王朗国家级自然保护区

    C. 画稿溪国家级自然保护区　　　　D. 西岭雪山国家级自然保护区

10. 中国第一个以竹类生态系统为主的国家级自然保护区是(　　)。

    A. 马边大风顶国家级自然保护区　　B. 长宁竹海国家级自然保护区

    C. 卧龙国家级自然保护区　　　　　D. 四姑娘山国家级自然保护区

(二)多项选择题

1. 下列选项属于四川蜚声中外的五大世界遗产的是(　　)。

    A. 九寨沟　　　　　　　　　　　　B. 黄龙

    C. 峨眉山—乐山大佛　　　　　　　D. 都江堰—青城山

    E. 大熊猫栖息地

2. 四川"三大旅游精品"是指(　　)。

    A. 童话世界九寨沟　　　　　　　　B. 国之瑰宝大熊猫

    C. 古蜀文化三星堆　　　　　　　　D. 天下之秀峨眉山

3. 九寨沟的主要特点是(　　)。

    A. 高山湖泊群　　　B. 瀑布群　　　　C. 峡谷　　　　　D. 森林

4. 黄龙"六绝"指(　　)。

    A. 彩池、滩流　　　B. 雪山、峡谷　　C. 森林、瀑布　　D. 湖泊、瀑布

5. 下列有关峨眉山—乐山大佛的说法正确的有（　　）。

    A. 乐山大佛屹立于大渡河与青衣江之间

    B. 峨眉山，是普贤菩萨的道场，是中国四大佛教名山之一

    C. 峨眉山以雄、秀、奇、幻著称于世

    D. 峨眉山素有"峨眉天下秀"之誉，拥有佛光、云海、日出、圣灯四大自然景观

6. 下列有关青城山—都江堰的说法正确的有（　　）。

    A. 青城山以青翠满目、山形如城而得名，素有"青城天下幽"之称

    B. 都江堰是全世界至今为止，年代最悠久、唯一留存、以无坝引水为特征的水利工程

    C. 青城山背靠千里岷江，俯瞰成都平原

    D. 青城山是佛教名山

7. 下列选项中属于大熊猫栖息地的有（　　）。

    A. 卧龙   B. 四姑娘山   C. 夹金山脉   D. 西岭雪山

8. 下列属于黄龙风景名胜区的主要景观的有（　　）。

    A. 迎宾彩池   B. 飞瀑流辉   C. 洗身洞   D. 盆景池

9. 下列有关都江堰—青城山风景名胜区的说法错误的有（　　）。

    A. 青城山处于都江堰市西北部，有"青城天下幽"之称

    B. 青城山主峰老霄顶海拔 1 260 米

    C. 都江堰为战国时燕国李冰及其子于公元前 250 年主持始建

    D. 都江堰位于成都平原西部的岷江上

10. 下列关于贡嘎山风景区说法正确的有（　　）。

    A. 贡嘎山位于四川省甘孜藏族自治州内

    B. 贡嘎山风景区分为海螺沟、燕子沟、木格措、塔公、伍须海等景区

    C. 海螺沟冰瀑布为中国之最，高宽均达 1 000 米以上

    D. 贡嘎山主峰海拔 7 756 米，号称"蜀山之王"

11. "川南四绝"指的是（　　）。

    A. 自贡恐龙博物馆   B. 石海洞乡

    C. 宜宾僰人悬棺   D. 蜀南竹海

12. 下列关于四姑娘山的说法正确的有（　　）。

    A. 四姑娘山位于成都西北的小金、汶川两县之间

    B. 四姑娘山由幺姑娘山、三姑娘山、二姑娘山和大姑娘山组成

    C. 四姑娘山为大熊猫栖息地之一

    D. 四姑娘山蕴含藏族和羌族文化

13. 石海洞乡风景名胜区属喀斯特地质景观，其景区有（　　）。

    A. 天泉洞中心景区   B. 九丝山景区

    C. 大坝鲵源景区   D. 周家沟溶洞景区

14. 龙门山风景区横跨（　　）。

    A. 彭州   B. 绵阳   C. 绵竹   D. 什邡

15. 下列关于邛海—螺髻山名胜风景区的说法正确的有（　　）。

    A. 该景区位于四川省西昌市郊区

B. 邛海位于西昌市西南郊，泸山、螺髻山脚下，三面环山，一面临城

C. 邛海是省内第二大淡水湖

D. 螺髻山因形似古代少女青螺形的发髻，故名

16. 下列不属于四川国家级自然保护区的有（　　）。

A. 白水河　　　　　B. 卧龙　　　　　C. 峨眉　　　　　D. 西岭雪山

17. 并称为海螺沟冰川"三大奇观"的是（　　）。

A. 冰瀑布　　　　　B. 冰川弧　　　　　C. 冰川城门　　　　　D. 冰塔

E. 冰桥

18. 若尔盖湿地国家级自然保护区主要的保护对象是（　　）。

A. 高寒沼泽湿地生态系统　　　　　B. 黑颈鹤

C. 大熊猫　　　　　D. 金丝猴

19. 下列关于察青松多国家级自然保护区的说法正确的有（　　）。

A. 主要保护白唇鹿、金钱豹等野生动物

B. 区内地形结构复杂，大多为"歹"字形结构

C. 2003 年国务院办公厅正式批准成立其为国家级自然保护区

D. 主要保护对象为大熊猫和黑颈鹤

20. 成都市的全国重点文物保护单位有（　　）。

A. 武侯祠　　　　　B. 杜甫草堂　　　　　C. 青羊宫　　　　　D. 王建墓

E. 文殊院

(三)判断题

1. 以泸州佛宝、黄荆为主的川南拥有地球同纬度保护最完好的亚热带常绿阔叶原始森林，是长江上游保护的核心地带。　　　　　　　　　　　　　　　　　　（　　）

2. 卧龙国家级自然保护区以"熊猫之乡""宝贵的生物基因""天然动植物园"享誉中外。
　　　　　　　　　　　　　　　　　　　　　　　　　　　　　　　　　　　（　　）

3. 四川若尔盖湿地保护区的主要保护对象为高寒沼泽湿地生态系统和大熊猫等珍稀动物。　　　　　　　　　　　　　　　　　　　　　　　　　　　　　　　（　　）

4. 贡嘎山冰川是四川最大的冰川群，其中以海螺沟冰川最为著名。海螺沟冰川是贡嘎山冰川中长度最大、下限海拔最低的冰川，这里温泉、冰川、森林共生。　（　　）

5. 武侯祠内的"三绝碑"由唐宰相裴度撰文，著名书法家柳公权书，名匠鲁建刻字，文章、书法、镌刻都极精湛。　　　　　　　　　　　　　　　　　　　　　（　　）

6. 今日四川的名酒区以万里长江第一城叙州（今宜宾）为中心，北溯岷江至成都、绵阳，南顺长江达泸州，沿赤水至古蔺，形成一个带状区域，是今天川酒名酒的摇篮。（　　）

7. 司马相如是公认的汉赋代表作家和赋论大师，也是一位文学大师和美学大家。
　　　　　　　　　　　　　　　　　　　　　　　　　　　　　　　　　　　（　　）

8. 佚名《青海湖拟日月山石碑联》："日上山，月上山，山上日月明；青海湖，水海湖，湖海青水清。"此联采用先合后分的方法，又用叠复、并字之法，将"日""月"合为"明"，将"青""水"并作"清"，既贴切日月山石碑，又嵌入青海湖湖名，十分巧妙。（　　）

9. 四川西部高原山地是红军长征走过的地方，在大渡河边、夹金山脊、大雪山、红原草地留下了许多长征遗迹，是重走长征路旅游线路最惊险、壮观的地段。　（　　）

10. 云顶山是四川佛教名山之一，历史上曾与峨眉山齐名。 （   ）

11. 米仓山国家级自然保护区主要保护白唇鹿、金钱豹等野生动物。 （   ）

12. 长宁竹海自然保护区是中国第一个以竹类生态系统为主的国家级自然保护区。（   ）

13. 雪宝顶国家级自然保护区的主要保护对象是白唇鹿、金钱豹等野生动物。 （   ）

14. 武庙是祭祀被儒家尊称为"武圣人"张飞的场所。 （   ）

15. 四川省出境游主要集中在中国香港、泰国、中国澳门、新加坡、马来西亚、韩国和印度。 （   ）

16. 七曲山大庙是南宋开国皇帝赵匡胤下诏，以王宫格局改建的全国第一座文昌宫。宫门外照壁上嵌有"壮观天地"四个大字，这里是全国文昌宫的祖庭。 （   ）

17. 四川自然湿地资源丰富，自然湿地包括河流湿地、湖泊湿地、冰川湿地、沼泽和沼泽化草甸湿地。 （   ）

18. 岷江孕育了辉煌灿烂的蜀文化，流域内人文荟萃，古迹众多。 （   ）

19. 都江堰是全世界至今为止，年代最悠久、唯一留存、以无坝引水为特征的宏大水利工程。 （   ）

20. 岷山位于四川西北部川甘两省边境，建有九寨沟、黄龙、白河、王朗、小寨子沟等自然保护区。 （   ）

21. 四川河流众多，号称"千水之省"，境内河流均属于长江水系。 （   ）

22. 四川最早的造园活动可以追溯到后蜀时期，孟知祥在成都北郊天回镇附近修建御花园。后孟昶在成都墙上遍植芙蓉，展"四十里锦绣"，使成都的园林盛极一时。 （   ）

23. 中国唯一拥有"世界自然遗产"和"世界生物圈保护区"两项国际桂冠的旅游区是四川大熊猫栖息地。 （   ）

24. 三星堆遗址分布面积达 12 万平方千米。 （   ）

25. 成都是西南地区最大的铁路枢纽，宝成铁路是我国第一条电气化铁路。 （   ）

三、旅游精品战略

(一)单项选择题

1. 乐山大佛是目前世界上最大的石刻佛像，建成时间距今约（   ）多年。
   A. 1 800　　　　　B. 1 600　　　　　C. 1 300　　　　　D. 1 500

2. 在四川境内所发现的著名陵墓中，以（   ）最具代表性，它是唐、五代时期罕有的优秀拱券建筑。
   A. 孟知祥墓　　　B. 刘备墓　　　C. 王建墓　　　D. 朱有燉墓

3. 建于明代的形如船体的罗城古镇位于（   ）市。
   A. 自贡　　　　　B. 乐山　　　　　C. 阆中　　　　　D. 泸州

4. 在四川的国家历史文化名城中，有堪称全国一流古民居保护区的是（   ）。
   A. 成都　　　　　B. 都江堰　　　　C. 阆中　　　　　D. 泸州

5. 蜀龙大道—成青金快速路—唐巴路示范线的功能定位是（   ）。
   A. 北部现代商贸及现代农业综合示范线
   B. 国际物流及现代制造业示范线

C. 现代汽车产业及休闲旅游综合示范线

D. 现代城市与现代农村示范线

6. 北新干道示范线的功能定位是（　　　）。

　　A. 北部现代商贸及现代农业综合示范线

　　B. 国际物流及现代制造业示范线

　　C. 现代汽车产业及休闲旅游综合示范线

　　D. 现代城市与现代农村示范线

7. 成龙路—成简快速—成安渝高速（在建）—成洛路示范线的功能定位是（　　　）。

　　A. 北部现代商贸及现代农业综合示范线

　　B. 国际物流及现代制造业示范线

　　C. 现代汽车产业及休闲旅游综合示范线

　　D. 现代城市与现代农村示范线

8. 大件路示范线的功能定位是（　　　）。

　　A. 现代产业与现代农村示范线

　　B. 古镇文化及生态旅游示范线

　　C. 以休闲旅游及历史文化为特色主题的示范线

　　D. 历史文化及山地度假旅游示范线

9. 天府大道—东山快速路示范线的功能定位是（　　　）。

　　A. 北部现代商贸及现代农业综合示范线

　　B. 国际物流及现代制造业示范线

　　C. 现代汽车产业及休闲旅游综合示范线

　　D. 现代城市与现代农村示范线

10. 光华大道—成温邛高速—大双路示范线的功能定位是（　　　）。

　　A. 现代产业与现代农村示范线

　　B. 古镇文化及生态旅游示范线

　　C. 以休闲旅游及历史文化为特色主题的示范线

　　D. 历史文化及山地度假旅游示范线

11. 邛崃示范线的功能定位是（　　　）。

　　A. 现代产业与现代农村示范线

　　B. 古镇文化及生态旅游示范线

　　C. 以休闲旅游及历史文化为特色主题的示范线

　　D. 历史文化及山地度假旅游示范线

12. 成青快速通道示范线的功能定位是（　　　）。

　　A. 现代服务业及现代农业示范线

　　B. 生态维育、世界遗产及现代农业示范线

　　C. 山水田林及灾后重建示范线

　　D. 现代产业与现代农村示范线

13. 龙门山川西旅游环线示范线的功能定位是（　　　）。

　　A. 现代产业与现代农村示范线

B. 古镇文化及生态旅游示范线

C. 以休闲旅游及历史文化为特色主题的示范线

D. 历史文化及山地度假旅游示范线

14. 彭白路、蒲新路示范线的功能定位是（　　）。

A. 现代服务业及现代农业示范线

B. 生态维育、世界遗产及现代农业示范线

C. 山水田林及灾后重建示范线

D. 现代产业与现代农村示范线

15. 沙西线示范线的功能定位是（　　）。

A. 现代服务业及现代农业示范线

B. 生态维育、世界遗产及现代农业示范线

C. 山水田林及灾后重建示范线

D. 现代产业与现代农村示范线

16. 目前具有国家 5 A 级旅游景区的示范线路是（　　）。

A. 北新干线示范线　　　　　　　　B. 川西旅游环线示范线

C. 天府大道示范线　　　　　　　　D. 成龙路示范线

17. 在成都建设的世界生态田园城市示范线中，旅游产业的主体是（　　）。

A. 古镇旅游　　　B. 休闲旅游　　　C. 农业旅游　　　D. 乡村旅游

18. 198 生态功能区位于（　　）。

A. 蜀龙大道示范线　　　　　　　　B. 沙西示范线

C. 大件路示范线　　　　　　　　　D. 川西旅游环线示范线

19. 成都乡村旅游住宿业知名品牌是（　　）。

A. 凯宾酒店　　　　　　　　　　　B. 锦江之星酒店

C. 熊猫驿站酒店　　　　　　　　　D. 7 天连锁酒店

20. 成都乡村旅游胜地三圣花乡位于（　　）。

A. 金牛区　　　B. 锦江区　　　C. 温江区　　　D. 龙泉驿区

21. 位于天府大道—东山快速路示范线的古镇是（　　）。

A. 洛带古镇　　　B. 街子古镇　　　C. 黄龙溪古镇　　　D. 安仁古镇

（二）多项选择题

1. 北新干道示范线的主要功能定位包括（　　）。

A. 现代商贸　　　B. 现代农业　　　C. 汽车工业　　　D. 古镇旅游

E. 山地旅游

2. 沙西线示范线的主要功能定位包括（　　）。

A. 现代农业　　　B. 生态维育　　　C. 世界遗产　　　D. 乡村旅游

E. 山水田林

3. 目前在各示范线旅游发展中存在的不足包括（　　）。

A. 产品同质化严重　　　　　　　　B. 缺乏完善的公共服务设施

C. 管理及服务水平较低　　　　　　D. 营销手段落后

E. 产业功能不显著

4. 做好示范线旅游发展工作的原则包括（　　）。

    A. 政府引导　　　　B. 产业融合　　　　C. 市场运作　　　　D. 标准建设

    E. 品牌示范

5. 做好示范线旅游发展工作，重点举措包括（　　）。

    A. 建设新型品牌化乡村旅游

    B. 构建方便、快捷的旅游公共服务体系和信息咨询平台

    C. 创建 4 A 级旅游景区

    D. 新建高档酒店

    E. 加快地铁建设

6. 成都乡村旅游示范建设的亮点工作包括（　　）。

    A. 乡村美食　　　　B. 乡村住宿　　　　C. 旅游特色村　　　　D. 旅游示范镇

    E. 创 A 升星

7. 四川省重点打造的三大旅游品牌是（　　）。

    A. 以大熊猫为代表的生态旅游品种

    B. 以九寨沟为代表的自然旅游品牌

    C. 以太阳神鸟为代表的文化旅游品牌

    D. 以农家乐为代表的乡村旅游品牌

    E. 以小平故里为代表的红色旅游品牌

8. "十一五"期间，四川将加快建设（　　）"三大"国际休闲度假旅游区。

    A. "中国第一山"旅游区　　　　　　　　B. 大九寨旅游区

    C. 青城山—都江堰旅游区　　　　　　　D. 卧龙中华大熊猫生态旅游区

(三)判断题

1. 目前四川旅游出现了一些新的特征：自驾车旅游、休闲旅游、乡村旅游方兴未艾，红色旅游人气旺盛，都市旅游受到追捧。　　　　　　　　　　　　　　　（　　）

2. 成都双流机场是全国第三大国际航空港。　　　　　　　　　　　　（　　）

3. 位于乐山市凌云山西壁的大佛，是目前世界上最大的石刻佛像。　　（　　）

第三部分　近三年真题分值比例（以四川省为例）

	分值分布											
考试内容	单项选择题			多项选择题			判断题			合计		
四川旅游产业与旅游资源	2012 年	2013 年	2014 年	2012 年	2013 年	2014 年	2012 年	2013 年	2014 年	2012 年	2013 年	2014 年
	2	2	2	3	0	2	3	6	2	8	8	6

第四部分　真题解析

一、单项选择题

1. 目前，四川省拥有国家级历史文化名城（　　）座。

A. 6　　　　　　　B. 7　　　　　　　C. 8　　　　　　　D. 10

答案： C

解析： 目前，四川省拥有国家级历史文化名城8座，包括成都市、自贡市、阆中市、乐山市、都江堰市、泸州市、宜宾市、会理县。

2. 下列城市中有"西部科技城"之称的是（　　）。

A. 西昌　　　　　B. 绵阳　　　　　C. 宜宾　　　　　D. 德阳

答案： B

解析： 绵阳是我国重要的国防科研和电子工业生产基地，先后获得过联合国改善人居环境最佳范例奖（迪拜奖）、国家环境保护模范城市、国家级创业型城市（全国创业先进城市）、国家园林城市、全国文明城市、国家卫生城市、中国人居环境奖、中国最佳宜居城市等诸多荣誉，是国务院批准建设中国唯一的科技城。

3. 四川九寨沟最大最美的瀑布是（　　）。

A. 树正瀑布　　　B. 诺日朗瀑布　　C. 珍珠滩瀑布　　D. 如树正群瀑布

答案： B

解析： 四川九寨沟的众多瀑布中，最大、最美的是诺日朗瀑布，瀑宽约100米，多级下跌，总落差约30米，崖顶与崖壁上长满繁茂青翠的树木，水从林木中穿流下泻，形成罕见的"森林瀑布"奇观。

4. 四川西部"关内"与"关外"，其界线是（　　）。

A. 大、小凉山　　B. 沙鲁里山　　　C. 大雪山　　　　D. 岷山

答案： C

解析： 大雪山是大渡河和雅砻江的分水岭，四川省西部重要地理界线。它位于甘孜藏族自治州内，介于大渡河和雅砻江之间，呈南北走向，由北向南有党岭山、折多山、贡嘎山、紫眉山等，其余脉牦牛山向南伸入凉山彝族自治州，南北延伸400多千米，是横断山脉的主要山脉之一。大雪山也是四川境内重要的地理分界线，东部和西部的地貌、气候、农业和民族都有很大差别，四川西部的关内和关外就以此为界。

大凉山是我国东部湿润亚热带气候和西部干湿交替亚热带气候的分界线。沙鲁里山是金沙江和雅砻江的天然分水岭。岷山，位于四川西北部川甘两省边境。

5. （　　）享有"三国圣地"之美誉。

A. 河南南阳武侯祠　　　　　　　　B. 湖北襄樊古隆中武侯祠

C. 重庆奉节白帝城武侯祠　　　　　C. 四川成都武侯祠

答案： D

解析： 成都武侯祠是纪念中国古代三国时期蜀汉皇帝刘备和丞相诸葛亮以及其他蜀汉

英雄的君臣合祀祠宇，享有"三国圣地"的美誉。

6．"仗剑去国，辞亲远游"是（　　）离开蜀时的即兴抒怀之章。

　　A．李白　　　　　　B．扬雄　　　　　　C．司马相如　　　　D．杜甫

答案：A

解析："仗剑去国，辞亲远游"，是李白离开蜀时的即兴抒怀之章。李白在 24 岁时就开始了他的且歌且行的漫游之旅。

7．吉林的长白山、四川卧龙大熊猫保护区、湖南武陵源、黑龙江五大连池分别是（　　）自然保护区。

　　A．生物型、综合型、自然历史遗迹型、自然风景型

　　B．自然历史遗迹型、自然风景型、生物型、综合型

　　C．综合型、生物型、自然风景型、自然历史遗迹型

　　D．自然风景型、生物型、综合型、自然历史遗迹型

答案：C

解析：中国的自然保护区可依据所在地的具体情况与保护对象，分为 4 类：生物型自然保护区；综合型自然保护区；自然风景型自然保护区；自然历史遗迹型自然保护区。吉林长白山属于综合型保护区；卧龙大熊猫自然保护区属于生物型保护区；湖南武陵源属于自然风景型保护区；黑龙江五大连池属于自然历史遗迹型保护区。

8．历史上最早称四川为"天府"的，出自（　　）。

　　A．《周礼》　　　　B．《战国策》　　　　C．《隆中对》　　　　D．《华阳国志》

答案：C

解析："天府"一词最早见于《周礼》，本是一种官名，是专门保管国家珍宝、库藏的一种官吏，后人用以来比喻自然条件优越、形势险固、特产富饶的地方。历史上最早称四川为"天府"的是诸葛亮的《隆中对》："益州险塞，沃野千里，天府之土，高祖因之，以成帝业。"汉代的益州包括今四川盆地和汉中盆地。四川作为"天府"正式载入史籍，最早见于《华阳国志》。

9．中国最高的钙化瀑布是（　　）。

　　A．九寨沟诺日朗瀑布　　　　　　　B．牟尼沟扎嘎瀑布

　　C．山西壶口瀑布　　　　　　　　　D．贵州黄果树瀑布

答案：B

解析：钙化是指地热流体上升至地表沉淀出 $CaCO_3$ 矿物形成的物质。牟尼沟扎嘎瀑布位于扎嘎沟尾的扎嘎山下，瀑布起点海拔 3 270 米，落点海拔 3 176 米，瀑布 93.7 米，瀑面宽 35～40 米，被誉为中国第一钙化瀑布。

黄果树瀑布、黄河壶口瀑布、吊水楼瀑布是中国三大瀑布。黄果树瀑布为世界上最大的瀑布群；诺日朗瀑布是中国最宽的瀑布；壶口瀑布是世界上最大的黄色瀑布。

二、多项选择题

1．四川藏传佛教的著名寺院中属于格鲁派的有（　　）。

　　A．竹庆寺　　　　B．大金寺　　　　C．理塘寺　　　　D．塔公寺

　　E．广法寺

答案： BC

解析： 格鲁派是中国藏传佛教宗派之一。该派强调严守戒律，僧人需戴黄色僧帽，故又称黄教。竹庆寺，位于四川甘孜州，是藏传密宗大圆满法的教授传承发源地，也是藏传佛教宁玛派（红教）六大传承寺院之一；大金寺，位于四川甘孜县，属于格鲁派的寺院，庄重富丽、气派雄伟；理塘寺，位于四川县城，为三世达赖索南嘉措创建，是康区第一大格鲁派寺庙；塔公寺，位于四川康定县，是藏传佛教萨迦派著名寺庙之一，有"小大昭寺"之称；广法寺，位于四川金川县，为黑教寺院。

2. 著名的川派园林有（　　）。
  A. 成都杜甫草堂　　B. 眉山三苏祠　　C. 成都锦里　　D. 宜宾流杯池

答案： ABD

解析： 成都平原有许多古典园林，如桂湖、草堂、武侯祠、望江楼、东湖、离堆、三苏祠、望丛祠、房湖、流杯池等。成都锦里只是成都武侯祠的一部分。

3. 并称为海螺沟冰川"三大奇观"的是（　　）。
  A. 冰瀑布　　B. 冰川弧　　C. 冰川城门　　D. 冰塔
  E. 冰桥

答案： ABC

解析： 海螺沟冰川，位于四川省甘孜藏族自治区泸定县内，是世界上仅存的低海拔冰川之一，冰瀑布、冰川弧、冰川城门是海螺沟冰川的三大奇观，其中最大的称为一号冰川。

4. 属于文化与自然双重遗产的有（　　）。
  A. 泰山　　B. 黄山　　C. 峨眉山　　D. 庐山
  E. 武夷山

答案： ABCE

解析： 我国被批准为自然与文化双遗产的是：山东泰山（1987 年）、安徽黄山（1990 年）、四川峨眉山—乐山景区（1996 年）、福建武夷山（1999 年）。

5. 搞好天府新区建设，必须做到"四态合一"。这"四态"包括（　　）。
  A. 城市生态　　B. 城市业态　　C. 城市文态　　D. 城市形态
  E. 城市美态

答案： ABCD

解析： 天府新城处于天府新区核心区域，是整个天府新区的重中之重。天府新区建设必须体现城市业态、文态、生态、形态"四态合一"。

6. 成都确立的"五大兴市战略"包括（　　）。
  A. 交通先行　　B. 产业倍增　　C. 立城优城　　D. 三圈一体
  E. 全域开放

答案： ABCDE

解析： 中共成都市委十一届九次全会上明确，今后一个时期，成都推进领先发展、科学发展、又好又快发展的总体定位，就是要成为"西部经济核心增长极"，实施"交通先行""产业倍增""立城优城""三圈一体""全域开放"这"五大兴市战略"。

三、判断题

1. 中国唯一拥有"世界自然遗产"和"世界生物圈保护区"两项国际桂冠的旅游区是四川大熊猫栖息地。　　　　　　　　　　　　　　　　　　　　　（　　）

答案：×

解析：中国唯一拥有"世界自然遗产"和"世界生物圈保护区"两项国际桂冠的旅游区是九寨沟。

2. 四川是中国农家乐的发源地，成都三圣花乡农家乐是中国最早的农家乐。（　　）

答案：√

解析：成都是四川乡村游的领跑者。中国第一家农家乐就诞生在成都郫县三圣花乡农科村。国家旅游局已经正式向四川成都授予"中国农家乐发源地"称号。

3. 龙门山和邛崃山是四川盆地西缘主要的山脉。　　　　　　　　　　　（　　）

答案：√

4. 邛海和泸沽湖都是高原断陷湖，其中泸沽湖还是四川和云南的界湖。（　　）

答案：√

5. 黄龙景区的黄龙寺是藏传佛教的寺院。　　　　　　　　　　　　　　（　　）

答案：√

6. 都江堰水利工程主要由鱼嘴、飞沙堰和宝瓶口三大部分组成。　　　（　　）

答案：√

解析：都江堰由鱼嘴、飞沙堰、宝瓶口三部分组成。鱼嘴是修建在江心的分水堤坝，把汹涌的岷江分隔成外江和内江，外江排洪，内江引水灌溉。飞沙堰起泄洪、排沙和调节水量的作用。宝瓶口控制进水流量，因口的形状如瓶颈故称宝瓶口。

7. 卧龙大熊猫自然保护区属于自然生态系统类自然保护区。　　　　　（　　）

答案：×

解析：卧龙大熊猫自然保护区主要保护对象是大熊猫等珍稀动物及森林生态系统。

8. 四川河流众多，源远流长，境内共有大小河流 345 条，但人们仍习惯称为"千河之省"。　　　　　　　　　　　　　　　　　　　　　　　　　　　　（　　）

答案：×

解析：四川千河之省，境内共有 1 419 条河，水资源富甲天下，全国第一。

9. 四川黄龙以其神奇的地表钙化景观被认为是世界上最罕见的地质奇观。（　　）

答案：×

解析：黄龙以规模宏大、类型繁多、结构奇巧、色彩艳丽的地表钙化景观为主景，在中国风景名胜区中独树一帜，成为中国一绝。

10. 四川恐龙博物馆是中国著名的古生物化石博物馆，被人们称为"天然化石的博物馆"。　　　　　　　　　　　　　　　　　　　　　　　　　　　　（　　）

答案：√

解析：四川恐龙博物馆，是在世界著名的"大山铺恐龙化石群遗址"上就地兴建的一座大型遗址类博物馆，也是我国第一座专门性恐龙博物馆。

11. 嘉陵江流域是四川古蜀道遗址和三国蜀汉遗迹分布最集中的区域，是四川北部和

东部的一条重要的旅游线路。   （   ）

答案：√

12. 四川水能资源"富甲天下"，钒、钛、天然气的储量居全国第一。   （   ）

答案：√

解析： 四川水电资源蕴藏量达1.5亿千瓦，仅次于西藏，可开发量近1亿千瓦，居中国首位。地下热水资源也非常丰富，全省已发现温泉（群）354处，地下热水钻孔114个。已探明的地下矿藏有132种，其中钒、钛、钙、芒硝、萤石、天然气、硫铁矿的储量居中国第一位，·钛储量居世界第一，钒储量居世界第三。

第五部分　模拟考试

提示：以下单项选择题40题，多项选择题10题，共计50题，每题2分，总分100分。

（一）单项选择题

1. 都江堰修建于（　　）时期。
   A. 春秋时期　　　　B. 战国时期　　　　C. 夏朝　　　　D. 汉代

2. 青城山道教属于（　　）派。
   A. 正一道　　　　B. 全真教　　　　C. 大道教　　　　D. 茅山宗

3. 三星堆遗址出土器物主要是（　　）。
   A. 金器　　　　B. 玉器　　　　C. 青铜器　　　　D. 石器

4. 金沙遗址出土的太阳神鸟被作为（　　）标志。
   A. 中国文化遗产　　　　　　　　B. 世界文化遗产
   C. 中国非物质文化遗产　　　　　D. 世界自然遗产

5. 青城山被称为道教（　　）。
   A. 第五洞天　　　B. 第七洞天　　　C. 第一洞天　　　D. 第三洞天

6. "世外人法定无法，然后知非法法也；天下事了犹未了，何妨以不了了之。"此对联题写于（　　）。
   A. 新都宝光寺　　B. 青城山天师洞　　C. 杭州灵隐寺　　D. 峨眉山金顶

7. 客家古镇洛带位于（　　）。
   A. 成龙路　　　B. 成洛路　　　C. 成简快速路　　　D. 成渝高速路

8. 位于天府大道—东山快速路示范线的古镇是（　　）。
   A. 洛带古镇　　B. 街子古镇　　C. 黄龙溪古镇　　D. 安仁古镇

9. 在四川目前保存较完整的古代军事防御工程中，最著名的是（　　）。
   A. 合川钓鱼台　　B. 南充青居城　　C. 苍溪大获城　　D. 金堂云顶山石城

10. 国家非物质文化遗产博览园位于（　　）。
    A. 青羊区光华大道　　　　　　　B. 金牛区两河公园
    C. 温江区国色天乡乐园　　　　　D. 高新区天府大道

11. 龙门山川西旅游环线示范线的线路长度是( )。

  A. 80 千米   B. 100 千米   C. 110 千米   D. 120 千米

12. 2008 年"5.12"地震遗迹"小鱼洞大桥"位于( )。

  A. 沙西示范线   B. 彭白路示范线

  C. 东山快速路示范线   D. 大件路示范线

13. 成都市乡村旅游提升计划中的"一户一大"指的是( )。

  A. 一户品牌农家乐派驻一名大学生

  B. 一个农业养殖户派驻一名大学生

  C. 一户品牌农家乐修建一座大酒店

  D. 一户乡村旅游酒店派驻一名大堂实习生

14. 四川天台山属( )。

  A. 花岗岩地貌   B. 丹霞地貌   C. 岩溶地貌   D. 冰蚀地貌

15. ( )国家级自然保护区主要保护植被、地质遗迹、野生植物。

  A. 画稿溪   B. 马边大风顶   C. 唐家河   D. 王朗

16. 主要保护对象是野生动物和高山生态系统的保护区是( )。

  A. 蜂桶寨自然保护区   B. 小金四姑娘山自然保护区

  C. 贡嘎山自然保护区   D. 龙溪—虹口自然保护区

17. 主要保护对象是森林生态系统、珍稀动物和现代冰川等自然景观的保护区是( )。

  A. 蜂桶寨自然保护区   B. 小金四姑娘山自然保护区

  C. 贡嘎山自然保护区   D. 龙溪—虹口自然保护区

18. ( )国家级自然保护区是川东北唯一的"国"字号自然保护区。

  A. 米仓山   B. 雪宝顶   C. 花萼山   D. 美姑大风顶

19. ( )国家级自然保护区主要保护水青冈属植物及原始林。

  A. 米仓山   B. 雪宝顶   C. 花萼山   D. 美姑大风顶

20. ( )国家级自然保护区是我国大熊猫数量最多的地区。

  A. 卧龙   B. 马边大风顶   C. 唐家河   D. 蜂桶寨

21. 石海洞乡风景区所处的兴文县是四川最大的( )聚居地。

  A. 壮族   B. 羌族   C. 回族   D. 苗族

22. ( )被誉为"人间瑶池"。

  A. 九寨沟   B. 黄龙   C. 峨眉山   D. 青城山

23. 四川省有世界地质公园( )处。

  A. 1   B. 2   C. 3   D. 4

24. "三面江光抱城郭,四围山势锁烟霞"一诗所描写的四川历史文化名城是( )。

  A. 泸州市   B. 自贡市   C. 都江堰市   D. 阆中市

25. 四川省至今被日本临济宗尊为祖庭的佛教寺院是( )。

  A. 成都文殊院   B. 成都昭觉寺   C. 新都宝光寺   D. 什邡罗汉寺

26. 下列不属于"三星堆遗址"的叙述是( )。

  A. 古文化遗址   B. 古城遗址   C. 古国遗址   D. 古祭祀场所

27. 四川最高的塔是（   ）。
    A. 阆中铁塔   B. 邛崃镇江塔   C. 泸州报恩塔   D. 彭县龙兴寺塔

28. "象池夜月"是（   ）十景之一。
    A. 青城山   B. 瓦屋山   C. 螺髻山   D. 峨眉山

29. 被称为四川"寒极"的是（   ）。
    A. 甘孜   B. 攀枝花   C. 西昌   D. 石渠

30. 四川境内日照最多的地方，有"小太阳城之称"的是（   ）。
    A. 甘孜   B. 攀枝花   C. 西昌   D. 石渠

31. 四川地区有文字记载修建佛塔始于（   ）。
    A. 隋代   B. 唐代   C. 宋代   D. 元代

32. 金沙遗址中出土的（   ）数量超过中国其他地区出土的总和。
    A. 玉戈   B. 玉圭   C. 玉琮   D. 玉璋

33. （   ）是四川最大、采用高科技最多的博物馆。
    A. 三星堆博物馆   B. 金沙遗址博物馆
    C. 四川省博物馆   D. 四川大学博物馆

34. 被称为"东方古堡"的是（   ）。
    A. 桃坪羌寨   B. 硗碛藏寨   C. 丹巴甲居藏寨   D. 云顶寨

35. （   ）被誉为"人间仙境""童话世界"。
    A. 九寨沟   B. 黄龙   C. 峨眉   D. 青城山

36. 泸沽湖、邛海、马湖和叠溪海子四个湖泊中，面积最大的是（   ）。
    A. 泸沽湖   B. 邛海   C. 马湖   D. 叠溪海子

37. 碧峰峡、中岩风景区等景观位于（   ）。
    A. 岷江水系   B. 金沙江水系   C. 沱江水系   D. 嘉陵江水系

38. 卧龙、蜂桶寨自然保护区位于（   ）。
    A. 巫山   B. 龙门山   C. 邛崃山   D. 大巴山

39. 被称为中国的山水画和历史文化长廊的长江三峡，位于（   ）。
    A. 盆地东缘山脉   B. 盆地南缘山脉
    C. 盆地西缘山脉   D. 盆地北缘山脉

40. 自古有"西蜀漏天"和"雨城"之称的是（   ）。
    A. 成都   B. 乐山   C. 都江堰   D. 雅安

（二）多项选择题

1. 峨眉上金顶的"四大奇观"是（   ）。
    A. 日出   B. 云海   C. 苍松   D. 佛光
    E. 圣灯

2. 下列以大熊猫及其森林生态系统为主要保护对象的自然保护区有（   ）。
    A. 四姑娘山国家级自然保护区   B. 唐家河国家级自然保护区
    C. 马边大风顶国家级自然保护区   D. 卧龙国家级自然保护区
    E. 美姑大风顶国家级自然保护区

3. 四川的国家级湿地自然保护区有（   ）自然保护区。

　　A. 九寨沟　　　　　　B. 若尔盖　　　　　C. 黄龙　　　　　　　D. 察青松多

4. 海螺沟冰川的主要特点有(　　　)。

　　A. 海拔低　　　　　　　　　　　　　B. 冰川与森林共处

　　C. 冰川与温泉共处　　　　　　　　　D. 冰瀑布宽达 1 100 米,高达 1 080 米

　　E. 是我国迄今发现最大、最高的冰川瀑布

5. 下列自然保护区中,主要保护对象为大熊猫的森林生态系统的是(　　　)。

　　A. 四川蜂桶寨国家级自然保护区　　　　B. 四川九寨沟国家级自然保护区

　　C. 四川马边大风顶国家自然保护区　　　D. 四川美姑大风顶国家自然保护区

　　E. 四川唐家河国家级自然保护区

6. 属于沱江流域的文化景观有(　　　)。

　　A. 广汉三星堆遗迹　　　　　　　　　B. 资中古城

　　C. 四川古蜀道遗迹　　　　　　　　　D. 盐都遗迹

　　E. 自贡恐龙

7. 四川省观赏杜鹃的最佳场所为(　　　)。

　　A. 峨眉山　　　　　B. 青城山　　　　　C. 瓦屋山　　　　　D. 西陵雪山

　　E. 四姑娘山

8. 三星堆铜塑的工艺技术特点是(　　　)。

　　A. 采用合金材料,分别使用铜、锡、铅三种成分

　　B. 采用铜液浇铸工艺以及焊铆法、热补法等多种手法

　　C. 纯铜人像,材料几乎全面接近单质的黄铜

　　D. 采用固体变形,不改变材料的质,在模具上敲打压制成型

9. 青城山三大奇观是(　　　)。

　　A. 日出　　　　　　B. 云海　　　　　　C. 圣灯　　　　　　D. 温泉

10. 乐山大佛景区位于(　　　)三江汇流处。

　　A. 岷江　　　　　　B. 青衣江　　　　　C. 青白江　　　　　D. 大渡河

　　E. 沱江

第六部分　参考答案

🖉 习题攻略解析及答案

一、旅游产业概况

(一)单项选择题

1. 答案:D

解析： 打造西部经济核心增长极，是成都在中西部地区率先基本实现现代化和国际化的战略举措。做强西部地区"交通枢纽""产业主支撑""城市主引擎""开放主阵地"的战略功能。

2. 答案： C

解析： "北改"是成都实施"立城优城"战略的首要工程，而"立城优城"是做强西部经济核心增长极的动力引擎。

3. 答案： B

解析： 成都打造西部经济核心增长极，成败的关键取决于产业。

4. 答案： D

解析： 基础设施是现代化、国际化的硬件支撑。成都要首攻交通、大兴交通，加快建设地理贯通、信息联通、要素畅通的综合性经济动能传输系统，努力把成都建成西部地区融入全国、连接世界的节点和通道。

5. 答案： A

解析： 2011 年年底，成都市召开的市委十一届九次全会，确定了"三圈一体"战略，因地理位置、发展水平不同的城市一、二、三圈层，凝聚起来共同发展的超强合力。第一圈层转二优三，第三圈层兴二优一。

6. 答案： C

解析： 旅游业是一项综合性产业，涉及的行业和部门广泛，单纯依靠政府部门的行政手段管理，不符合发展大旅游、开发大市场、建设大产业的总体思路。

7. 答案： C

解析： 成都作为省会城市要担负起辐射和带动成都经济区发展的重任，加强成都经济区"1＋7"区域合作，突出抓好天府新区建设，加快成德绵乐同城化进程，支持成资、成眉、成阿、成雅合作园区建设，深入推进交通共建、产业共兴、市场共享、环境共保，着力打造西部地区国际化大都市经济圈。

8. 答案： C

解析： 坚持"四态合一"的城市规划理念，努力实现现代化城市形态、高端化城市业态、特色化城市文态、优美化城市生态的有机融合，推动新型城镇化步入更加科学的轨道。

9. 答案： B

解析： 成都旅游业的"一区二带三圈四基地"中的"一区"指中心城和华阳、新都、龙泉、双流、温江、郫县 6 个新城构成的特大都市区，"两带"指龙门山和龙泉山两个旅游发展带。

10. 答案： C

解析： 《成都市旅游业"十二五"发展规划》公布，到"十二五"末，旅游业总收入达到 2 000 亿元，年均增长率为 27%。

11. 答案： A

解析： 成都的旅游综合改革试点工作重点将在改革旅游管理体制等 7 个方面进行改革和创新。

12. 答案： A

解析：坚持"四态合一"的城市规划理念，努力实现现代化城市形态、高端化城市业态、特色化城市文态、优美化城市生态的有机融合，推动新型城镇化步入更加科学的轨道。

13. **答案**：B

解析：旅游目的地营销系统(Destination Marketing System，DMS)是由政府主导、企业参与建设的一种旅游信息化应用系统，为整合目的地的所有资源和满足旅游者个性化需求提供了一个完整的解决方案。

14. **答案**：C

解析：2011 年年底，成都召开的市委十一届九次全会，确定了实施"三圈一体"战略。因为地理位置、发展水平不同的成都市一、二、三圈层，由此凝聚起共同发展的超强合力。第一圈层"转二优三"，第二圈层"强二兴三"，第三圈层"兴二优一"。随着"三圈一体"战略的实施，在成都圈层融合发展的步伐中，各个圈层已经在逐步实现联手发展，共筑产业发展平台。

15. **答案**：C

解析：坚持"四态合一"的城市规划理念，努力实现现代化城市形态、高端化城市业态、特色化城市文态、优美化城市生态的有机融合，推动新型城镇化步入更加科学的轨道。

16. **答案**：B

解析：2011 年年底，成都召开的市委十一届九次全会，确定了实施"三圈一体"战略。因为地理位置、发展水平不同的成都市一、二、三圈层，由此凝聚起共同发展的超强合力。第一圈层"转二优三"，第二圈层"强二兴三"，第三圈层"兴二优一"。随着"三圈一体"战略的实施，在成都圈层融合发展的步伐中，各个圈层已经在逐步实现联手发展，共筑产业发展平台。

17. **答案**：B

解析：坚持"四态合一"的城市规划理念，努力实现现代化城市形态、高端化城市业态、特色化城市文态、优美化城市生态的有机融合，推动新型城镇化步入更加科学的轨道。

(二)多项选择题

1. **答案**：ABC

解析：城乡统筹，基础是产业统筹。成都抓城乡产业统筹，将大力培育以"三产联动"为特征的都市现代农业，"以工促农、以贸带农、以旅助农"，加快形成以现代科技为支撑、现代经营为基础、现代农民为主体、三产联动为特征的成都市农业发展新格局，为城乡统筹发展打牢坚实的经济基础。

2. **答案**：ABCDE

解析：新时期成都旅游业的发展机遇有：①市场新需求。全球发展已步入数字化和信息化时代，旅游消费需求已从单一观光转向多元化休闲度假。②战略新支撑。成渝经济区和天府新区建设的有序推进，将为旅游产业大发展带来新的机遇和发展空间，为旅游产品体系和服务体系建设提供若干政策支持和要素保障。③交通新发展。"十二五"时期，成都市将深入推进省委、省政府提出的"一枢纽、三中心、四基地"建设，以建设区域性国际航

空枢纽、铁路枢纽和公路枢纽为重点，形成以成都为中心、辐射中西部、连接国内外的综合交通体系。④成都新目标。新时期新形势下，成都建设城乡一体化、全面现代化、充分国际化的世界生态田园城市目标定位的提出，进一步明确了成都市旅游产业的战略取向及发展重点。⑤改革新契机。成都作为首批唯一的国家旅游综合改革试点副省级城市，"十二五"期间将大力深化改革、开放创新。

3. 答案：ABC

解析：成都实施全域开放战略，促进经济又好又快发展，主要是通过构建大开放格局、发展外向型经济和营造国际化环境等措施，加快国际化的开放门户。

4. 答案：ABC

解析：成都建设世界生态田园城市，发展定位是建成城乡一体化、全面现代化、充分国际化的大都市。

5. 答案：ABCD

解析：关于创新旅游项目动态管理方面，成都市旅游项目库按照"统一规划、分级设置、科学可行、动态管理"的原则，逐级审核、择优申报，根据项目投资规模，由市和区（市）县分级建设。

6. 答案：ABC

解析：成都乡村旅游发展"656"工程指6个国家A级景区，5个市级旅游特色村，6条特色旅游线路。

7. 答案：ABCD

解析：成都市旅游局将按照"服务人性化、产品特色化、经营规范化、设施标准化"的要求，2012年集中推出5大乡村美景、2个乡村旅游综合体、10个特色乡村节庆、3条乡村旅游精品线路、2个乡村名优特产品、100家星级农家乐（乡村酒店）、18道招牌田园美食、30名乡村旅游服务标兵，全面培育和塑造成都乡村旅游的新品牌、新业态和新形象。

8. 答案：ABCD

解析：四川省出境游客主要集中在中国香港、泰国、中国澳门、新加坡、马来西亚、韩国和印度。其中出境游客超过万人以上的目的地分别是：中国香港、泰国、中国澳门、新加坡。

(三)判断题

1. 答案：√

解析：据国家及部分省市统计快报统计，四川省旅游总收入增速明显快于全国平均水平(15%)。

2. 答案：√

解析：2001年，四川省旅游总收入达314亿元，相当于全省GDP的7.1%，超过云南省旅游总收入，居西部第一。

3. 答案：×

解析：天府新区的总体规划中，双流县除九江、金桥、彭镇、黄水4镇（街）外的20个镇（街）均被全覆盖；整个天府新区规划面积共1 578平方千米的规划面积内，双流占据880平方千米，涉及双流县15个镇、5个街道，是天府新区成都分区中涉及地域面积最大的地区。

二、主要旅游资源

(一)单项选择题

1. 答案：C

解析：世界第一遗产地九寨沟是中国唯一拥有"世界自然遗产"和"世界生物圈保护区"两项国际桂冠的旅游区，以高山湖泊群为其主要特点，被誉为"人间仙境"。

2. 答案：B

解析：大熊猫生性孤僻，喜食竹子，常分散独栖于茂密的竹丛中，与外世界和平相处，故得雅号"竹林隐士"。

3. 答案：A

解析：九寨沟风景名胜区位于四川省北部阿坝羌族自治州南坪县。

4. 答案：A

解析：西岭雪山风景名胜区位于四川省成都市大邑县境内。

5. 答案：D

解析：光雾山景区面积 400 余平方千米，由桃园、神门、小巫峡、大坝、十八月潭五大片区组成。

6. 答案：C

解析：《中华人民共和国自然保护区条例》第二条定义的"自然保护区"为"对有代表性的自然生态系统、珍稀濒危野生动植物物种的天然集中分布区、有特殊意义的自然遗迹等保护对象所在的陆地、陆地水体或者海域，依法划出一定面积予以特殊保护和管理的区域"。A 选项是风景名胜区的定义；BD 选项混淆了风景名胜区和国家级自然保护区。

7. 答案：C

解析：四川若尔盖湿地自然保护区于 1994 年经若尔盖县政府批准建立，1997 年晋升为省级自然保护区，主要保护对象为高寒沼泽湿地生态系统和黑颈鹤等珍稀动物。

8. 答案：B

解析：攀枝花的苏铁与省内的大熊猫、恐龙并列为"巴蜀之宝"。苏铁是世界上十分珍贵而稀少的原始裸子植物。苏铁具有稀有、珍贵、古老等特点，属世界珍稀濒危物种，已被列入《国际濒危野生动植物贸易公约》(CITES)名录，1999 年被列入我国《国家重点保护野生植物名录》(第一批)，属国家一级重点保护的野生植物，被称为植物界的"活化石"。

9. 答案：B

解析：四川王朗国家级自然保护区位于四川省绵阳市平武县境内，总面积 322.97 平方千米。建于 1965 年，2002 年晋升为国家级自然保护区，是中国建立最早的四个以保护大熊猫等珍稀野生动物及其栖息地为主的自然保护区之一。四川王朗国家级自然保护区主要保护对象是以大熊猫为主的森林生态系统，属野生动物类型自然保护区。

10. 答案：B

解析：长宁竹海自然保护区位于四川长宁县中南部地区。2003 年 6 月成为中国第一个以竹类生态系统为主的国家级自然保护区。面积 290 平方千米，有着竹类生态系统的典型性和多样性，保护区内的"蜀南竹海"拥有中国集中面积最大、世界罕见的天然竹林林海生

态系统，从海拔260多米上升到1 400多米，保护区分布有丛生竹、散生竹、混生竹种。

(二)多项选择题

1. 答案：ABCDE

解析： 四川闻名中外的五大世界遗产为九寨沟、黄龙、峨眉山—乐山大佛、都江堰—青城山、大熊猫栖息地。

2. 答案：ABC

解析： 四川的童话世界九寨沟、国之瑰宝大熊猫和古蜀文化三星堆"三大旅游精品"举世闻名。

3. 答案：AB

解析： 九寨沟国家级自然保护区位于四川省阿坝藏族羌族自治州九寨沟县境内，是中国第一个以保护自然风景为主要目的的自然保护区，也是中国著名风景名胜区和全国文明风景旅游区示范点，被纳入《世界自然遗产名录》、"人与生物圈"保护网络，以高山湖泊群和瀑布群为其主要特点。

4. 答案：ABC

解析： 黄龙以彩池、滩流、雪山、峡谷、森林、瀑布"六绝"著称于世。

5. 答案：ABCD

解析： 峨眉山是中国佛教四大名山之一，普贤菩萨的道场；峨眉山位于中国四川峨眉山市境内，景区面积154平方千米，最高峰万佛顶海拔3 099米，地势陡峭，风景秀丽，有"秀甲天下"之美誉；位于四川省乐山市境内，在四川盆地西南部，地处长江上游，屹立于大渡河与青衣江之间，在峨眉山市西南7千米，东距乐山市37千米。

6. 答案：ABC

解析： 青城山位于四川省成都平原西北部，东距成都68千米，距都江堰仅10多千米，背靠千里岷江，俯瞰成都平原；主峰老霄顶海拔1 260米(2007年测得的数据)。青城山因其四季常青，满目青翠，诸峰环峙，状若城郭而得名，素有"青城天下幽"之美誉。公元143年，天师张陵选中青城山的深幽涵碧，结茅传道，被道教列为"第五洞天"，至今完好地保存有数十座道教宫观，珍藏着大量古迹文物和近代名家手迹。可以说，青城山是一座纵横千百年的活的道教"博物馆"。

都江堰建于战国时期，是全世界至今为止，年代最悠久、唯一留存、以无坝引水为特征的宏大水利工程，历经两千多年风雨仍然发挥着越来越巨大的作用，被誉为"世界活的水利博物馆"。

7. 答案：ABC

解析： 四川大熊猫栖息地由世界第一只大熊猫发现地宝兴县及中国四川省境内的卧龙、四姑娘山、夹金山脉等7处自然保护区和青城山—都江堰风景名胜区等9处风景名胜区组成，涵盖成都、阿坝、雅安和甘孜4市州的12个县，面积9 245平方千米。

8. 答案：ABCD

解析： 黄龙风景名胜区，位于四川省阿坝藏族羌族自治州松潘县境内，主景区黄龙沟位于岷山主峰雪宝顶下，以彩池、雪山、峡谷、森林"四绝"著称于世，是中国唯一的保护完好的高原湿地。这一地区还生存着许多濒临灭绝的动物，包括大熊猫和四川疣鼻金丝猴，已于1992年被联合国教科文组织列为世界自然遗产。

9. **答案**：AC

解析：青城山位于四川都江堰市西南部，东距成都 68 千米，距都江堰仅 10 多千米，背靠千里岷江，俯瞰成都平原，主峰老霄顶海拔 1 260 米（2007 年测得的数据）；青城山因其四季常青，满目青翠，诸峰环峙，状若城郭而得名，素有"青城天下幽"之美誉。

都江堰位于四川省成都市都江堰市城西，坐落在成都平原西部的岷江上；始建于秦昭王末年（约公元前 256—前 251），是蜀郡太守李冰父子在前人鳖灵开凿的基础上组织修建的大型水利工程，由分水鱼嘴、飞沙堰、宝瓶口等部分组成。

10. **答案**：ABC

解析：贡嘎山景区位于甘孜藏族自治州泸定、康定、九龙三县境内；以贡嘎山为中心，由海螺沟、木格措、伍须海、贡嘎南坡等景区组成，面积 1 万平方千米；贡嘎山主峰海拔 7 556 米，誉为"蜀山之王"，是四川省内第一高峰；海螺沟冰川是国内同纬度海拔最低的冰川，最低点为海拔 2 850 米，伸入原始森林 6 千米，冰川、森林共存。这里还有中国最大的冰瀑布，高 1 080 米，宽 1 100 米，每当雪崩发生时，冰雪飞腾，响声如雷，气势磅礴壮观。

11. **答案**：ABCD

解析："川南四绝"指的是石海洞乡、蜀南竹海、自贡恐龙博物馆、宜宾僰人悬棺。

12. **答案**：ABCD

解析：四姑娘山位于四川省阿坝藏族羌族自治州小金县与汶川县交界处，山脉由四座连绵不断的山峰组成，它们从北到南，在 3～5 千米范围内一字排开，其海拔高度分别为 6 250 米、5 355 米、5 279 米、5 038 米。四座山峰长年冰雪覆盖，犹如头披白纱，姿容俊俏的四位少女，依次屹立在长坪沟和海子沟两道银河之上，其中最高最美的雪峰就是幺妹"四姑娘"；1994 年、1996 年被国务院批准建立"四姑娘山国家重点风景名胜区"和"小金四姑娘山国家级自然保护区"，属世界自然遗产"四川大熊猫栖息地"的重要组成部分。

13. **答案**：ABC

解析：石海洞乡风景区是以喀斯特岩溶地貌为主的风景名胜区，国家重点风景名胜区，世界地质公园。位于四川兴文县中城镇南 30 千米处。因奇石林立、洞壑连襟而得名。总面积 126.4 平方千米，由天泉洞中心景区、九丝山景区、大坝鲵源景区、周家沟溶洞景区组成。地上、地下均由石灰岩构成，分为石林、石海、溶洞三个部分。整个景区地表奇峰林立，千姿百态；地下溶洞纵横交错，洞重洞，洞托洞，洞穿洞，大小溶洞相互交错，构成庞大的地下溶洞群。

14. **答案**：ACD

解析：龙门山构造地质国家地质公园，横跨四川省彭州市、什邡市、绵竹市三市，规划面积约 1 900 平方千米，以规模宏大的飞来峰构造地质而闻名于世。龙门山，是一座具有五千年文明史的天下名山。

15. **答案**：ABCD

解析：邛海，位于四川省凉山彝族自治州西昌市，古称邛池，属更新世早期断陷湖，至今约 180 万年；螺髻山之名来源于与峨眉山的"姊妹"关系，"峨眉山似女人蚕蛾之眉，螺髻山似少女头上青螺状之发髻"；邛海是四川省第二大淡水湖，距市中心 7 千米，卧于泸山东北麓，螺髻山北侧，山光云影，一碧千顷，是四川省十大风景名胜区之一。

16. 答案：CD

解析： 峨眉是世界遗产地，西岭雪山是风景名胜区。

17. 答案：ABC

解析： 冰瀑布、冰川弧、冰川城门并称为海螺沟冰川"三大奇观"。

18. 答案：AB

解析： 四川若尔盖湿地自然保护区于 1994 年经若尔盖县政府批准建立，1997 年晋升为省级自然保护区，主要保护对象为高寒沼泽湿地生态系统和黑颈鹤等珍稀动物。

19. 答案：ABC

解析： 察青松多白唇鹿自然保护区位于四川省白玉县境内，是以保护白唇鹿、金钱豹、金雕等珍稀野生动物及其自然生态系统为主的森林和野生动物类型国家级自然保护区；1987 年组建了县级自然保护区，1995 年晋升为州级自然保护区，1997 年升级为省级自然保护区，2003 年 9 月批准为国家级自然保护区；区内地形构造复杂，大多为"歹"字形结构，坡谷深，河流切割深度大，坡面变化较大。

20. 答案：ABD

解析： 成都市的全国重点文物保护单位有杜甫草堂、辛亥秋保路死事纪念碑、成都十二桥遗址、成都古蜀船棺合葬墓、金沙遗址、永陵、武侯祠、望江楼古建筑群、都江堰、成都平原史前遗址、刘氏庄园、明蜀王陵、升庵桂湖、邛窑遗址、王建墓等。青羊宫和文殊院是省级重点文物保护单位。

(三)判断题

1. 答案：√

解析： 以泸州佛宝、黄荆为主的川南拥有地球同纬度保护最好的亚热带常绿阔叶原始森林，是长江上游保护的核心地带。

2. 答案：√

解析： 卧龙国家级自然保护区以"熊猫之乡""宝贵的生物基因""天然动植物园"享誉中外。

3. 答案：×

解析： 四川若尔盖湿地保护区的主要保护对象为高寒沼泽湿地生态系统和黑颈鹤等珍稀动物。

4. 答案：√

解析： 贡嘎山冰川是四川最大的冰川群，其中以海螺沟冰川最为著名。海螺沟冰川是贡嘎山冰川中长度最大、下限海拔最低的冰川，这里温泉、冰川、森林共生。

5. 答案：×

解析： 三绝碑，本名蜀丞相诸葛武侯祠堂碑，位于武侯祠大门至二门之间的东侧碑亭中。由唐代宰相裴度撰文，书法家柳公绰(柳公权之兄)书写，石工鲁建镌刻。裴文、柳书、鲁刻，三者俱佳，所以后世誉为"三绝碑"。

6. 答案：√

解析： 今日四川的名酒区以万里长江第一城叙州(今宜宾)为中心，北溯岷江至成都、绵阳，南顺长江达泸州，沿赤水至古蔺，形成一个带状区域，是今天川酒名酒的摇篮。

7. 答案：√

解析：司马相如是公认的汉赋代表作家和赋论大师，也是一位文学大师和美学大家。

8. 答案：√

9. 答案：√

解析：四川西部高原山地是红军长征走过的地方，在大渡河边、夹金山脊、大雪山、红原草地留下了许多长征遗迹，是重走长征路旅游线路最惊险、壮观的地段。

10. 答案：√

解析：云顶山是四川佛教名山之一，历史上曾与峨眉山齐名。

11. 答案：×

解析：察青松多国家级自然保护区主要保护白唇鹿、金钱豹等野生动物。米仓山国家级自然保护区主要保护水青冈属植物及原始林。

12. 答案：√

解析：长宁竹海自然保护区是中国第一个以竹类生态系统为主的国家级自然保护区。

13. 答案：√

解析：察青松多国家级自然保护区主要保护白唇鹿、金钱豹等野生动物。雪宝顶国家级自然保护区主要保护大熊猫、金丝猴、扭角羚等国家重点保护野生动物及其栖息地。

14. 答案：×

解析：武庙是祭祀被儒家尊称为"武圣人"关羽的场所。

15. 答案：√

解析：四川省出境游主要集中在中国香港、泰国、中国澳门、新加坡、马来西亚、韩国和印度。

16. 答案：×

解析：七曲山大庙是南宋高宗赵构下诏，以王宫格局改建的全国第一座文昌宫。

17. 答案：×

解析：四川自然湿地资源丰富，自然湿地包括河流湿地、湖泊湿地、沼泽、沼泽化草甸湿地。

18. 答案：√

解析：岷江孕育了辉煌灿烂的蜀文化，流域内人文荟萃，古迹众多。

19. 答案：√

解析：都江堰是全世界至今为止，年代最悠久、唯一留存、以无坝引水为特征的宏大水利工程。

20. 答案：√

解析：岷山位于四川西北部川甘两省边境，建有九寨沟、黄龙、白河、王朗、小寨子沟等自然保护区。

21. 答案：×

解析：四川河流众多，号称"千水之省"，境内河流除黑、白两河外，均属于长江水系。

22. 答案：×

解析：四川最早的造园活动可以追溯到公元前四世纪，而后蜀孟知祥在成都北郊天回镇附近建御花园，孟昶在成都城墙上遍植芙蓉，展"四十里锦绣"，使成都的园林盛极一

时。"蓉城"由此得来，并流芳千古。

23. **答案：**×

解析：九寨沟是中国唯一拥有"世界自然遗产"和"世界生物圈保护区"两项国际桂冠的旅游区。

24. **答案：**×

解析：三星堆古遗址位于中国四川省广汉市西北的鸭子河，分布面积12平方千米，距今已有5 000至3 000年历史，是迄今在西南地区发现的范围最大、延续时间最长、文化内涵最丰富的古城、古国、古蜀文化遗址。

25. **答案：**√

解析：成都是西南地区最大的铁路枢纽，宝成铁路是我国第一条电气化铁路。

三、旅游精品战略

(一)单项选择题

1. **答案：**C

解析：乐山大佛，又称凌云大佛，为弥勒佛坐像，是唐代摩崖造像的艺术精品之一，是世界上最大的石刻弥勒佛坐像。大佛为燃灯古佛坐像，通高71米，是我国现存最大的一尊摩崖石刻造像。大佛开凿于唐代开元元年(713)，完成于贞元十九年(803)，历时约九十年。

2. **答案：**C

解析：在四川境内所发现的著名陵墓有：王建墓(永陵)、孟知祥墓(和陵)、刘备墓(惠陵)、朱友燻墓、朱悦燫墓等，都为砖、石砌筑，其中以王建墓最具代表性。王建墓的墓室由14道石券构成，分前、中、后三室，是唐、五代时期罕有的优秀拱券建筑。

3. **答案：**B

解析：罗城古镇，位于犍为县东北部，距乐山市60千米。古镇主街凉厅街俗称"船形街"，始建于明代崇祯元年(1628)。时至今日，这条幸存下来的老街仍保留着部分明清时代老四川文化的人文风貌。

4. **答案：**C

解析：阆中，素有"阆苑仙境""巴蜀要冲"之誉，历代墨客骚人都先后莅阆观光或旅游，留下大量墨宝和诗篇，为阆苑天下胜增添了灿烂的光彩。阆中还有堪称全国一流的古民居保护区，更有在中国革命历史上占有重要地位的红四方面军根据地和当年红四方面军战斗的处处遗迹供后人瞻仰。

5. **答案：**B

解析：蜀龙大道—成青金快速路—唐巴路示范线的主题是国际物流及现代制造业示范线。路线为三环路—蜀龙路—成青快速路—唐巴路—金乐路—成阿工业区，长度约65千米。

6. **答案：**A

解析：北新干道示范线的主题是北部现代商贸及现代农业综合示范线。路线为三环路—北新干道—濠阳镇，长度约24千米。

7. **答案**：C

解析：成龙路—成简快速—成安渝高速—成洛路示范线的主题是现代汽车产业及休闲旅游综合示范线。路线为三环路—成洛路—成安渝高速路—成简快速路—成龙大道—三环路，长度约 77 千米。

8. **答案**：A

解析：大件路示范线的主题是现代产业与现代农村示范线。路线为三环路—大件路—新津，长度约 35 千米。

9. **答案**：D

解析：天府大道—东山快速路示范线主题是现代城市与现代农村示范线。路线为三环路—天府大道—东山快速通道—黄龙溪镇—正兴镇—天府新城，长度约 74 千米。

10. **答案**：C

解析：光华大道—成温邛高速—大双路示范线的主题是以休闲旅游及历史文化为特色主题的示范线。路线为三环路—光华大道—温泉大道—唐安路—衡安路—大新路—大双路—西岭镇，长度约 84 千米。

11. **答案**：B

解析：邛崃示范线的主题是古镇文化及生态旅游示范线。路线为国道 108 线—邛崃市区—国道 318 线，长度约 40 千米。

12. **答案**：A

解析：成青快速通道示范线的主是现代服务业及现代农业示范线。路线为成青快速通道，长度约 38 千米。

13. **答案**：D

解析：川西旅游环线示范线的主题是历史文化及山地度假旅游示范线。路线为川西旅游环线，长度约 110 千米。

14. **答案**：C

解析：彭白路、蒲新路示范线的主题是山水田林及灾后重建示范线。路线为彭白路、蒲新路，长度约 42 千米。

15. **答案**：B

解析：沙西线示范线的主题是生态维育、世界遗产及现代农业示范线。路线为沙西线，长度约 65 千米。

16. **答案**：B

解析：川西旅游环线沿线分布着世界文化遗产 1 处、世界自然遗产 1 处、国家 5A 级旅游景区 1 处、国家 4A 级旅游区 4 处、国家重点风景名胜区 4 处、国家级自然保护区 4 处、国家级森林公园 1 处。

17. **答案**：D

解析：乡村旅游是 11 条示范线的旅游主体，要求在品质、品牌、技术、业态、环境等领域进行有效提升。

18. **答案**：A

解析：现代服务业及现代制造业高端综合示范线的路线为蜀龙路—成青快速通道—石木路。定位：串联"198"和西部公路物流枢纽（北区）等重要功能区，体现文化创意产业、

国际物流、机电装备制造产业高端、现代高科技农业生态旅游产业统筹发展示范线。

19. 答案：C

解析： 成都乡村旅游住宿业打造天府熊猫驿站品牌，推动乡村旅游档次升级。

20. 答案：B

解析： "三圣花乡"位于成都市锦江区三圣街道办事处，是一个以观光休闲农业和乡村旅游为主题，集休闲度假、观光旅游、餐饮娱乐、商务会议等于一体的城市近郊生态休闲度假胜地。三圣花乡是中国乡村旅游的发源地，国家4A级旅游景区，也是成都市新农村建设的典型。

21. 答案：C

解析： 天府大道—东山快速路示范线的主题是现代城市与现代农村示范线。路线为三环路—天府大道—东山快速通道—黄龙溪镇—正兴镇—天府新城，长度约74千米。

(二)多项选择

1. 答案：AB

解析： 北新干道示范线的主题是北部现代商贸及现代农业综合示范线，路线为三环路—北新干道—濠阳镇，长度约24千米。

2. 答案：ABC

解析： 沙西线示范线的主题生态维育、世界遗产及现代农业示范线。路线为沙西线，长度约65千米。

3. 答案：ABCDE

解析： 11条示范线发展旅游产业面临的主要问题：①产业功能不显著，示范带头作用不强；②产品同质化严重，管理和服务水平较低；③设施配套不齐全，公共服务体系有待完善；④生态本底参差不齐，缺乏有效整合与利用；⑤旅游主题形象不清，市场营销手段落后；⑥从业人员素质不高，经营管理人才匮乏；⑦旅游绩效测评、监督、激励机制不完善。

4. 答案：ABCDE

解析： 示范线旅游发展原则：①政府引导、产业融合；②市场运作、标准建设；③规范服务、品牌示范、创新提升。

5. 答案：AB

解析： 新建、改建的重点：建设新型品牌化乡村旅游；构建方便、快捷的公共服务体系和信息咨询平台。

6. 答案：ABCDE

解析： 成都乡村旅游示范建设的亮点工作主要包括：乡村美食、乡村住宿、旅游特色村、旅游示范镇、创A升星等。关键是突出地方特色，打造核心竞争品牌体系。

7. 答案：ACD

解析： 四川省将重点打造三大旅游品牌分别是：以大熊猫为品牌形象的生态旅游；以太阳神鸟为品牌形象的文化旅游；以农家乐为品牌形象的乡村旅游。

8. 答案：ABC

解析： "十一五"期间，四川省按照创新发展观光旅游产品，大力发展休闲旅游产品，开拓发展特色旅游产品的思路，将着力打造"中国第一山"、大九寨及青城山—都江堰三大国际休闲度假旅游区。

(三)判断题

1. 答案：√

解析：目前四川旅游出现了一些新的特征：自驾车旅游、休闲旅游、乡村旅游方兴未艾，红色旅游人气旺盛，都市旅游受到追捧。

2. 答案：×

解析：全国前三大国际航空港分别是北京首都国际机场、广州新白云机场、上海浦东国际机场。成都双流国际机场是中国第四大国际航空港。

3. 答案：√

解析：位于乐山市凌云山西壁的大佛，是目前世界上最大的石刻佛像。

模拟考试解析及答案

(一)单项选择题

1. 答案：B

解析：都江堰，是中国建设于古代并使用至今的大型水利工程，被誉为"世界水利文化的鼻祖"，是全国著名的旅游胜地。都江堰水利工程是由秦国蜀郡太守李冰及其子率众于公元前 256 年左右修建的，是全世界迄今为止，年代最久唯一留存、以无坝引水为特征的宏大水利工程，也是全国重点文物保护单位。

2. 答案：A

解析：青城山是我国道教发祥地之一。东汉末年，道教创始人张道陵在此山设坛传教，逐渐发展成道教圣地。明代，青城山道教属正一道，明末趋于衰落。

3. 答案：C

解析：三星堆遗址出土的文物，按器物材料分类，大致有金、青铜、玉石、陶、漆几类，其中青铜器最多。

4. 答案：A

解析：国家文物局 2005 年 8 月 15 日第 15 次局长办公会议决定，采用四川成都金沙遗址出土的太阳神鸟作为中国文化遗产的标志。

5. 答案：A

解析：青城山是著名的道教圣地，号称天下第五名山，又称"洞天第五宝仙九室之天"。

6. 答案：A

解析：宝光寺，位于成都市北郊 18 千米处的新都区，是我国历史悠久、规模宏大、结构完整、环境清幽的佛教寺院之一。此寺相传建于东汉，因史料不足，难以断论。同时在北京通州和黑龙江同样有寺庙命名为宝光寺。宝光寺舍利塔两旁立迦叶、阿难尊者，雕塑工艺精湛。殿悬一副脍炙人口联云："世外人法定无法，然后知非法法也；天下事了犹未了，何妨以不了了之。"

7. 答案：B

解析：洛带古镇是西蜀客家第一镇，位于四川成都东山，素有"东山重镇"之称。成洛

路是成都市"五路一桥"中的"五路之一"，不仅是成都城东进出城的重要通道，同时还承担着市区前往洛带古镇、西河镇西南食品城等的交通运输压力。

8. **答案：C**

解析： 天府大道—东山快速路示范线的主题是现代城市与现代农村示范线。路线为三环路—天府大道—东山快速通道—黄龙溪镇—正兴镇—天府新城，长度约 74 千米。

9. **答案：D**

解析： 金堂云顶山石城是水路进入川西平原的咽喉要道，历来为兵家必争之地。作为四川保存最完好、川西唯一幸存的宋元战争遗址和省级文物保护单位，有保留完好的炮台、城堞、烽火墙遗址。

10. **答案：A**

解析： 国际非物质文化遗产博览园，位于成都市青羊区光华大道二段，交通网络四通八达，毗邻光华大道、绕城高速、成温邛高速等多条城西主要交通干线。

11. **答案：C**

解析： 川西旅游环线示范线的主题是历史文化及山地度假旅游示范线。路线为川西旅游环线，长度约 110 千米。

12. **答案：B**

解析： 2008 年"5.12"地震遗迹"小鱼洞大桥"，位于彭白路示范线。2008 年 11 月 11 日，由福州市援建的彭白公路暨小鱼洞大桥工程开工。

13. **答案：A**

解析： "一户一大"是指由合作单位——成都大学旅游文化产业学院向虹口乡每一户加入"熊猫驿站"的旅游农家派驻一名旅游专业的大学生。

14. **答案：B**

解析： 天台山为国内罕见的箱状向斜山地，丹霞地貌变化丰富，山体由西南向东北倾斜成 U 字形，山势亦由低到高，形成三级台地，故有"天台天台，登天之台"之说。

15. **答案：A**

解析： 画稿溪，属丹霞地貌，孕育了独特的山水景观、丰富多彩的植被和动植物自然资源。1998 年被列为四川省级自然保护区，2003 年被列为国家级自然生态保护区。

马边大风顶自然保护区，是以保护大熊猫、羚牛、珙桐、水青树等珍稀濒危野生动植物及其自然生态环境为主的森林和野生动物类型自然保护区。

广元唐家河自然保护区，是以大熊猫及其栖息地为主要保护对象的森林和野生动物类型的自然保护区，被誉为"天然基因库""生命家园"和岷山山系的"绿色明珠"。

王朗国家级自然保护区，是全国建立最早的四个以保护大熊猫等珍稀野生动物及其栖息地为主的自然保护区之一。

16. **答案：B**

解析： 蜂桶寨自然保护区，主要保护对象珍稀濒危动物大熊猫、金丝猴及山地混合森林生态系统。

四姑娘山自然保护区，主要保护对象为野生动物和高山生态系统，常被称为"中国的阿尔卑斯山"。

四川贡嘎山国家级自然保护区，主要保护对象为大雪山系贡嘎山为主的山地生态系统、各类珍稀野生动植物资源、海螺沟低海拔现代冰川为主的各种自然景观资源。

龙溪—虹口自然保护区，位于都江堰市西北部25千米的龙池地区，地处岷江上游西岸，属岷江上游水源防护带，主要保护对象为亚热带山地森林。

17. **答案**：C

解析：蜂桶寨自然保护区，主要保护对象珍稀濒危动物大熊猫、金丝猴及山地混合森林生态系统。

四姑娘山自然保护区，主要保护对象为野生动物和高山生态系统。常称它为"中国的阿尔卑斯山"。

四川贡嘎山国家级自然保护区，以保护高山生物多样性及多元生态系统为主，主要保护对象为大雪山系贡嘎山为主的山地生态系统、各类珍稀野生动植物资源、海螺沟低海拔现代冰川为主的各种自然景观资源。

龙溪—虹口自然保护区，位于都江堰市西北部25千米的龙池地区，地处岷江上游西岸，属岷江上游水源防护带，主要保护对象为亚热带山地森林。

18. **答案**：C

解析：米仓山，位于四川省和陕西省边境，2006年4月5日，经国务院批准列为国家级自然保护区，主要保护水青冈属植物及原始林。

雪宝顶自然保护区，位于四川省西北部，为岷山山系的腹心地带。由于保护区显著的稀有性和典型的自然生态系统被列入"中国生物多样性保护行动计划"中应于优先保护的森林生态系统保护区，在"中国生物多样性保护综述"中列为"A"级，为具有全球意义的保护区。

花萼山国家级自然保护区，具有多种高价值的国家级保护动植物及经济作物。区内环境的多样性决定了森林植被类型的多样性和特殊性，使它不仅具有很高的科学价值，也具有很高的旅游价值，堪称"物种避难所"。2013年4月，四川花萼山由省级自然保护区成功晋升国家级自然保护区，这是川东北唯一的"国"字号自然保护区。

美姑大风顶，位于美姑县城东北方向的树窝、龙窝乡境内。因特殊的地理位置，成为第三纪或更古老生物的"避难所"和各种生物分化的摇篮。

19. **答案**：A

解析：米仓山，位于四川省和陕西省边境，2006年4月5日，经国务院批准列为国家级自然保护区，主要保护水青冈属植物及原始林。

雪宝顶自然保护区，位于四川省西北部，为岷山山系的腹心地带。由于保护区显著的稀有性和典型的自然生态系统被列入"中国生物多样性保护行动计划"中应于优先保护的森林生态系统保护区，在"中国生物多样性保护综述"中列为"A"级，为具有全球意义的保护区。

花萼山国家级自然保护区，具有多种高价值的国家级保护动植物及经济作物。区内环境的多样性决定了森林植被类型的多样性和特殊性，使它不仅具有很高的科学价值，也具有很高的旅游价值，堪称"物种避难所"。2013年4月，四川花萼山由省级自然保护区成功晋升国家级自然保护区，这是川东北唯一的"国"字号自然保护区。

美姑大风顶，位于美姑县城东北方向的树窝、龙窝乡境内。因特殊的地理位置，成为第三纪或更古老生物的"避难所"和各种生物分化的摇篮。

20. 答案：D

解析：卧龙国家自然保护区，主要保护对象是大熊猫等珍稀动物及森林生态系统。1980年与世界野生动物基金会合作在卧龙建立中国保护大熊猫研究中心，以"熊猫之乡""宝贵的生物基因库""天然动植物园"享誉中外。

马边大风顶自然保护区，是以保护大熊猫、羚牛、珙桐、水青树等珍稀濒危野生动植物及其自然生态环境为主的森林和野生动物类型自然保护区。

广元唐家河自然保护区，位于四川省广元市青川县境内，是以大熊猫及其栖息地为主要保护对象的森林和野生动物类型的自然保护区，为国家级自然保护区，被誉为"天然基因库"、"生命家园"和岷山山系的"绿色明珠"。

蜂桶寨自然保护区，主要保护对象是珍稀濒危动物大熊猫、金丝猴及山地混合森林生态系统。

21. 答案：D

解析：石海洞乡风景区，核心景区面积14平方千米，属大型喀斯特风景名胜区。石海洞乡风景属喀斯特地质景观，大型漏斗、大型溶洞—天泉洞、大型地表石海被称为风景区三绝。风景区所处的兴文县是四川最大的苗族聚居地，并且又是古僰人于明朝万历年间遭到朝廷灭绝性围剿时最后消亡之地，僰族、苗族文化极为丰富。

22. 答案：B

解析：黄龙以彩池、雪山、峡谷、森林"四绝"著称。自然景观旷中有精，静中有动，雄中有秀，野中有文，构成奇、峻、雄、野的景观特点，享有"世界奇观""人间瑶池"之美誉。

23. 答案：A

解析：四川旅游有世界地质公园1处——兴文石海世界地质公园，国家级风景名胜区，位于四川省宜宾市兴文县，属四川盆南山地与云贵高原的过渡地带。公园内石灰岩广泛分布，特殊的地理位置、地质构造环境和气候环境条件形成了兴文式喀斯特地貌，是国内发现和研究天坑最早的地方，也是研究西南地区喀斯特地貌的典型地区之一。

24. 答案：D

解析：阆中古城的自然景观奇秀多姿，独具特色，"石黛碧玉相因依"的嘉陵江环绕阆中古城，四周青山拥抱，一幅"三面江光抱城郭，四围山势锁烟霞"的水墨丹青，浑然天成。

25. 答案：B

解析：成都昭觉寺，位于成都市北郊5千米，是四川重点佛教寺院，也是我国重点的佛教活动场所，素有川西"第一禅林"之称，是至今被日本临济宗尊为祖庭的佛教寺院。

26. 答案：D

解析：三星堆古遗址是迄今在西南地区发现的范围最大、延续时间最长、文化内涵最丰富的古城、古国、古蜀文化遗址，被称为20世纪人类最伟大的考古发现之一，昭示了同长江流域与黄河流域一样，同属中华文明的母体，被誉为"长江文明之源"。

27. 答案：B

解析：回澜塔（古称镇江塔），是成都境内最高的古塔，亦是中国现存最高的风水古塔。这座高达75.48米的雄伟古塔，修建在邛崃南河河心的沙碛上，经历了无数次风、洪、地震灾害的严峻考验，至今仍然巍然屹立。

28. 答案：D

解析："象池夜月照禅林，寒露清辉映碎云。回首老僧静心坐，又思谪仙诗长吟。"洗象池因其月色妙奇，誉为"峨眉十景"之一，即"象池夜月"。观月的最佳地方是在报国寺、萝峰顶、万年寺、仙峰寺和洗象池等地，赏月的最佳时令是在秋天。

29. 答案：D

解析：甘孜县，位于甘孜藏族自治州西北部，雅砻江上游。拥有 1 300 年建制史，光照多、辐射强，有"小太阳城之称"。

攀枝花市是全国唯一以花命名的地级以上城市，是四川攀西地区最大的城市，也是四川南部地区最富裕的城市，还是四川省重点打造的四座大城市之一。

"月城"西昌市，是攀西地区的政治、经济、文化及交通中心，川滇结合处的重要城市，是四川打造的攀西城市群中的核心力量。西昌以目前全国三大航天基地之一的西昌卫星发射中心闻名于世。

石渠，位于四川省甘孜州西北边陲，青藏高原东南部，川、青、藏三省区交界处，石渠年平均气温−1.6 ℃，1 月平均温−12.5 ℃，极端最低气温−35 ℃，被称为四川的"寒极"。

30. 答案：A

解析：甘孜县，位于甘孜藏族自治州西北部，雅砻江上游。"甘孜"为寺庙名称，意为洁白美丽的地方，拥有 1 300 年建制史。甘孜属大陆性高原季风气候，常年平均气温5.6 ℃，最高气温极值31.7 ℃，最低气温极值−28.8 ℃，日照多、辐射强，有"小太阳城"之称。

31. 答案：A

解析：佛教在四川地区传入最初年代，可追溯到东汉时期，这可从较多东汉墓葬出土文物中得到证实。佛教在四川传入有文字记载的历史始于东晋，当时中原政局混乱，而蜀中却较安定。据史籍记载，华阳白塔寺始建于东汉。四川佛塔修建始于隋代，隋文帝曾三次下诏，命全国各地建塔，第一次在公元 601 年，蜀中益州法聚寺应诏建塔，这是四川地区有文字记载的修建佛塔之始。

32. 答案：D

解析：金沙遗址是中国同时期出土玉器最多的遗址。2 000 余件玉器种类相当丰富，有琮、璧、戈、璋、圭、钺、斧、凿、刀、剑、矛、环、镯等，是目前中国青铜器时代出土最多的遗址，尤其是玉璋出土的数量超过中国其他地区出土的总和。且其造型优美、色彩斑斓，与其他地区商周文化中的玉器完全不同。

33. 答案：B

解析：三星堆博物馆，位于全国重点文物保护单位三星堆遗址东北角，地处历史文化名城广汉城西鸭子河畔，是我国一座现代化的专题性遗址博物馆。

金沙遗址博物馆，是四川最大、采用高科技最多的博物馆。

四川省博物馆，是收藏和展出四川省文物的重要场所，其中最具特色的是巴蜀青铜器、张大千绘画作品、四川汉代画像砖和陶塑等。

四川大学博物馆，是中国高等学校中第一所综合性博物馆，以西南少数民族文物、民

俗文物、四川汉代画像石、画像砖、唐代佛教石刻、历代名纸、四川陶瓷、明清书画及工艺美术文物最具特色。

34. **答案**：A

解析：桃坪羌寨，位于理县杂谷脑河畔桃坪乡，是世界保存最完整的羌族建筑文化艺术，至今仍然保持着古朴风情的原始羌族村寨，被专家学者称为神秘的"东方古堡"。

碉碛藏寨，位于四川省夹金山下，海拔在2 300～4 300米。

甲居藏寨，位于四川甘孜州丹巴县境内，犹如田园牧歌般的童话世界，享有"藏区童话世界"的美称。

云顶寨，位于四川省隆昌县云顶镇，是一个古老而又充满丰富历史底蕴的山寨，也是隆昌县唯一保存完整的古城堡。

35. **答案**：A

解析：九寨沟海拔在2 000米以上，遍布原始森林，沟内分布108个湖泊，有"童话世界""人间仙境"之誉；九寨沟为全国重点风景名胜区，并被列入世界遗产名录。黄龙以彩池、雪山、峡谷、森林"四绝"著称于世，享有"世界奇观""人间瑶池"之誉。峨眉山有"秀甲天下"之美誉，中国四大佛教名山之一。青城山为中国道教发源地之一，属道教名山。在四川名山中与剑门之险、峨眉之秀、夔门之雄齐名，有"青城天下幽"之美誉。

36. **答案**：A

解析：泸沽湖，古称鲁窟海子，位于四川省凉山彝族自治州盐源县与云南省丽江市宁蒗彝族自治县之间，湖面海拔约2 690.75米，面积约48.45平方千米；邛海，位于四川省凉山彝族自治州西昌市，集水面积约30平方千米；马湖，位于四川凉山彝族自治州雷波县境内，水域面积7.2平方千米；叠溪海子，湖面海拔2 258米，其最深处达98米，平均深度82米，蓄水量达1.5亿立方米，湖面面积3.5平方千米。

37. **答案**：A

解析：中岩风景区自然景观丰富多彩，层次十分鲜明，前临岷江，后倚慈姥峰；碧峰峡风景区由两条峡谷构成，左峡谷长7千米，右峡谷长6千米，呈V字形，是一个封闭式的可循环游览景区，位于岷江水系。

38. **答案**：C

解析：蜂桶寨自然保护区，位于四川省宝兴县东北部，地处邛崃山西坡。1975年建立，面积39 039公顷。主要保护对象为珍稀濒危动物大熊猫、金丝猴及山地混合森林生态系统。

39. **答案**：A

解析：三峡，位于四川盆地东缘巫山山脉，是万里长江一段山水壮丽的大峡谷，为中国十大风景名胜区之一。它西起重庆奉节县的白帝城，东至湖北宜昌市的南津关，由瞿塘峡、巫峡、西陵峡组成，全长191千米，壮丽多姿，被称为中国的山水画卷和历史文化长廊。

40. **答案**：D

解析：雅安市，是四川盆地与青藏高原的结合过渡地带、汉文化与民族文化结合过渡地带、现代中心城市与原始自然生态区的结合过渡地带，是古南方丝绸之路的门户和必经之路，曾为西康省省会，是四川省历史文化名城和新兴的旅游城。属亚热带湿润季风气候，自古便有"雨城""华西雨屏""西蜀漏天"之称。

(二)多项选择题

1. 答案： ABDE

解析： 金顶是峨眉山的象征，峨眉十景之首"金顶祥光"则是峨眉山精华所在，由日出、云海、佛光、圣灯四大奇观组成。

2. 答案： BCDE

解析： 以大熊猫及其森林生态系统为主要保护对象的自然保护区有：①四川蜂桶寨国家自然保护区；②四川马边大风顶国家级自然保护区；③四川美姑大风顶国家级自然保护区；④四川唐家河国家自然保护区；⑤卧龙国家级自然保护区。四姑娘山国家级自然保护区主要保护对象为野生动物和高山生态系统。

3. 答案： ABD

解析： 四川的国家级湿地自然保护区有 3 个，分别为九寨沟国家级自然保护区、若尔盖国家级自然保护区、察青松多自然保护区。黄龙国家自然保护区，总面积 5.5 万多公顷，以自然景观和珍稀动植物为主要保护对象。

4. 答案： ABCDE

解析： 海螺沟是集生态完整的原始森林和高山，沸、热、温、冷泉为一体构成的综合型旅游风景区。海螺沟冰川在国内同纬度冰川中海拔最低，最低点为海拔 2 850 米。海螺沟冰川是现代冰川，形成于 1 600 年前。沟内有一宽 1 000 多米的大冰瀑布，直落 1 080 米，是我国迄今发现最大、最高的冰川瀑布。冰雪崩时，蓝光闪烁，雪雾漫天，倾泻而下，声动如雷，1～2 千米外能听见，一次崩塌量达数百万立方米，堪称自然界一大奇观。在这冰天雪地的冰川世界里，有温泉点数十处，游人可在冰川上洗温泉浴。水温为 40 ℃～80 ℃，其中更有一股水温高达 90 ℃的沸泉。冷热集于一地，甚为神奇。

5. 答案： ABCDE

解析： 蜂桶寨自然保护区，位于四川省宝兴县东北部，地处邛崃山西坡，1975 年建立，主要保护对象为大熊猫、金丝猴及山地混合森林生态系统。

九寨沟国家级自然保护区，位于四川省南坪县，1978 年经国务院批准建立，主要保护对象为大熊猫及森林生态系统。

马边大风顶自然保护区，位于乐山市，地处四川盆地和云贵高原的过渡地带，以保护大熊猫及其生态环境为主。

美姑大风顶国家级自然保护区，位于美姑县城，因特殊的地理位置，成为第三纪或更古老生物的"避难所"和各种生物分化的摇篮。

唐家河国家级自然保护区，位于四川省青川县境内，1978 年建立省级自然保护区，1986 年晋升为国家级，主要保护对象为大熊猫及森林生态系统。

6. 答案： ABDE

解析： 沱江，又称外江、中江。沱江进入成都平原后，由岷江水系分出的柏条河、青白江于金堂汇入沱江，所以沱江与岷江被称为"双生"河流。沱江流域面积约 3 万平方千米，主要流经盆地丘陵地区，是古蜀文化最集中地域之一，主要有广汉三星堆遗迹，成都附近的三国蜀汉遗迹、资中古城、自贡恐龙、盐都遗迹等文化景观。

7. 答案： AC

解析：峨眉山佛家称杜鹃为"桫椤"，从海拔 500 米的报国寺到海拔 3 099 米的万佛顶都有生长，各类杜鹃次第开放，争奇斗艳，有"杜鹃王国"之称。目前，峨眉山已经发现的杜鹃花种类多达 30 种，其中"峨眉光亮杜鹃""波叶杜鹃""无腺波叶杜鹃""峨眉银叶杜鹃"为峨眉山独有。瓦屋山国家森林公园的杜鹃花是在每年的 4 月中下旬开始大面积的观赏。自唐宋以来，瓦屋山因其神奇秀美的景观与峨眉山并称"蜀中二绝"，享誉千载。

8. **答案**：AB

解析：三星堆铜塑的工艺技术有两方面的特点：①采用合金材料，分别使用了铜、锡、铅三种成分。在 15 文化层的第 8 层，发现了厚约 20～50 厘米的淤土，呈青黑色，这可能是洪水淹没过的迹象；②采用铜液浇铸工艺，以及焊铆法、热补法、分铸法、浑铸法。铜立人的双手、铜垒、尊上的兽头、铜面像上的纵目等，是事先预制，再浇铸，这是殷商地区使用的铸造法。

9. **答案**：ABC

解析：青城山，素有"青城天下幽"的美誉。青城山是中国著名的道教名山，道教发源地之一。青城山有日出、云海、圣灯三大自然奇观。其中圣灯（又称神灯）尤为奇特。

10. **答案**：ABD

解析：乐山大佛是世界著名的景观，与峨眉山一起被列入《世界遗产名录》的文化与自然双重遗产。乐山大佛景区位于乐山市郊，岷江、大渡河、青衣江三江交汇处，与乐山城隔江相望。

📖 本章小结

四川旅游产业与旅游资源是四川导游基础知识的第五章内容。根据国家旅游局颁布的《全国导游人员资格考试大纲》，考生应对四川旅游资源状况及旅游产业发展现状有所了解和认识，尤其是对四川旅游资源价值与特色认识。通过本章的学习，考生应熟悉四川旅游产业和旅游资源的特点、分布，针对市场需求和目标游客，更好地介绍、宣传四川旅游资源和旅游产品。

2016 年全国导游人员资格考试大纲

一、考试性质

全国导游人员资格考试是为国家和社会选拔合格导游人才的全国统一考试。考试的目标是以公平、公正的考试方式和方法，检验应试人员是否具有从事导游职业的基本知识、素养和技能。根据《中华人民共和国旅游法》规定，参加全国导游人员资格考试成绩合格，与旅行社订立劳动合同或者在相关旅游行业组织注册的人员，可以申请取得导游证。

二、考试科目、语种与要求

全国导游人员资格考试科目包括：科目一"政策与法律法规"、科目二"导游业务"、科目三"全国导游基础知识"、科目四"地方导游基础知识"、科目五"导游服务能力"。

考试语种分为中文和外语两种，其中外语类包括英语、韩语、日语、法语、德语、西班牙语、葡萄牙语、俄语等。

对上述科目内容，应试人员应分别从了解、熟悉、掌握三个能力层次予以把握：

——了解，要求对导游从业相关知识能够准确再认、再现，即知道"是什么"；

——熟悉，在了解基础上，能够深刻领会导游从业相关知识及规定，并借此解释、论证观点，分析现象，辨明正误，即明白"为什么"；

——掌握，要求能够灵活运用导游从业相关知识和方法，综合分析、解决理论和实际问题，即清楚"怎么办"。

三、考试方式

考试形式分笔试与现场考试两种，科目一、二、三、四为笔试，科目五为现场考试。笔试科目实行机考，各地使用国家旅游局统一的计算机考试系统进行考试。现场考试以室内模拟考试方式进行，由省级考试单位根据标准组织本行政区域内考试。

科目一、二合并为 1 张试卷进行测试，考试时间为 90 分钟，其中科目一、科目二所占比率各 50%；科目三、四合并为 1 张试卷进行测试，考试时间为 90 分钟，其中科目四所占比率不少于 50%。考试题型均为客观题，分单项选择题和多项选择题两种。单项选择题每题有四个选项，有且只有一个选项正确；多项选择题每题有五个选项，可能有二至四个选项正确。每张试卷 130 题，其中单项选择题 60 题，每题 0.5 分，共 30 分；多项选择

题 70 题，每题 1 分，共 70 分。

科目五考试采用现场考试的方式进行，中文类考生一般每人不少于 15 分钟，外语类考生一般每人不少于 25 分钟。各省各考区中文考生"景点讲解"考查范围不少于 8 个，外语类考生"景点讲解"考查范围不少于 3 个。

考试成绩采用百分制，中文类现场考试分为五大项：语言和礼貌仪态占 20％，景点讲解占 50％，导游服务规范占 10％，应变能力占 10％，综合知识占 10％。外语类现场考试分为六大项：语言和礼貌仪态占 30％，景点讲解占 30％，导游服务规范占 10％，应变能力占 5％，综合知识占 5％，口译占 20％。

参考文献

[1] 车辐. 川菜杂谈[M]. 北京：生活·读书·新知三联书店，2012.

[2] 胡北明，曾绍伦，雷蓉. 川酒文化旅游资源开发研究——基于文化遗产保护视角[M]. 成都：西南财经大学出版社，2015.

[3] 赖启航，邬明辉. 四川省导游考试一本通[M]. 北京：旅游教育出版社，2012.

[4] 刘斌. 巴蜀历史与文化：巴蜀地域文化[M]. 北京：中央广播电视大学出版社，2012.

[5] 刘冠美，王晓沛. 蜀水文化概览[M]. 郑州：黄河水利出版社，2014.

[6] 趣闻圣经编辑部. 老四川的趣闻传说[M]. 北京：旅游教育出版社，2012.

[7] 石承苍，刘定辉，四川省水电政研会等. 四川省自然地理环境与农业分区[M]. 成都：四川科学技术出版社，2013.

[8] 杨国良. 四川生态旅游[M]. 北京：中国林业出版社，2010.

[9] 张承隆. 中国地理文化丛书——天府之国四川（一）[M]. 北京：中国旅游出版社，2015.

[10] 张承隆. 中国地理文化丛书——天府之国四川（二）[M]. 北京：中国旅游出版社，2015.

后　记

　　《四川导游基础知识》由朱华主持编写，负责整体结构、体例设计、样章编写和审稿。编写分工如下：第一章裴梦蕾、朱华、戴骞；第二章 莫凡、朱华、侯璐；第三章马舒、戴骞、裴梦蕾；第四章宋帆、朱华、侯璐；第五章 宋帆、侯璐、戴骞。

　　目前，我国部分高等院校开始实行本科生导师制，以培养学生的科研能力、实践能力和创新能力。我的5位学生参加了教材的编写工作，他们的学习心得和建议，整理的部分资料和练习测试的结果为本书的编写提供了切合实际的内容和思路，确保了本书的实用性、针对性和有效性。他们是邓舒尹、刘畅、陈颖、崔敏、周泉伶，在此一并褒扬、致谢。

朱　华